高/等/院/校/财/经/类/教/材
新/会/计/准/则/基/础/教/材

基础会计教程

JICHU KUAIJI JIAOCHENG

苏淑欢　叶斌　编著

陈文照　主审

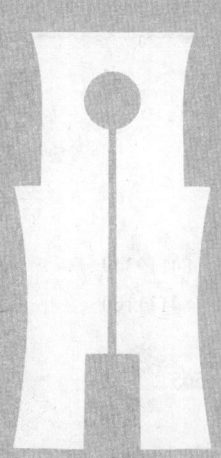

中山大学出版社
SUN YAT-SEN UNIVERSITY PRESS

· 广州 ·

版权所有　翻印必究

图书在版编目（CIP）数据

基础会计教程/苏淑欢，叶斌编著；陈文照主审. —广州：中山大学出版社，2007.2
ISBN 978-7-306-02561-6

Ⅰ. 基… Ⅱ. ①苏… ②叶… ③陈… Ⅲ. 会计学—教材 Ⅳ. F230

中国版本图书馆 CIP 数据核字（2006）第 004976 号

责任编辑：	李　文
封面设计：	曹巩华
责任校对：	吴　燕
责任技编：	黄少伟
出版发行：	中山大学出版社
	编辑部电话：（020）84111996，84113349
	发行部电话：（020）84111998，84111160
地　　址：	广州市新港西路 135 号
邮　　编：	510275　　传真：（020）84036565
印刷者：	广东省农垦总局印刷厂
经销者：	广东新华发行集团
规　　格：	787mm×960mm　1/16　21.5 印张　454 千字
版次印次：	2007 年 2 月第 1 版　2018 年 3 月第 9 次印刷
定　　价：	36.00 元　印数 22001-23000 册

本书如有印装质量问题影响阅读，请与承印厂联系调换

内 容 提 要

我国将于 2007 年起在上市公司率先实施与国际财务报告准则（International Financial Reporting Standards）高度趋同的 39 项新会计准则。新会计准则在会计目标、会计理念、会计理论与实践等方面都与原会计准则不同，是会计理论和实践的重大变革。本书将最新的会计理念、会计理论和方法融入基础会计中，并通过大量的举例阐述这些变化。

本书共包括十三章。以工业企业会计循环为例，阐明其供应、生产、销售全过程会计核算和会计报表的编制，各章均附有大量的练习。本书适用于高等院校财经类基础会计课程作教材使用，也可供在职人员培训使用。

导　言

2007年起，我国实施与国际财务报告准则（International Financial Reporting Standards）高度趋同的39项新会计准则。这标志着我国会计标准迈向国际化，是我国加入WTO后履行成员国承诺，促进我国对外开放、深化改革的重要举措。

一、我们为什么需要国际化的会计准则？

世界贸易的飞速发展和全球资本市场的流动将世界经济带入全球化的进程。任何一个国家，如果脱离世界贸易市场和资本市场想谋求自身发展是难以想象的；同样，任何一个国家或者地区发生的经济动荡，也会对世界上其他国家或者地区产生影响。会计作为国际通用的商业语言，在经济全球化过程中自然扮演着重要的角色，市场的各个参与者也对其提出了越来越高的要求。比如，从事对外贸易的企业，需要通过分析客户的财务报表来评价其资产实力、财务风险和资信状况；企业到海外公开发行股票或者债券，需要向投资者或者债权人提供财务报告等。会计信息已经成为各市场主体达成市场交易的重要媒介，相应地，会计信息质量（尤其是会计信息的透明度和可比性）的高低也直接影响着市场交易质量的高低，影响着全球资源的有效配置。语言作为一种沟通工具，在跨区域进行不同语种交流时必须采用某种统一的语言。同样地，会计是一种用来沟通企业与政府、企业与银行、企业与其他企业、企业与投资者或其他债权人（包括现存的和潜在的）的商业语言。在进行跨国交易和投资时，必须采用统一的语言，这就是国际会计准则。我们不应过于强调有中国特色的会计，试想一下，有广东话特色的普通话将会是一种怎样的语言？不同的会计语言将导致理解上的混乱，双重语言更是人为地制造混乱。各国会计准则和财务报告的标准不一，犹如语言不同无法交流。长期以来，由于我国执行的会计准则与国际准则不同，致使不少中国企业到海外融资时，财务报表往往得不到认可。即使已经在海外上市的中国公司也不得不编制多套财务报表，不同的报表之间甚至还存在较大的数据差距，也造成了重复浪费资源的结果。

从会计的本质来说，会计作为通用商业语言具有技术性和社会性的双重属性。即会计具有技术的自然属性，在时间上表现为动态发展和可继承性，在空间上表现为可共用性和可交流性；会计同时具有社会属性，即会计模式的形成和发展受制于其所依存的社会环境，如法律环境、政治因素、经济发展状况、税收体制、社会传统等。随着国际经济往来的日渐频繁，跨国公司和国际会计公司的迅速发展，会计的技术性越来越突出，国际会计准则的建立和运用，也足以证明会计的技术性可以跨越国界。国际会计准则在会计国际协调起着十分重要的作用，在国际经济全球化的今天，国际会计准则不仅用于规范会计信息的生成与传输，而且在会计信息系统中充当信息变换器的角色，它可以将各国有关交易或事项的原始数据变换成同一种语言，为对信息使用者提供有用的财务、成本信息。国际会计准则是资本市场的一个基础性构件，其功效就是资本的单一度量衡，用以度量资本运动的健康状况及其成果。

在世界贸易的飞速发展与资本全球流动所引致的经济全球化进程中，实际上包含着两个标准的全球化：一是商品技术标准的全球化；二是资本技术标准的全球化。目前，在商品的技术标准全球化方面已卓有成效，典型的代表是国际标准化组织（ISO）所制定的ISO14000系列，任何希望形成国际竞争力的企业商品都必须遵循这些标准，否则将不具有国际市场的准入资格。然而，对许多企业而言，其产品的技术标准非常先进，可以通过国际市场；但其财务报表不是按国际通行的资本技术标准编制和分析的，而是遵循本地区、本国的会计准则，因而根本无法进行跨境融资。这就引发了关于资本技术标准即资本计量标准的全球化问题。作为资本计量标准的会计准则逐渐走向全球化的进程，是资本运动从较小范围的经济合作秩序扩展到全球范围时所发生的必要沿革之一。资本计量的标准化程度总是与资本流动的范围相一致，当资本要在全球范围内自由流动时，会计准则的资本计量功效内在地决定了会计准则亦必须予以全球化。作为资本营运计量的会计准则实现全球一体化，还可以节省或降低为了理解财务信息进行换算、折算以及重整的交易费用，从而促使资源在全球范围内的合理配置。

二、经济全球化下会计准则国际化的必然性

1. 我国已成为全球经济一体化的重要组成部分

在经济全球化背景下，市场资源在全球范围的配置、贸易自由化程度的提高以及跨国业务的大量涌现，对真实、公允并具有可比性的财务会计信息的依赖程度日益增大。近年来，随着综合国力和国际经济地位的显著提高，中国对世界的影响力不断增强，这已成为当今国际贸易环境中的一个显著特征。2005年，中国国内生产总值达到18.23万亿元，仅次于美、日、德，跃居世界第4位；进出口贸易总额为1.42万亿美元，居世界第3位；年末国家外汇储备达到8189亿美元，居世界第2位。中国自1993年以来连续13年居发展中国家吸引外资的首位。截至2005年底，中国实际利用外资金额超过6200亿美元，全球500强企业中的90%都在中国有投资。中国已成为世界上重要的生产加工基地，目前有172种商品产量居世界第一。

虽然中国的快速发展为周边国家和地区乃至世界经济发展提供了机遇，各国加强与中国经贸合作的意愿不断增强，但这同时也打破了国际经贸格局和利益分配格局，引起一些国家和地区的关注甚至忧虑。有的担心中国快速发展特别是中国国际市场份额的迅速扩大损害其既得利益；有的认为中国经济的成长和中国产品的出口，造成能源短缺，导致本国产业转移，影响到本国的就业等；还有一些国家受其国内政治和经济等多种因素的影响，常常将中国作为转嫁其国内矛盾的对象；某些势力甚至视中国发展为威胁和挑战，制造和鼓吹所谓的"中国威胁"等论调。据统计，自1979年至2005年底，国外共发起745起针对中国产品的反倾销、反补贴、保障措施及特别保障措施的调查案件，涉及4000多种商品，影响到中国数百亿美元的出口贸易。尽管中国目前的货物贸易出口在世界贸易总额中所占比例不大，2004年只有6.5%，但中国遭受的反倾销占世贸组织成员反倾销总量的22.8%。会计准则国际化，对争取国际社会承认中国完全市场经济地位的意义也非常重大。至今，欧盟、美国、日本等国拒不承认我国市场经济地位。欧盟拒绝承认中国完全市场经济地位，开出的一个标准就是看中国的政府是否制定了符合国际标准的会计准则。日前，财政部已与欧盟内部市场总司就会计准则国际趋同及双边合作正式签署了联合声明。该联合声明有助于推动欧盟将中国会计准则作为欧盟上市公司与国际财务报告准则等效准则的进展。

可见，作为公共信息资源和国际通用商业语言，会计准则的共享已成为急在眉睫的问题。

2. 经济全球化的发展趋势，促进了区域乃至全球资本市场的加速形成

在伦敦证券交易所的股票市价总额中，有超过70%的非英国公司；在美国证券交易委员会登记的13000多家公司中，有1000多家为外国公司。2002年4—5月，美国著名管理咨询公司麦肯锡进行的一项调查显示，上市公司的会计质量已成为对机构投资者的决策影响最大的因素，绝大多数投资者迫切希望会计标准能够统一。统一"会计语言"，不仅可以提高交往的透明度和可比性，更好地起到财务信息的"交流媒介"作用，而且可以大大减少"调整和翻译"的成本和误差。降低交易成本，提高财务信息的可信度和可比性。例如汇丰控股在香港、伦敦和纽约三地上市，由于三地的会计准则不同，它就得准备三份不同的财务报表。这对上市公司是一种资源的浪费，对投资者，则难以判断不同市场上公司的业绩。

又如我国中国南方航空公司2003年按我国会计准则盈利1449万元，按国际会计准则为亏损3.58亿元。再如著名的德国戴姆勒－奔驰（Daimler-Benz）案例中，戴姆勒公司1993年的经营情况，按德国会计标准计算是1.68亿美元的利润，而按照美国公认会计原则计算，却是大约10亿美元的巨额亏损。差异如此悬殊，更加凸显了通用商业语言建立的迫切性和必要性。

3. 高新技术产业的迅速发展导致全球企业兼并步伐的加速

20世纪90年代以来新一轮知识经济的崛起大大加快了经济全球化的步伐，这是因为以信息产业为代表的高新技术产业的迅速发展大大促进了国际贸易结构的改善，使国际服务贸易、技术贸易的比重急剧上升，国际投资业务迅速发展，各个国家和地区之间的经济联系与经济互补已从商品流通扩大到技术流通、服务产品流通、信息流通、资金融通、人力资本流通等各个市场领域；同时，信息网络技术的广泛应用使经济主体对经济运行的控制更为方便、规范和科学，跨国公司的总裁们可以把生产环节与流通环节的各个阶段广泛分布于世界各地，可以把同一种产品的科研开发中心、生产中心、销售中心分别设在不同

的国家和地区，可以把同一类型的连锁店分布于世界各地。因为公司总部可通过全球性信息联网技术及时对所属的分公司、子公司进行统一组织、指挥，及时监控各地经营组织的财务管理、资本运营、商品购销情况，发现偏差，立即调整，同时可预防各种危机，而不至于形成管理失控，这就极大地促进了跨国界经营的发展。如1999年排名世界500强第2位的美国沃尔玛商业公司，有2700多家连锁店分布于世界各地，总部就通过太平洋、大西洋上空的定点卫星进行调控，管理科学，经营兴旺，1999年销售收入超过1500亿美元。正因为如此，第二次世界大战以后，科学技术的不断进步为经营者跨国经营提供越来越大的调控方便，使跨国公司的发展进入一个新的黄金阶段。据联合国《1997年投资报告》统计，目前全世界跨国公司母公司已发展到6.3万家，共有国外分公司70多万家，它们控制世界生产额的33%以上、贸易额的66%以上、直接投资额的70%以上、技术专利及其他技术转让额的70%以上，跨国公司已成为经济全球化的主角与组织者。

然而，由于企业财务信息不可比，增大了相关成本。

4. 各国经济相互依赖程度不断提高

随着各国经济相互依赖程度的不断提高，一家公司的经营失败不仅可能对本国经济的稳定和发展产生影响，甚至可能对区域经济乃至全球经济造成联动影响。如韩、泰等国都实行出口导向战略，国内生产相当大程度上靠国际市场支撑，形成了对发达国家市场的高度依赖，而一旦国际商品市场行情变化，便给出口及国内生产带来严重困难。另一方面是上述国家在金融方面过分依赖国际资本市场，外债规模过大。墨西哥的外债额相当于国内GDP的50.1%，泰国达到45%，韩国达34%。同时外债结构不合理，短期性投机负债的比重大，长期性负债比重小。而短期性投机负债的变动性大，一遇波动便会诱发危机。1997年亚洲金融风暴造成的一连串影响无不与区域内国家的会计和信息披露制度不完善、会计准则的质量较差等状况有关。据联合国的一份调查显示，在受亚洲金融危机影响的国家中，大部分国家没有正确采用国际会计准则和国际审计准则，使会计信息使用者忽视了引发金融危机的诸种要素，严重降低了公司和银行财务报告的透明度。

5. 公司治理的趋同化改革

公司治理的趋同化改革为会计准则和审计准则的趋同奠定了基础。"股东积极主义"原则的确立，中小股东维护自身权益意识的增强以及董事会下设立审计委员会的治理模式，有助于迫使企业管理层及时提供有用且可比的财务信息。

我国已加入WTO，意味着我们所有市场主体（包括企业、政府、投资大众等）都必须严格遵循国际通行的贸易规则，整个市场经济的运行将形成一个比较公平的竞争环境，企业也将逐步锻造成为自主经营、自负盈亏、行为规范的市场交易主体；政府的职能也将发生较大变化，对企业的干预和保护将越来越少；包括投资者大众在内的各会计信息使用者将日趋理性化，决策水平也将大大提高，对高质量、有价值的信息需求将增加。公平、诚信的市场法则将成为市场经济运行的主流，从而为我们深化会计制度改革，进一步实现会计标准的国际化，提供了良好的环境和氛围。我国已是资本项目下外汇流入最多的国家，世界500强的企业绝大多数已在我国进行投资，因此会计准则的国际化已是客观之需。

三、新会计准则的特点

2006年2月15日，在中国会计审计准则体系发布会上，39项企业会计准则和48项注册会计师审计准则正式发布，这标志着适应我国市场经济发展要求、与国际惯例趋同的企业会计准则体系和注册会计师审计准则体系正式建立，新的会计审计准则体系将在2007年1月1日施行。

1992年，我国在企业会计核算制度方面进行了第一次重大改革，财政部发布了《企业会计准则——基本准则》和13个行业的会计制度，从1993年7月1日起开始实施。从1997年开始财政部又相继制定并发布了16项具体会计准则。这些会计准则在当时的经济环境下发挥了重大作用。1999年，全国人大修订了《会计法》，2000年，国务院制定并发布了《企业财务会计报告条例》。另外，修订后的《公司法》、《证券法》也于2006年1月1日起开始正式施行。为了配合我国经济在过去十几年里的飞速发展，及相关领域的法律条款出现调整，满足我国企业会计发展的自身需要，也是基于我国的会计准则能与国际接轨的迫切要求，重新制定我国会计准则是十分必要的，也是相当及时的。

新会计准则体系是一个较为完整的会计准则体系，不仅弥补了现行会计准则和制度中有关企业合并、衍生金融工具等事项规定的空白，还充分借鉴了国际财务报告准则的规定，吸取了发达国家对于复杂交易事项的会计处理经验，并充分考虑了中国转型市场经济的特点。它由基本准则、38个具体准则及其应用指南组成，基本准则起"纲"作用，统驭具体准则的制定，同时对实际执行有指导作用。当经济发展出现新的会计业务，而具体准则却没有规范其会计处理时，可根据基本准则的原则进行职业判断。具体准则中，16个为对原有的具体准则所作的修订，新增22个。具体会计准则分为一般业务准则、特殊行业的特定业务准则和报告准则。新会计准则体系具有如下特点：

1. 会计目标变化是根本的变革

新会计准则与1993年的准则目标发生了很大变化。1993年企业会计准则的目标主要是满足国家宏观经济管理的要求，而新准则是以满足公共利益，满足投资者、债权人决策的需要为主要目标，这是这次会计准则改革的核心问题。

2. 引入全新的理念——以资产负债表为核心

新准则是以满足公共利益，满足投资者、债权人决策的需要为主要目标。那么，什么是投资者、债权人最需要的会计信息？我国原指导思想为以损益表为中心，所有的会计处理均围绕损益表的正确性。强调的是收入与费用的配比性。国际财务报告准则（IFRS）引进经济学资本保存原则，即：利润＝期末资产价值－期初资产价值，我国新会计准则也采用了这种理念，以资产负债表为核心。例如新准则取消了配比原则和划分收益性支出与资本性支出原则;不再过分强调历史成本原则;采用的资产计量模式,包括历史成本、重置成本、可变现净值、现值、公允价值;将可比性和一贯性合并为可比性原则;新增加实质重于形式原则;利润的计量公式由原利润=收入-费用改为利润=收入-费用+利得-损失。

3. 首次构建较为完整的准则体系

新准则一改过去"头痛治头,脚痛医脚"的做法,从整体上构建一体化的准则体系。从准则层次看,既有居统治地位的基本准则,又有针对性强的具体准则,还有操作性强的应用指南,从准则的类别看,既有普遍适用的一般业务准则,又有特殊行业准则,还有专门规范财务报告的报告准则;从准则涉及的范围看,新准则囊括了各类企业所涉及的主要经济业务,不仅包括以往侧重的工商企业的常规业务,而且包括了金融、保险、农业等众多领域的经济业务,填补了我国市场经济条件下新型经济业务会计处理规定的空白。更为重要的是,基本准则的建立,为将来可能出现的新业务提供职业判断基础。

4. 结合我国转型市场经济情况创新

在充分借鉴国际财务报告准则的基础上,新准则体系同时兼顾了中国经济的客观环境和发展特点。新准则不是简单地照搬国际财务报告准则,而是结合我国转型市场经济情况进行多方面的创新。例如,我国公司重组、兼并活动的频繁发生和方式不断创新,新企业合并准则要求同一控制下的企业合并按权益结合法进行处理,非同一控制下的企业合并按购买法进行处理,从而使得上市公司兼并活动的会计结果更为可比,也更加公允地反映了经济交易的实质。又如新准则规定,资产减值是不可以转回,这样可以减少企业通过减值准备的计提和转回操纵利润,提高会计信息的质量。又如国际会计准则要求对国有企业即政府所有的企业作为关联方进行披露,新准则规定国际控制的企业间不应仅仅因为彼此同受国家控制而成为关联方。在我国,如果把国有企业都作为关联方,它们之间的交易都作为关联交易披露,既不现实也没有意义。

当然,随着我国市场经济的发展,这些差异也将会逐步消除。

我国新会计准则体系的构建,得到国际会计准则理事会的高度重视,在中国会计准则委员会与国际会计准则理事会会计准则趋同会议上,签署了"中国会计准则委员会秘书长-国际会计准则理事会主席联合声明"。在2006年2月15日财政部在京举行会计审计准则体系发布会上戴维先生指出,"中国企业会计准则体系的发布实施,使中国企业会计准则与国际财务报告准则之间实现了实质性趋同,是促进中国经济发展和提升中国在国际资本市场中地位非常重要的一步"。

四、本书的特点

基础会计学是一门跨学科、跨专业的专业基础课,其主要作用是为后续课程如财务会计、成本会计、审计等专业课程奠定基础。该课程一般在各有关专业的第一学期开设,是进入专业学习的"入门关"。新会计准则在会计目标、会计理念、会计理论与实践等方面都与原会计准则不同，引起了会计理论和实践的重大变革，很有必要将新的变化融入基础会计中。为了使学员掌握最新的会计理论和会计改革动态，我们合著了这部《基础会计教程》。本书的特点为：

（1）"新"。本书的编写依据为我国财政部2006年2月份颁布的39项新《企业会计准则》和《企业会计准则应用指南》。

（2）"实"。本书通过大量的举例说明新会计准则体现的国际财务报告准则的会计理念、会计基本理论和方法。

（3）"用"。本书提供大量练习，帮助读者对会计循环全过程全面了解。

本书由广州市广播电视大学苏淑欢副教授和广东外语外贸大学叶斌副教授共同撰写，由陈文照教授主审。苏淑欢负责第一、二、三、四、五、六、十一、十二章；叶斌负责第七、八、九、十、十三章。本书在写作过程中，得到陈良机、李洁珍老师的指导，也得到有关部门的大力支持，在此表示衷心感谢。

本书如有不足之处，恳请读者指正。

编著者

编著者 e-mail 地址：
苏淑欢 ssh@ougz.com.cn
叶斌 yebin@mail.gdufs.edu.cn

目 录

第一章 总论 …………………………………………………………… (1)
 第一节 会计的概念 ………………………………………………… (1)
  一、会计的作用 ………………………………………………… (2)
  二、会计的对象 ………………………………………………… (2)
  三、会计的内容 ………………………………………………… (4)
  四、会计的计量单位 …………………………………………… (5)
  五、会计的基本特征 …………………………………………… (6)
 第二节 会计的种类 ………………………………………………… (6)
  一、对外会计和对内会计 ……………………………………… (6)
  二、企业会计和预算会计 ……………………………………… (7)
  三、会计的学科 ………………………………………………… (7)
 第三节 会计的产生和发展 ………………………………………… (8)
 第四节 会计准则的产生和发展 …………………………………… (10)
  一、会计准则产生的客观基础 ………………………………… (10)
  二、会计准则产生的契机 ……………………………………… (11)
  三、会计准则的发展 …………………………………………… (11)
  四、我国会计法律与企业会计准则 …………………………… (13)
 习题一 ……………………………………………………………… (16)

第二章 会计循环 ……………………………………………………… (17)
 第一节 会计循环的前提条件 ……………………………………… (17)
  一、会计主体 …………………………………………………… (17)
  二、持续经营 …………………………………………………… (18)
  三、会计分期 …………………………………………………… (19)
  四、货币计量 …………………………………………………… (19)

五、权责发生制 …………………………………………………… (20)
第二节　会计循环的内容 ………………………………………………… (20)
　　一、分析经济业务 …………………………………………………… (21)
　　二、编制会计分录 …………………………………………………… (21)
　　三、过账 ……………………………………………………………… (21)
　　四、账项调整 ………………………………………………………… (21)
　　五、对账 ……………………………………………………………… (21)
　　六、结账 ……………………………………………………………… (21)
　　七、编制财务报告 …………………………………………………… (22)
第三节　会计循环的基本方法 …………………………………………… (22)
　　一、设置账户 ………………………………………………………… (22)
　　二、复式记账 ………………………………………………………… (22)
　　三、填制和审核会计凭证 …………………………………………… (23)
　　四、登记账簿 ………………………………………………………… (23)
　　五、成本计算 ………………………………………………………… (23)
　　六、财产清查 ………………………………………………………… (23)
　　七、编制会计报表 …………………………………………………… (24)
第四节　会计循环中应执行的原则 ……………………………………… (25)
　　一、客观性原则 ……………………………………………………… (25)
　　二、相关性原则 ……………………………………………………… (25)
　　三、可比性原则 ……………………………………………………… (26)
　　四、及时性原则 ……………………………………………………… (27)
　　五、明晰性原则 ……………………………………………………… (27)
　　六、谨慎原则 ………………………………………………………… (28)
　　七、重要性原则 ……………………………………………………… (28)
　　八、实质重于形式原则 ……………………………………………… (29)
习题二 ………………………………………………………………………… (32)

第三章　会计要素及会计恒等式 ………………………………………… (34)
第一节　会计要素 ………………………………………………………… (34)
　　一、资产 ……………………………………………………………… (34)
　　二、负债 ……………………………………………………………… (36)
　　三、所有者权益 ……………………………………………………… (37)
　　四、收入 ……………………………………………………………… (38)

五、费用 ………………………………………………………… (38)
　　六、利润 ………………………………………………………… (39)
　第二节　会计要素的确认与计量 ………………………………… (41)
　　一、会计要素的确认 …………………………………………… (41)
　　二、会计要素的计量 …………………………………………… (43)
　第三节　会计要素之间的联系 …………………………………… (45)
　第四节　会计恒等式 ……………………………………………… (46)
　　一、资产与负债、所有者权益的依存关系 …………………… (46)
　　二、资产与负债、所有者权益变动的对应平衡关系 ………… (47)
　　三、会计恒等式变化的规律及变化的类型 …………………… (52)
　习题三 ……………………………………………………………… (54)

第四章　会计科目与账户 …………………………………………… (58)
　第一节　会计科目 ………………………………………………… (58)
　　一、会计科目的作用 …………………………………………… (58)
　　二、会计科目的设置 …………………………………………… (59)
　　三、会计科目的分类 …………………………………………… (61)
　第二节　帐户及其结构 …………………………………………… (63)
　　一、账户的格式 ………………………………………………… (63)
　　二、账户余额的计算 …………………………………………… (64)
　习题四 ……………………………………………………………… (64)

第五章　复式记账 …………………………………………………… (66)
　第一节　复式记账原理 …………………………………………… (66)
　　一、单式记账法 ………………………………………………… (66)
　　二、复式记账法 ………………………………………………… (67)
　第二节　借贷记账法 ……………………………………………… (68)
　　一、借贷记账法的产生和发展 ………………………………… (68)
　　二、借贷记账法的特点 ………………………………………… (69)
　第三节　总分类账户和明细分类账户的平行登记 ……………… (81)
　　一、平行登记的要点 …………………………………………… (82)
　　二、总分类账与明细分类账的相互核对 ……………………… (88)
　习题五 ……………………………………………………………… (89)

第六章 借贷记账法的应用 (95)

第一节 工业企业主要经营过程及内容 (95)
第二节 企业资金筹集的核算 (96)
  一、投资者投资的核算 (96)
  二、银行借款的核算 (98)
第三节 供应阶段的核算 (99)
  一、材料采购成本的确定 (99)
  二、供应阶段核算账户的设置 (101)
  三、供应阶段主要经济业务核算 (101)
第四节 生产阶段的核算 (106)
  一、产品成本的构成 (106)
  二、生产阶段核算账户的设置 (106)
  三、生产阶段主要经济业务核算 (108)
第五节 销售阶段的核算 (118)
  一、主营业务利润的构成 (118)
  二、销售阶段核算账户的设置 (118)
  三、销售阶段主要经济业务核算 (119)
第六节 资产减值损失与公允价值变动的核算 (122)
  一、账户的设置 (122)
  二、会计核算 (123)
第七节 财务成果的核算 (124)
  一、财务成果及利润分配 (124)
  二、账户的设置 (125)
  三、财务成果和利润分配核算 (127)
习题六 (142)

第七章 账户的分类 (150)

第一节 账户按用途和结构分类 (150)
  一、资产类账户 (151)
  二、负债类账户 (151)
  三、所有者权益类账户 (151)
  四、成本类账户 (151)
  五、损益类账户 (152)
  六、共同类账户 (152)

第二节　账户按用途和结构分类 ·················· (154)
　　一、盘存账户 ························· (154)
　　二、资本账户 ························· (155)
　　三、结算账户 ························· (155)
　　四、跨期摊配账户 ······················· (156)
　　五、成本计算账户 ······················· (157)
　　六、集合分配账户 ······················· (158)
　　七、收入及利得账户 ····················· (158)
　　八、费用及损失账户 ····················· (158)
　　九、财务成果账户 ······················· (159)
　　十、调整账户 ························· (159)
习题七 ······························· (164)

第八章　会计凭证 ·························· (165)
第一节　会计凭证概述 ······················ (165)
　　一、会计凭证的意义 ····················· (165)
　　二、会计凭证的种类 ····················· (166)
第二节　原始凭证 ························ (166)
　　一、原始凭证的分类 ····················· (166)
　　二、原始凭证填制的基本要求 ··············· (169)
　　三、原始凭证的审核 ····················· (170)
第三节　记账凭证 ························ (171)
　　一、记账凭证的含义和分类 ················ (171)
　　二、记账凭证填制的基本要求 ··············· (172)
　　三、记账凭证的填制方法 ·················· (174)
　　四、记账凭证的审核 ····················· (178)
第四节　会计凭证的传递与保管 ··············· (178)
　　一、会计凭证的传递 ····················· (178)
　　二、会计凭证的整理 ····················· (179)
　　三、会计凭证的保管 ····················· (180)
习题八 ······························· (181)

第九章　账簿 ···························· (185)
第一节　账簿的意义和种类 ··················· (185)

一、设置账簿的原则 …………………………………………… (186)
　　二、账簿的分类 ………………………………………………… (186)
　第二节　账簿的设置和登记 ………………………………………… (187)
　　一、账簿的基本内容 …………………………………………… (187)
　　二、账簿的启用和交接 ………………………………………… (188)
　　三、登记账簿的规则 …………………………………………… (189)
　　四、账簿的设置和登记方法 …………………………………… (190)
　第三节　错账的更正方法 …………………………………………… (196)
　第四节　对账和结账 ………………………………………………… (199)
　　一、对账 ………………………………………………………… (199)
　　二、结账 ………………………………………………………… (199)
　　三、账簿的更换 ………………………………………………… (201)
　　四、账簿的保管 ………………………………………………… (202)
　习题九 ………………………………………………………………… (202)

第十章　财产清查 ………………………………………………… (229)
　第一节　财产清查的意义和种类 …………………………………… (229)
　　一、财产清查的概念 …………………………………………… (229)
　　二、财产清查的作用 …………………………………………… (229)
　　三、财产清查的分类 …………………………………………… (230)
　第二节　财产清查的方法 …………………………………………… (231)
　　一、实物的清查方法 …………………………………………… (231)
　　二、货币资金的清查方法 ……………………………………… (233)
　　三、往来款项的清查 …………………………………………… (235)
　　四、其他财产的清查 …………………………………………… (236)
　第三节　财产清查结果的处理 ……………………………………… (236)
　　一、财产清查结果的处理程序 ………………………………… (236)
　　二、财产清查的财务处理 ……………………………………… (237)
　习题十 ………………………………………………………………… (239)

第十一章　会计报表的编制 ……………………………………… (243)
　第一节　会计报表概述 ……………………………………………… (243)
　　一、会计报表的概念和意义 …………………………………… (243)
　　二、会计报表的种类 …………………………………………… (244)

三、会计报表的编制要求 ………………………………………………… (246)
第二节 资产负债表 ……………………………………………………… (248)
　一、资产负债表的概念和作用 …………………………………………… (248)
　二、资产负债表的结构和内容 …………………………………………… (250)
　三、资产负债表的编制方法 ……………………………………………… (251)
第三节 利润表 …………………………………………………………… (256)
　一、利润表的概念和作用 ………………………………………………… (256)
　二、利润表的结构 ………………………………………………………… (256)
　三、利润表的编制方法 …………………………………………………… (257)
第四节 现金流量表 ……………………………………………………… (260)
　一、现金流量表的作用 …………………………………………………… (260)
　二、现金流量表的概念及其分类 ………………………………………… (261)
　三、现金流量表的结构和编制方法 ……………………………………… (262)
第五节 资产负债表、利润表、现金流量表的相互关系 ……………… (269)
　一、资产负债表、利润表、现金流量表的关系与比较 ………………… (269)
　二、资产负债表、利润表、现金流量表的比较 ………………………… (270)
第六节 所有者权益变动表 ……………………………………………… (270)
　一、所有者权益变动表的性质 …………………………………………… (270)
　二、所有者权益变动表的内容 …………………………………………… (270)
习题十一 …………………………………………………………………… (272)

第十二章 会计核算程序 …………………………………………… (278)
第一节 会计核算程序的概念和要求 …………………………………… (278)
　一、会计核算程序的概念 ………………………………………………… (278)
　二、合理组织会计核算程序的要求 ……………………………………… (278)
第二节 记账凭证核算程序 ……………………………………………… (279)
第三节 多栏式日记账核算程序 ………………………………………… (280)
第四节 科目汇总表核算程序 …………………………………………… (282)
第五节 汇总记账凭证核算程序 ………………………………………… (283)
第六节 日记总账核算程序 ……………………………………………… (286)
习题十二 …………………………………………………………………… (288)

第十三章 会计工作的组织 …………………………………………… (293)
第一节 组织会计工作的意义和原则 …………………………………… (293)

一、组织会计工作的意义 …………………………………………（293）
　　二、组织会计工作的原则 …………………………………………（294）
第二节　会计机构 ………………………………………………………（295）
　　一、设置会计机构的必要性 ………………………………………（295）
　　二、设置会计机构的原则 …………………………………………（296）
　　三、会计机构的内部分工 …………………………………………（296）
　　四、会计机构的内部组织 …………………………………………（297）
第三节　会计人员 ………………………………………………………（297）
　　一、会计人员的职责 ………………………………………………（297）
　　二、会计人员的权限 ………………………………………………（298）
　　三、会计人员应具备的素质 ………………………………………（298）
第四节　我国会计法规体系 ……………………………………………（299）
　　一、会计法律 ………………………………………………………（299）
　　二、行政法规 ………………………………………………………（300）
　　三、部门规章 ………………………………………………………（300）
第五节　会计电算化 ……………………………………………………（302）
　　一、会计电算化的产生 ……………………………………………（302）
　　二、我国会计电算化的发展概况 …………………………………（303）
　　三、会计电算化的意义 ……………………………………………（303）
　　四、应用电子计算机的条件 ………………………………………（304）
第六节　内部会计控制制度 ……………………………………………（305）
　　一、内部控制的目标和原则 ………………………………………（305）
　　二、内部控制的方法 ………………………………………………（306）
　　三、内部控制的种类 ………………………………………………（307）
习题十三 …………………………………………………………………（312）

附录1　企业会计准则——基本准则（2006年）………………………（313）
附录2　会计名词索引 …………………………………………………（318）
参考文献 …………………………………………………………………（321）

第一章 总 论

第一节 会计的概念

会计是指以货币为主要计量单位,通过一定的步骤和程序,把复杂多样的日常经济业务经过分类、归集,最终概括出简明扼要的、为企业管理和外界各方需要的财务报告会计信息处理的过程。由于这一过程随着企业经营活动的持续开展周而复始地不断进行,因而人们把这些会计过程称为会计循环。

"财"是企业的血液,要知道和了解企业目前的财务状况和预测其发展趋势,必须要以该血液流转的记录和报告为基础,会计就是这一过程。从本质上讲,会计是一个信息处理系统。首先,会计对所发生的理财活动进行确认与计量,判断是否应当属于会计信息。并非所有的企业理财活动都应纳入会计信息系统,该系统仅包括实际已发生的和已完成的理财活动。例如,某企业与一企业签订一份购销合同,会计只有在合同履行后(交付货物、劳务或收取货款或取得索取货款债权)才能确认为会计信息。其次,会计要对应纳入本系统的信息进行分类、整理、汇总,决定将其列入哪个子系统,即会计的账台。这个过程就是会计信息处理过程,包括编制记账凭证、登账、成本核算等环节。最后,会计以财务会计报告形式输出其会计信息,包括会计报表、附注和财务情况说明书。其会计信息处理程序如图1-1所示。

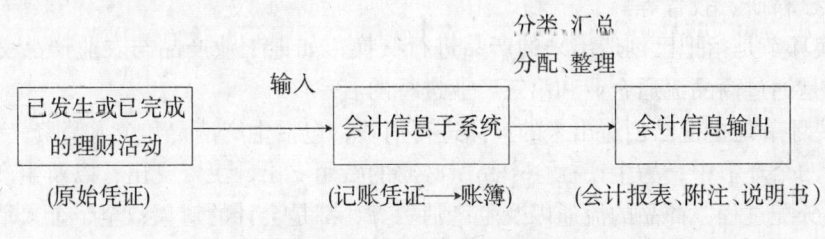

图1-1 会计信息处理程序

一、会计的作用

会计的产品，即财务会计报告，可以向会计信息使用者提供企业生产经营状况和财务状况的信息。他们通过审阅、分析财务会计报告，可以了解企业经营的业绩及财务状况的好坏，同时，通过报表数据还可以预测未来经营趋势，为经营决策提供依据。

（1）财务会计报告可以向投资者提供投资决策的信息。通过审阅和分析财务会计报告，可以了解和掌握企业资本的保全和增值情况。投资者向企业投资的目的，是为了获得投资收益。由于现代企业实行所有权与经营权的分离，投资者一般不直接参与企业的经营，投资者或潜在投资者通过财务会计报告取得所需要的信息，掌握资金的运用情况，并以此为依据，作出投资者是否继续投资的诊断结论。

（2）财务会计报告可以向企业外部管理机构提供企业执行国家行政管理的会计信息资料。例如，企业的纳税情况、执行社会保障情况等。

（3）财务会计报告可以向债权人提供企业的信用情况，如与银行、债权人的信用，了解企业的资产、负债的构成情况，掌握企业的偿债能力，从而进行信贷决策。

二、会计的对象

会计的对象为企业或事业的经济活动。所谓经济活动，是指人类物质资料的再生产过程。

（1）对于整个社会而言，经济活动是指社会产品的生产、分配、交换、消费等各个环节。

1）生产环节是人们利用劳动资料（如厂房、设备、工具等）对劳动对象（如材料）进行加工，创造社会产品的过程，一般包括工业和农业。

2）分配环节是指把已创造出来的产品进行分配。其中一部分用于补偿消耗了的生产资料，购买材料和恢复已磨损的劳动工具；一部分用于支付职工的劳动报酬和用于分配给投资者利润；还有一部分以税收形式上缴国家财政，然后进行第二次分配，如用于国防、能源、交通、科研、教育等。

3）交换环节是指把已创造出来的产品进行交换，如把工业产品与农业产品交换。这种交换一般是通过商品流通企业和第三产业进行的。

4）消费环节是指把已创造出来的产品进行消费，包括生产消费和个人消费。

在以上四个环节中，为生产社会产品所必需的费用支出、工资支出，以及生产出来的社会产品的分配过程、商品的流通以及生产消费等，都是会计的对象；至于个人消费，由于其不属于各单位再生产过程中资金运动的范围，因而不属于会计的对象。

(2) 对于一个工业企业来说，经济活动又体现为资金的筹集、运动以及利益分配过程。企业为进行生产经营活动，必须拥有一定数量的财产物资（包括货币）作为基础。财产物资的实物形态，如厂房、汽车、设备、原材料、库存商品、现金、银行存款以及债权即应收账款等，习惯上称为资产。资产以其价值来反映，即企业财产物资以货币计量，就是企业的资金。

企业的资金可以通过投资者投资、发行股票、债券、向银行借款或集资等方式取得。资金在企业生产经营过程中不断地运动。在工业企业中，企业的生产经营过程分为以下三个阶段：

1）供应阶段。供应阶段主要的经济业务是原材料的购进和储存，资金从货币形态转为材料形态。

2）生产阶段。生产阶段主要的经济业务是把原材料投入到生产领域，支付工资和其他费用以及把固定资产的损耗以计提折旧方式计算以构成生产成本；使资金从材料形态、货币形态和固定资产形态转化为在产品形态（生产成本），以及形成其他一些不计入产品成本而单独归集的费用，如管理费用、财务费用、营业费用；在产品的生产周期结束以后，资金从在产品形态转化为商品的形态。

3）销售阶段。销售阶段主要的经济业务是销售商品，取得货币收入或索取收款的凭据，资金又重新回到货币或债权（应收账款）形态。从产品的销售收入中扣除销售产品的生产成本、税金、费用后的余额就构成了企业的利润。利润一部分以所得税形式上缴国家财政，其余用于提留盈余公积、分红或留待以后分配。现以图1-2列示工业企业资金运动过程。

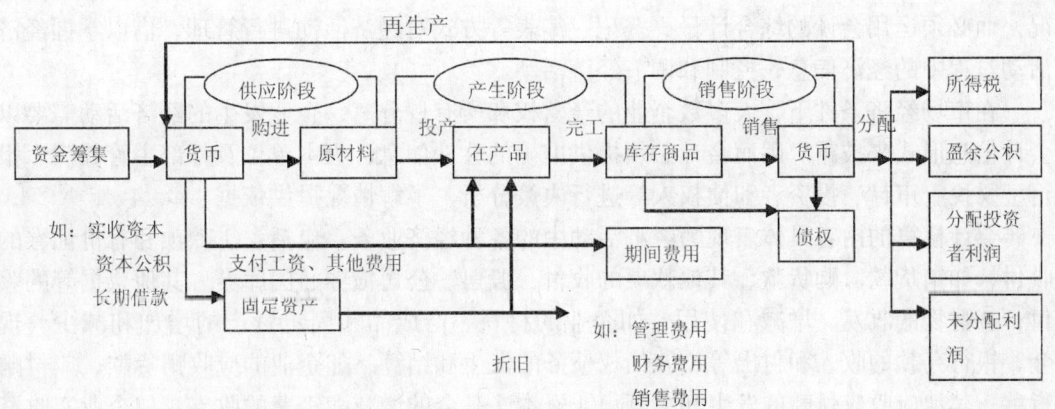

图1-2 工业企业资金运动过程

由此可见，工业企业的资金随着供、产、销三个阶段的运动不断地改变它的形态，不断地循环周转，形成企业的资金运动。

（3）在商品流通企业中，因为其主要职能是组织商品流通，因而其经营过程主要为购进阶段和销售阶段。在购进阶段，资金从货币形态转化为商品形态；在销售阶段，资金由商品形态再转化为货币形态。同样，在购进阶段或者销售阶段，都会发生一些不计入商品成本而单独归集的费用，如经营费用、管理费用、财务费用。这样周而复始地循环，就形成商品流通企业资金的运动。

（4）对于一个行政机关、事业单位来讲，经济活动是指经费的取得和经费的支出。这类单位与工商企业不同，它们既没有生产经营过程，也不组织商品流通，它们的主要作用在于进行各项行政管理或各项福利事业。这类单位开展工作所需的资金一般由国家通过预算从国家财政收入中拨付，按预算规定的用途支出。

如前所述，会计以经济活动为核算和控制的对象，但是否所有的经济活动都是会计核算和控制的对象呢？经济活动内容繁多、形式多样，会计只是对特定的经济内容进行核算和控制，即凡能以货币计量的经济活动才是会计核算和控制的对象，例如职工工资的发放、购进材料等；而企业职工人员的构成，因不能用货币计量，故不能作为会计核算和控制的对象。

三、会计的内容

人类生存和发展的基础是经济活动，在进行经济活动的过程中，必须力求提高经济效益，做到所得大于所费。为达到这一目的，就不可能只靠观察日常经营活动来掌握全面情况，而必须运用会计的综合计量、登记、编表等方式对经济活动进行管理，借以掌握经济活动过程中的经济信息，控制和调节经济活动。

在市场经济条件下，大多数企业的经营权和所有权分离，企业发生的经济活动需要以会计信息形式来披露。因而会计必须提供准确的会计信息，为本单位及外部主管部门、银行、财税、审计、投资者和债权人等进行决策分析，了解情况提供依据。

会计核算的内容具体表现为经济活动中的各种经济业务。包括：①款项和有价证券的收付，如销货款、购货款、其他款项的收付，股票、公司债券、国库券、其他票据等的收付；②财物的收发、增减和使用，如企业的材料、产成品和固定资产的增加和减少，现金、银行存款的收入和付出等；③债权债务的发生和结算，如企业的应收销货款、应付购货款、其他应收应付款的发生和结算；④资本、基金的增减和经费的收支，如企业实收资本的增加和减少，事业单位经费收入和经费支出；⑤收入、费用、成本的计算，如企业销售收入、管理费用和产成品计算等；⑥财务成果的计算和处理，如企业销售收入大于销售支出是企业的盈利，要按规定进行分配，相反，企业销售支出大于销售收入是企业发生亏损，要按规定进行弥补；⑦其他需要办理会计手续、进行会计核算的事项。

会计核算要求做到真实、准确、完整和及时。①真实，是要如实反映企业、事业单位的经济活动情况。只有会计核算记录的数字的情况是真实的，才能保证记账、算账和报账是真实的，会计才是有用的；如果会计核算记录的数字的情况不真实，有弄虚作假、虚报冒领的内容，将会使记账、算账和报账也不真实，会计资料也无用，这是不允许的，如有严重违法乱纪行为还要受到处罚。②准确，是要求对会计事项的处理是合法、合理的，有关数字的计算是正确的。企业经济业务发生后，要按会计和会计准则进行处理，是合法、合理的；有关数量、金额的计算是正确的，如支付企业人员的工资，要按有关工资政策和本人劳动情况进行计算，经审核正确无误后才能支付。③完整，是要求对企业、事业等单位的生产经营活动和其他活动的各方面或全过程都得到全面的记录、计算和报告。如对企业投入资本情况，供应过程的采购材料情况，生产过程的发生生产费用和制造产品情况，销售过程的销售收入、支出和盈亏情况，利润及其分配情况，资本退出企业情况，都能得到全面的记录、计算和报告。会计核算完整，给领导、有关单位和群众提供全面、正确的资料，才能为领导作出经营决策、有关单位制定政策和计划、群众了解和监督经营活动，提供有效的依据。④及时，是要随着经济业务的发生，按时得到会计处理和记录、计算，并根据有关规定按时向有关单位报告。会计核算及时，及时向领导和有关部门提供会计信息有利于领导在市场竞争中作出正确决策，有关部门及时于生产过程的耗费进行控制，以便提高经济效益，这才能发挥会计核算的作用；如不能及时提供会计信息就会使企业决策失误，错失良机，影响企业在市场竞争中的地位，也会影响对生产经营活动的控制和经济效益的提高。会计核算是一个过程，在企业，经济业务发生后，要填写原始凭证，编制记账凭证，根据记账凭证登记会计账簿，又根据会计账簿和有关资料编制会计报表。

在全球经济一体化背景下，会计信息不仅反映企业的经营业绩和财务状况，而且为资本市场的投资者和潜在投资者等提供决策的依据。

会计，同时也是一种管理活动。企业经营管理水平的高低直接影响着企业的经济效益、经营风险、竞争能力和发展前景，在一定程度上决定着企业的前途和命运。会计信息有助于包括融资战略、技术创新、市场营销等在内的企业发展战略的研究和制定，也有助于加强财务、成本、资金、人才、质量等各方面的管理工作。

四、会计的计量单位

凡核算工作，都必须使用一定的计量单位，包括实物单位、价值单位和劳动单位。前面已提及，会计以经济活动为核算对象，而经济活动一般是指资金及资金运动。由于各种不同使用价值的财产物资不能直接相加，例如企业的厂房、设备、汽车、原材料、产成品、银行存款等，只有把它们折算为价值量，即以货币计量，才能汇总各种财产物资和反映不同性质的经济业务。因而会计必须以货币为计量单位。

但货币并不是会计的惟一计量单位。这是因为会计不仅要从价值方面反映再生产过程的资金运动，而且必须反映和监督再生产过程财产物资的增减变动情况。资金运动往往是伴随着财产物资的增减变动进行的。例如材料的核算，会计不仅需要提供其总括的资料，而且还要提供各种材料的实际数量的增减变动；工资的计算分配和费用的分配需要工时的耗用，所以就需同时使用货币单位和实物单位。所以货币是会计的主要计量单位，而不是惟一的计量单位。

五、会计的基本特征

（1）全面性是指会计对所有纳入会计核算、控制范围内的经济活动进行完整的记录，不能有任何遗漏。

（2）系统性是指会计对各项经济活动既要进行相互联系的记录，又要进行科学的分类整理。

（3）综合性是指会计要对各项经济活动，统一以货币为计量单位，进行综合汇总，计算出经营管理所需的总括价值指标。

会计的这些特点是与其他经济分析方法相对而言的。例如，统计分析方法就没有像会计那样有特定要求。如进行工业普查，就不需要连续性；又如统计可在某个部门，甚至某个班组进行；而会计必须把属于其核算的内容全部反映。而且会计规定其计量单位必须以货币为主要计量单位，统计则没有限定其计量单位。

第二节 会计的种类

按不同的标准，会计可分为如下几类：

一、对外会计和对内会计

按会计信息使用者的不同，会计可分为对外会计和对内会计。

（1）对外会计又称为财务会计，主要是通过传统的记账、算账，并定期编制报表的专门方法，提供企业一定日期的财务状况，以及一定期间的经营成果和资金运动情况的会计。尽管财务会计也向本单位提供财务信息，以便加强财务管理，但它的服务主要是对外的，侧重于企业外界有经济利害关系的团体和个人进行报告。例如，供企业投资者及潜在的投资者了解企业的财务状况和获利能力,以便评价业绩,作出投资决策;供税局、审计局、会计师事务所等机关核定企业的经营业绩和应交的税款;供证券监管机构实施证券管理等。这种会计必须严格按统一的会计准则和会计制度核算,力求准确。

(2) 对内会计又称为管理会计,主要是通过一系列专门方法利用财务会计提供的资料及其他有关资料进行整理、计算、对比和分析,使企业各级管理人员能对日常发生的一切经济活动进行规划和控制,并帮助企业领导作出各种专门决策的会计。这种会计主要是对内服务的,侧重于加强企业内部管理的需要,帮助各级管理人员预测经济前景,判断经营环境,确定最优的经营和投资方案;分析差异,控制成本,挖掘潜力,消除浪费;划清企业内部经济责任,并在评价和考核业绩的基础上奖勤罚懒,以便调动全体职工的工作积极性和创造性,为谋求最大经济效益的目标而努力。这种会计不受会计准则、会计制度的约束,不要求绝对精确,并可选用灵活多样的方法。

本书主要介绍对外会计,即财务会计的核算。财务会计提供企业财务状况、经营成果和现金流量信息,是管理会计工作的基础和出发点;管理会计则是利用财务会计提供的信息进一步加工、整理,以满足内部经营管理的需要。

二、企业会计和预算会计

按会计主体设立目的不同,会计可分为企业会计和预算会计。

企业会计是指以营利为经营目的的经济组织的会计。包括八大行业的企业:工业企业,商品流通企业,交通运输企业,旅游饮食服务企业,施工、房地产开发企业,农业企业,对外经济合作企业以及金融、保险企业等。我国于1993年7月起实施《企业会计准则》和八大行业共13个会计制度,2001年1月颁布了统一各个企业的《企业会计制度》,2006年2月15日颁布了率先在上市公司应用的39项《企业会计准则》。

预算会计是指不以营利为目的的会计,包括总预算会计,行政、事业单位会计。

本书主要介绍企业会计的核算。

三、会计的学科

按会计具体内容不同,会计可分为会计原理、专业会计、成本会计、审计、会计分析、会计史、会计电算化等学科。

(1) 会计原理主要阐述会计的基本原理和基本操作程序,为学习专业会计奠定基础,是学习会计的"入门"课程。

(2) 专业会计是指实际应用会计,侧重于现行会计制度下会计实务操作,如中级财务会计、高级财务会计等。

（3）成本会计主要归纳成本核算的各种方法、程序和实际操作技巧，一般是作为专业会计的后续课程。

（4）审计是会计监督的一种手段，是由专职机构对被审计单位的全部或部分经济活动实行审核检查、收集、整理，以判断其经济活动的合规性、合法性、合理性、真实性的经济监督、评价、鉴证活动。由于经济活动大部分内容通过会计提供，因此，审计一般以审查被审计单位会计资料为主。

（5）会计分析指利用会计提供的信息资料进行加工、整理、分析，发现其经济发展规律，预测前景，作出决策的活动。

（6）会计史是研究会计产生和发展至今的全过程。

（7）会计电算化是指运用电子计算机，把手工操作方式转为电算化操作，提高工作效率的应用学科。

第三节　会计的产生和发展

人类的物质资料的生产活动是人类生存和发展的基础，它决定着人类其他的一切活动，也是人类会计行为产生的根本前提。但是人类的会计行为是社会生产发展到一定阶段的产物。在原始社会里，会计只是生产职能的附带部分，后来当社会生产发展到一定水平，出现了私人占有财产以后，人们为了保护私有权和不断扩大其私有财产，对于生产过程的经济活动逐步过渡到以货币形式进行计量和记录，并使会计逐渐从生产职能中分离出来，成为独立的职能。

在我国，远在原始社会末期，就有"结绳记事"、"刻契记数"等原始计算记录的方法。这是会计的萌芽阶段。到了西周（公元前1100—前700年）才有了"会计"的命名和较为严格的会计机构，并开始把会计提高到管理社会经济的地位上来认识。由此，"会计"的意义也随之明确。根据西周"官厅会计"核算的具体情况来看，"会计"这个术语在西周时代开始使用，其基本含义既有日常的零星核算，又有期末的汇总核算，通过日积月累到期末、年末的核算，达到正确考核王朝财政经济收支的目的。这时，西周王朝也建立了较为严格的会计机构，设立了专管钱粮赋税的官员，并建立"日成"、"月要"和"岁会"等报告文件，初步具备了旬报、月报、年报等会计报表的作用。我国"会计"命名的出现，是我国会计理论产生、发展的一种表现，而这种完备的会计机构的出现，也是我国会计发展史上的一个突出进步。

尽管我国的西周已有"会计"这一术语，但并非真正的会计。我国的西汉之前，把所有需计算汇总的工作均称为"会计"；直到西汉，才把能以货币计量的经济活动作为会计事项,从"会计"中分离出来。把记录能以货币计量的经济活动的财册称为"簿书",而把记录其他需核算的经济活动的财册称为"籍书"。也就是说,在这一阶段,"会计"分离为会计和统计。从这个意义上计,这时的会计才开始是真正的会计。

人类会计方法的演变,经历了由单式记账向复式记账转化的过程,它是社会经济发展的客观要求。我国长期使用单式记账,在历史上发挥了积极的作用,在世界上也一度居于领先地位。

我国在唐、宋两代创建了"四柱结算法",计算公式为:

$$旧管+新收=开除+实在$$

即

$$期初余额+本期收入=本期支出+期末余额$$

这为我国通用的收付记账法奠定了基础。到了清代,"四柱结算法"已成为系统反映王朝经济活动或私人经济活动全部过程的科学方式,成为中式会计方法的精髓。明末清初,随着手工业、商业的发达和资本主义经济的萌芽,我国商人进一步设计了"龙门账",把会计科目分为"进"、"缴"、"存"、"该"(即收、付、资产、负债)四类,设总账进行"分类记录"并编制"进缴表"和"存该表"(即损益表和资产负债表),实行双轨计算盈亏。后来又出现了"四脚账",对每一笔经济业务既得记"来账",又登记"去账",反映同一笔业务的来龙去脉。"龙门账"和"四脚账"都是我国独有的复式记账方法,为后来发展复式记账作出了贡献。

由于我国长期的封建统治和半封建、半殖民地经济,使我国会计工作的发展受到了很大的限制。到清朝后期,从国外引入借贷记账法,但仍存在"中式记账"和"西式记账"并存的局面。直到新中国成立以后,才逐步趋于统一。

我国于19世纪从日本引入借贷记账法。借贷记账法的产生和发展与西方资本主义经济的产生和发展有关密切的联系。这一方法最早在商品货币经济比较发达的意大利佛罗伦萨产生。1494年意大利数学家、会计学家卢卡·帕乔利的《算术、几何、比及比例概要》一书在威尼斯出版发行,对借贷记账法作了系统的介绍。借贷记账法相继传至欧洲各国,日本明治维新时从英国引入借贷记账法,1905年借贷记账法正式传入我国,在我国的外国洋行和海关、铁路、邮政等部门推行。

新中国成立以后,我国会计得到很大发展。建国初期统一了全国国营企业的会计制度,给会计工作打下了良好的基础。1961年以后,国务院颁布了一系列文件,如《国营企业会计核算工作规程》、《会计人员职权试行条例》等,并召开了全国会计工作会议,调动了会计人员的积极性,健全了会计工作制度;但在"文革"中遭受了挫折和破坏。党的十一届三中全会后拨乱反正,1980年召开第二次全国会计工作会议和成立中国会计学会,给我国会计工作带来了春天。1985年《中华人民共和国会计法》的公布,是我国会计进入法治时期的大事;1990年12月31日国务院发布《总会计师条例》;1993年7月实施《企业会计准则》、《企业财务通则》。1993年10月31日经十一届全国人大四次会议通过《中华人民共和国注册会计师法》，确立了注册会计师制度；2007年1月1日将在上市公司应用与国际财务报告准则高度趋同的会计准则，这意味着我国会计工作走向国际化、科学化、现代化。

第四节 会计准则的产生和发展

会计准则是进行会计核算工作所必须遵循的规范，是处理会计业务的准绳。

一、会计准则产生的客观基础

会计准则产生的社会经济背景可追溯到19世纪中叶。在此之前，尽管欧洲的工业革命极大地推动了资本主义商品经济的发展，传统的手工业作坊已被企业组织形式所取代。但是，当时的企业尚以独资经营和合伙经营为主要形式，企业经济活动及其经济关系比较简单，与企业有利害关系的组织或个人之间的利益冲突也不明显。在这种条件下，各企业所采用的会计处理程序和方法主要根据本企业的经营特点而定，整个社会的会计实务没有统一的约束规范，基本上处于各行其事、放任自流的状况。

在19世纪中叶，随着资本主义生产社会化程度不断提高，企业的规模日益扩大，原来的独资和合伙形式已不能适应社会化大生产对资本的需求，股份公司这种企业组织形式广泛发展起来，到20世纪初已成为资本主义企业的典型形式。股份公司的发展，给社会经济带来重大变化，因而要求企业会计的处理程序和方法要符合社会化、标准化的客观要求。其突出表现为：在股份公司形式下，企业的所有权和经营权发生分离，形成了股东、债权人，政府税务机关、企业管理当局等与企业有利害关系的各种利益集团，并导致会计报表使用者和编制者的分离。这些不同利益集团为了维护各自的利益，都向企业财务会计部门提出了一项共同的要求，那就是必须定期向外部会计信息使用者提供真实、公允的，反映企业经营成果和财务状况的会计报表和相关会计资料。由于股份公司的发展，使越来越多的人们投资证券交易，期望通过证券投资市场而获取利益。为减少投资风险和获取最佳的投资效益，这些投资证券交易的人们必然要对证券发行企业的经营状况、信誉程度等进行全面了解，而其中在相当程度上要依赖于对企业会计资料的分析。在这种情况下，人们对企业会计报表和会计资料真实、公允的要求更加强烈。如果各个企业的会计处理程序和方法仍然各行其事的话，显然无法满足这些要求。这就从客观上需要有一个约束机制来规范企业会计工作，需要建立一套能为扩大企业共同遵循的会计准则体系，以防止会计核算中的主观臆造和弄虚作假，保证各利益集团能及时得到真实、相关、公允的会计信息资料。由此可见，生产社会化程度的提高和股份公司的发展，为会计准则的产生提供了客观基础。

二、会计准则产生的契机

从19世纪中叶至20世纪20年代末，尽管社会化大生产和股份公司的发展已为会计准则的产生提出了客观要求，但这一时期对会计准则的研究还处于自发阶段，一直未出现有关会计准则的权威性论述。直到1929—1933年期间，美国证券市场的崩溃和随之爆发的经济危机，为会计准则产生和建立创立契机。在这段时期，美国证券交易管理非常混乱，因财务报表不完整、不真实而导致投资者蒙受损失的现象更为突出，许多人把经济危机爆发的原因归咎于政府对证券交易管理不善和财务报表的失实。鉴于这种状况，美国国会分别于1933年和1934年颁布了《证券法》和《证券交易法》。根据这些法律，联邦政府设立了证券交易委员会，统管全国股票交易市场，有权规定股票上市公司的财务报表格式和编制方法，并授权美国的职业会计团体负责制定和发布会计准则；同时明确要求发行证券的公司必须根据这些规定编制并提供经过独立会计师审计的会计报表和证券交易委员会认为对保护投资者权益有必要的其他任何会计资料。从此以后，会计准则便作为一种国家干预下的会计标准化措施而产生并迅速发展起来。

三、会计准则的发展

在西方会计准则的发展过程中，占有十分重要地位的会计准则是美国的"公认会计原则"。1934年，美国会计师协会在发表的《公司账目审计》中第一次提出了五条基本会计原则；1936年美国会计师协会成立了会计程序委员会，在此后20多年时间里共发布了5项《会计研究公报》；1959-1973年，美国注册公共会计师协会所属的会计原则委员会取代会计程序委员会，发布了31项《意见书》；1973年后，制定会计准则的任务转由独立于美国注册公共会计师协会的财务会计准则委员会承担，发布了一系列《财务会计准则公告》和对以前发布的会计准则的《解释》，这些文件构成了美国的公认会计原则体系。

在美国会计准则发展的同时，其他资本主义国家也纷纷根据自己国家的社会经济特点，制定出适合本国会计特点的会计准则。在英国，英格兰和威尔士特许会计师协会于1942后开始发布《会计原则推荐书》，拉开了英国会计准则的序幕；自1971年起，英格兰和威尔士特许会计师协会等六个会计职业团体联合组成的会计准则委员会先后发布了一系列《标准会计惯例公告》，取代了《会计原则推荐书》而成为英国权威性会计准则。在德国，1937年从《商法》中分离出来的《股票法》，详细规定了有关计算制度的条文；第二次世界大战后，德国联邦经济部设立了国家经济计算制度专门委员会，制定了"计算制度的诸原则"。在日本，1934年就由当时的日本商工省临时产业合理化局的财务管理委员会发表了"财务诸表准则"；第二次世界大战后，为适应日本经济复兴的需要和解决企业会计制度不统一问题，日本经济安定本部的企业会计制度对策调查会于1949年7月正式制定和颁布了"企业会计原则"，后又经日本大藏省企业会计审议会多次修订而形成了比较完善的会行准则体系。此外，加拿大、澳大利亚、法国、新加坡等许多国家也制定了适合本国特点的会计准则。我国的台湾和香港也制定了本地区适用的会计准则。

随着生产规模的日益扩大和国际间经济贸易的发展，跨国公司开始兴起和发展起来，从而形成了会计准则国际化的客观要求。由于跨国公司的经济活动跨越国界：一方面，它在各国附属企业在处理会计事项时需受所在国会计准则的约束；另一方面，不同国家的会计准则又不完全一致，这导致跨国公司所属企业遵循的会计处理程序和方法存在差别，提供的会计报表不能相互对比，也给报表的合并造成困难。例如，1993年3月德国戴姆勒－奔驰公司的股票在纽约公开上市。按照美国证券交易委员会（SEC）的要求，所有外国公司在美国上市都必须按美国的公认会计原则（GAAP）重新编制会计报表，这不仅要花费大量的人力和物力，而且还常常会使上市公司处于一种"难堪"的境地。德国奔驰公司是第一家在纽约证券交易所（NYSE）上市的德国公司，1994年，按照德国的会计制度，该公司的利润总额为865百万马克，而按美国的GAAP，利润则为1052百万马克，对这一差额人们可能不会感到十分意外，因为德国的会计制度素以稳健而著称，但是1993年的数字却让人难以置信，因为按照德国会计制度计算的615百万马克的利润，竟被美国的GAAP宣判为1839百万马克的亏损，这一结果已成为国际会计的绝妙案例。奔驰公司之所以要去华尔街上市，是因为NYSE是世界上最大的证券交易所，其交易额为25亿美元，超过位居其后的三大交易所（东京、伦敦、法兰克福）的交易总额。在德国，奔驰公司的决定引起了广泛的指责，因为德国政府试图同美国政府交涉，谋求"双重承认"，奔驰公司的决定使这一愿望化为泡影。于是，为方便国际经济业务的开展，美国会计师协会建议建立国际上统一的会计准则，以协调各国的现行会计准则和会计政策，并提高财务报表提供信息的国际可比性（即建立在相同核算标准之上）。这一建议很快得到了许多国家会计界的赞同。1973年6月，美国、英国、日本、法国、澳大利亚、荷兰、西德、墨西哥、加拿大等九个国家的主要会计团体联合发起成立了"国际会计准则委员会"。1983年起，国际会计师联合会成员的所有会计职业团体均已成为国际会计准则委员会的成员。到2000年1月，国际会计准则委员会已经拥有来自104个国家的143个成员，代表200多万会计师。目前还有许多其他组织参与国际会计准则委员会的工作，许多不是国际会计准则委员会成员的国家采用国际会计准则，截止至2000年3月，国际会计准则委员会制定和发布了41个国际会计准则，其中仍有效的有34项；此外，还发布了17项常设解释委员会解释公告。

2001年4月1日，国际会计准则委员会进行了改组，改组后被称为国际会计准则理事会（IASB）。至今，IASB已发布了7项新准则，这些由IASB发布的新准则被称为国际财务报告准则（IFRSs），原由IASC发布的IASs依然生效。从发展趋势看，今后会以IFRSs取代IASs。

国际财务报告准则的基本目标是：为了公共利益，制定并公布在编制为审计对象的财务报表时应遵守的会计准则，并推动这些准则在全世界范围内被接受和遵守。国际财务报表准则得到了大多数国际准则制定机构的密切关注，并在越来越多国家的会计准则中得以体现越来越多的跨国公司主动采用国际财务报告准则编制财务报表。国际财务报告准则得到了全世界大多数证券交易所的承认。据统计，至今已有超过100个国家或地区采用或与国际财务报告准则趋同，包括欧盟25个成员国，香港、俄罗斯、新加坡等从2005年1月1日起在上市公司应用国际财务报告准则，由国际财务报告准则统一全球会计标准已势在必行。

2005年4月22日，欧盟与美国达成一项临时协议，在2009年之前，欧盟25个成员国的上市公司将可以只采用欧盟所要求的国际财务报告准则，而不必同时采用美国的公认会计标准进行调整。

四、我国会计法律与企业会计准则

1. 我国的会计法律制度

我国会计法律制度包括会计法律、会计行政法规和会计规章。其基本构成如下：

（1）会计法律。是指调整我国经济生活中会计关系的法律总规范，即《会计法》。《会计法》是会计法律制度中层次最高的法规，既是制定其他会计法规的依据。也是指导会计工作最高的准则。会计法是1985年1月21日第六届全国人大常务委员会第九次会议通过，自1985年5月1日起实行。这是新中国第一部《会计法》。

为适应改革开放和经济发展的要求，1993年12月29日，第八届全国人大常委会第五次会议通过了修改会计法决定，修改的主要内容是：确立了会计工作在发展社会主义市场经济中的地位和作用；扩大了《会计法》适用范围；突出单位领导人责任并完善了有关会计制度。

为了更好发挥《会计法》在社会主义市场经济中的作用，治理、整顿会计信息失真、偷逃税款、粉饰业绩等非法行为，1999年10月31日第九届全国人大常委会第十二次会议通过修订《会计法》。修订后的《会计法》，在内容上主要有以下一些重大变化：

1）突出了规范会计行为，保证会计资料质量的立法宗旨。明确《会计法》的宗旨是规范会计行为，保证会计资料真实、完整，加强经济管理和财务管理，提高经济效益，维护社会主义市场经济秩序。会计资料是管理者、投资者、债权人以及政府部门改善经营管理、评价财务状况、作出投资决策的重要依据，而会计行为是否规范直接影响会计资料的质量。随着我国经济和资金市场的不断发展，会计行为和会计资料的质量受到广泛关注。修订后的《会计法》，在立法宗旨和修订的其他内容上，都体现了规范会计行为、保证会计资料质量的法律要求。

2）突出强调单位负责人对本单位会计工作和会计资料真实性、完整性的责任。鉴于在实际工作中单位负责人对会计工作和会计资料质量起至关重要的影响，《会计法》加大了单位负责人对会计工作的责任：①明确单位负责人必须对本单位的会计工作和会计资料的真实性、完整性负责；②规定单位负责人必须在对外提供的财务会计报告上签名盖章，承担相应法律责任；③规定单位负责人必须保证会计机构、会计人员依法履行职责；④对各单位会计工作中的违法行为，除追究直接责任人员的法律外，还要追究单位负责人的责任。

3）进一步完善会计核算规则。与原《会计法》关于会计核算问题的规定相比，修订后的《会计法》增加和充实了以下主要内容：①对各单位设置会计账簿提出总体要求；②规定各单位必须根据实际发生的经济业务事项进行会计核算；③对会计凭证的填制、会计账簿的设置和登记、财务会计报告的编制和报送等内容作了完善性规定；④增加了对账、会计处理方法、或有事项的说明、会计记录文字等方面的内容。

4）对公司、企业会计核算作出了特别规定。鉴于公司、企业会计核算工作的特殊性，修订后的《会计法》增设了公司、企业会计核算的特别规定，对公司、企业的会计核算提出了特别要求：①规定公司、企业必须根据实际发生的经济业务事项，按照规定确认、计量和记录资产、负债、所有者权益、收入、费用、成本和利润；②对公司、企业容易导致会计资料失真、失实的主要环节作出禁止性规定。

5）进一步加强会计监督制度。修订后的《会计法》在第四章"会计监督"中从完善会计监督制度和体系的要求出发，分别对单位内部会计监督、社会监督和国家监督问题作出具体规定。关于单位内部会计监督，《会计法》增加和充实了三方面内容：①对单位内部会计监督的目标和原则作出了规定；②规定单位负责人应当保证会计机构、会计人员依法履行职责；③规定任何单位和个人对违反《会计法》和国家统一会计制度的行为，有权检举。关于社会监督，《会计法》增加了注册会计师及其会计师事务所进行审计的规定，并赋予财政部门对会计师事务所出具审计报告的程序和内容进行监督的职权。关于国家监督，《会计法》增加和充实了以下内容：①规定财政部门作为会计工作的监管部门，在会计监督中的职责、权限；②对财政、审计、税务、人民银行、证券监管、保险监管等部门依法对有关单位会计资料实施的监督检查提出了明确要求，避免多头监督和重复查账；③规定依法实施会计监督检查的部门及其工作人员对在监督中知悉的国家秘密和商业秘密负有保密义务。

6）规定国有大、中型企业必须设置总会计师。

7）对会计从业资格管理作出了规定。修订后的《会计法》增加了会计从业资格管理的规定：①规定从事会计工作的人员必须取得会计从业资格证书；②对取得会计从业资格证书的消极资格作出了规定；③对担任会计机构负责人（会计主管人员）的任职资格作出了规定。

8）对"法律责任"一章作较大修改。①列举了应承担行政责任或刑事责任的具体违法行为，以增强操作性；②除保留"依法追究刑事责任"的处罚形式外，对行政责任的具体形式作出了规定，包括责令限期改正、通报、对直接负责的主管人员和其他直接责任人员处以罚款、对国家工作人员由其所在单位或者有关单位依法给予行政处分、对会计人员吊销其会计从业资格证书等。

（2）会计行政法规。是指调整经济活动中某些方面会计关系的法律规范。会计行政法规由国务院制定发布或者由国务院有关部门拟订经国务院批准发布。如 1990 年 12 月 31 日国务院发布的《总会计师条例》，1992 年 11 月 16 日国务院批准并于同月 30 日财政部发布的《企业会计准则》等。

（3）会计规章。是指由主管全国会计工作的行政部门——财政部就会计工作中某些方面所制定的规范性文件。国务院有关部门根据其职责制定的会计方面的规范性文件，如实施国家统一的会计制度的具体办法等，也属于会计规章，但必须报财政部审核批准。会计规章的制定依据是会计法律和会计行政法规，如财政部发布的《股份有限公司会计制度》、《会计基础工作规范》，财政部与国家档案局联合发布的《会计档案管理办法》等。

各省、自治区、直辖市人民代表大会及其常委会在同宪法和会计法律、行政法规不相抵触的前提下制定发布的会计规范性文件，也是我国会计法律制度的重要组成部分。

2. 我国的会计准则

我国会计准则是根据会计法制定的，是进行会计核算工作的规范。会计准则按其适用范围可分为两类：盈利组织的会计准则和非盈利组织的会计准则。

盈利组织主要指以盈利为目的的组织，一般情况下主要指企业。盈利组织的会计准则也就是适用于企业的会计准则。非盈利组织主要指不以盈利为目的的组织，包括行政事业单位、慈善机构、公共事业单位等。

2006 年 2 月 15 日，我国财政部发布了重新修订的《企业会计准则——基本准则》和 38 项具体准则。将于 2007 年 1 月 1 日起在上市公司应用，鼓励其他企业执行。这标志着我国会计准则已与国际财务报告准则实现了实质性的趋同，是我国会计国际化的重要里程碑。有关该部分的介绍，请参见本书第十三章有关内容。

习题一

一、判断题（如不对，请说明理由。）

1. 由于各种不同使用价值的财产物资不能直接相加，因而货币是会计的惟一计量单位。（　）
2. 会计与统计一样，都具有连续性和全面性。（　）
3. 会计以经济活动为核算和控制的对象。（　）
4. 在我国，无论企业或事业单位，都必须执行《企业会计准则》。（　）

二、选择题（单项或多项）

1. 会计核算要求做到（　　）。
   A. 真实　　　B. 准确　　　C. 完整　　　D. 及时
2. 侧重于向企业外界有经济利害关系的团体和个人报告会计信息的会计称为（　　）。
   A. 财务会计　　B. 管理会计　　C. 成本会计　　D. 专业会计
3. （　　）起实施的《会计法》，标志着我国的会计工作走上法制道路。
   A. 1985年1月21日　　　　B. 1985年5月1日
   C. 1990年12月31日　　　D. 1993年12月29日
4. 《企业会计准则》在我国会计法律制度体系中为（　　）。
   A. 会计法律　　　　　　B. 会计行政法规
   C. 会计规章　　　　　　D. 会计规范性文件
5. 新修订的《会计法》规定（　　）必须设置总会计师。
   A. 国有大型企业　　　　B. 国有中型企业
   C. 外商投资企业　　　　D. 私营企业
6. 扩大再生产过程包括（　　）等环节。
   A. 生产　　B. 分配　　C. 交换　　D. 消费　　E. 采购

三、问答题

1. 什么是会计？有什么特点？
2. 为什么要制定统一的会计准则？
3. 对外会计与对内会计有什么不同的要求？
4. 修订后的《会计法》有哪些变化？

第二章 会计循环

第一节 会计循环的前提条件

会计循环是指会计通过一定的步骤和程序，把复杂多样的日常经济业务经过分类、归集，最终概括出简明扼要的、为企业管理和外界各方需要的财务报告的过程。由于这一过程随着企业经营活动的持续开展周而复始地不断进行，因而人们把这些会计过程称为会计循环。

如前所述，会计是对社会再生产过程中资金运动进行反映和披露的一种管理手段。由于生产与经济活动的复杂性，决定了资金运动也必然是多层次多步骤的复杂过程，会计是随着生产和管理的需要而产生和发展起来的，因此必须对会计核算和控制的定向范围、时间界限、会计对象以及计量手段等加以限定，会计只能在一定的环境中，运用一定的工具（或手段），对一定的对象进一步核算和控制。一定的环境既包括社会与经济条件，尤其是在市场经济条件下的环境，也包括时间和空间范围的环境；一定的对象是指在一定的环境条件下的经济活动。因此，在进行会计循环时，首先应明确会计循环的前提条件。

当前，会计界认识比较一致的会计循环的前提条件有如下五个，即会计主体、持续经营、会计分期、货币计量和权责发生制。

一、会计主体

会计主体是指实行独立核算的企业。对本企业发生的各项财务收支以及其他经济业务进行会计核算，它是关于会计工作的空间范围的限定，是明确会计人员站在谁的立场上，以多大的空间范围的经济活动作为自己作用的内容。

会计代表"谁"？为"谁"服务？它的服务空间范围有多大？在不同的历史、社会与经济条件下并不是完全一致的。在商品经济发展的初期，由于生产规模与经济活动范围狭窄，会计的"空间范围"并不明显，会计人员一般是站在业主兼经营者的立场上，以业主企业的经济活动作为自己的核算对象。会计所核算和控制的是业主企业的经济活动，因而会计长期被视为掌柜的"账房先生"。随着商品经济的高度发展，社会化大生产及经营形式的变化，尤其是股份公司的出现，使企业的所有权和经营权分离，企业成为独立的经济实体，就必须将一定的经济实体的经济活动同其所有者的其他经济活动区分开来，独立核算经济实体的盈亏。因此，会计人员就只能站在经济实体（企业）的立场上，以企业的经济活动作为会计核算对象。

作为会计主体，企业的生产经营活动是独立于企业的投资者的。企业作为会计主体，从根本上确立了会计核算的主体性，它要求：

（1）会计核算应区分本企业与其他企业单位的经济业务；区分企业与企业投资者的经济业务。

（2）企业的会计记录和财务报告涉及的只是企业主体的经济业务，既不核算企业投资者的经济业务，也不核算其他企业主体的经济业务。

会计主体既可以是法人（如企业和行政、事业单位），也可以是非法人（如合伙经营企业）；既可以是一个企业，也可以是企业中的内部单位或企业中的一个特定部分；既可以是单一企业，也可以是几个企业组成的联营企业或企业集团（如由若干个子公司和母公司组成的企业集团）等。

二、持续经营

持续经营是指进行会计核算时，无论企业实际是否具备持续经营的条件，都必须假设会计主体的生产经营活动将延续地按目前的组织形式、经营宗旨和方向目标继续正常地经营下去，不会进行清算，结束营业。

在市场经济条件下，根据优胜劣汰的竞争原则，当企业遇到连续资不抵债，达到一定程度或市场的意外变化等情况时，该企业就应进行清算，这就是说，在市场经济体制下的每一个企业都有出现关、停、并、转甚至破产的可能。但具体到某个企业，何时关停并转又难以预料，那么，会计应如何进行核算呢？任何一个生产物质资料的企业的奋斗目标之一就是获取最佳的经济效益。而企业经济效益的获取必须以其本身的存在为先决条件，企业才能周而复始地、持续不断地进行经营活动，存在是谋求发展的基础。因此，必须在持续经营的前提条件下进行核算，使企业的会计政策以及会计信息的收集和处理方法得以保持稳定；使企业可以按照原来的计划或设想来使用它的经济资源，进行经营活动；使固定资产折旧的计提，无形资产的摊销，债权、债务的合理清偿成为可能。

当然，如果企业确实已无法继续经营，那只能进行清算结束，其资产按清算时实际可以变为现金的价值计算，负债则按资产变现后的实际偿还能力清偿。

三、会计分期

会计分期指会计确认及报告的是每一个经营期的经济活动,而不是企业在其生存期内发生的全部经济活动。会计分期和持续经营规定了会计核算的时间范围。

从理论上讲,企业实际的经营情况和结果只有从企业开始经营到经营终止后所得到的企业财务信息,尤其是经营损益的情况才最为准确和可靠。但从实际上看,这样做是行不通的,也是不可能的。因为企业的投资人和债权人、国家的财税机构以及其他与企业有利害关系的团体和个人都要求企业能定期地、经常地提供作为他们进行决策和计税依据的会计信息,使企业的生产经营活动建立在科学、合理的基础上,因此必须在企业漫长的持续经营中,约定俗成地截取相等的较短时间来计算盈亏,反映企业的经营成果和财务状况。这种人为地划分的分期就称为会计期间。

按目前国际上较多国家的惯例,会计分期以年为单位;我国规定会计分期与公历年度相同,即每年1月1日至12月31日为一个会计年度期间。在该期间内还可分半年度、季度和月份。

会计分期条件的成立,对于确定会计循环的核算程序和方法具有十分重要的作用。由于会计核算按会计期间进行,而会计确认和报告的只是应属于本会计期间的企业经营活动,在会计期间内各项资产和负债的变动与现金收支不一定一致,这就出现了权责发生制和收付实现制两种可供选择的记账基础。为正确计算会计期间内的经营成果,就需要应用配比原则,对跨会计期间的经济业务采用各种应计、递延、摊销等会计方法。

四、货币计量

货币计量是指企业在会计核算过程中要采用货币为计量单位,记录、报告企业的经营情况。

在第一章介绍会计的概念时已指出,企业的会计核算对象是企业的经济活动,它是由大量的错综复杂的经济业务所组成的。在企业的整个生产经营活动过程中所涉及的业务又表现为一定的实物形态,如厂房、机器设备、现金、存货等。由于实物形态不同,各自的特性不同,除货币以外的计量单位无法把它们汇总累计,因而会计必须以货币为计量单位。

在我国,人民币是国家的法定货币,因此企业会计准则规定我国的会计核算以人民币为记账本位币;但对外商投资企业等业务收支以外币为主的企业,可以选定某一种外币作为记账本位币,但这些企业向我国境内提供的会计报表,应当按一定的汇率折合为人民币反映。对于我国在境外设立的企业,一般以当地的币种进行经营活动,通常是用当地的币种进行日常会计核算；但向国内报送会计报表时应折合为人民币，以人民币为单位反映企业情况。

货币作为一个特殊商品，其本身具有价值。但由于货币本身并不是一个充分稳定的衡量单位，它的价值和价格之间也存在一定程度的背离。例如通货膨胀时，货币的购买力就相应下降；当通货紧缩时，货币的购买力又相应上升。因此，在以货币计量的同时，是假设以货币自身的价值量保持不变为前提条件，即假设币值不变。币值不变是指无论商品的价值或价格是否变动，在任何一个时点，作为会计计量单位的货币和其自身的量度必须保持固定不变。在这个条件下，会计核算才能采用历史成本原则；对企业所取得的资产和发生的负债，都按取得和发生时的实际成本入账；在资产的使用、负债的清偿，成本费用的分配结构和利润的计算都须按照历史成本原则。当然，在持续的物价变动，尤其是恶性的通货膨胀情况下，以货币计量难以反映资产的真实价值，以货币反映的收益也难以反映其经营成果，这时应对货币计量进行调整。本书介绍的是基于币值相对稳定条件下的货币计量。

五、权责发生制

权责发生制是指在会计核算过程中，在确认企业的资产、负债、收入、费用时，应以取得收款权力或承担支付款项的责任为确认会计要素的依据，而不是以货币资金的收付为标准。例如某企业将产品赊销给另一企业，赊销时已将产品的风险和报酬已转移给买方，但货款需在两个月后结算，则根据权责发生制，应在赊销时确认该项交易。又如预付下一年度财产保险费，尽管货币支付发生在本年，但受益期却在下一年度，故在本年度，该项支出只能列为待摊费用，待明年再转入管理费用。可见，采用权责发生制能较客观地反映企业经营成果。

与权责发生制相对应的另一种确认会计要素的依据为收付实现制，这种确认标准是以货币的收付为标准。具体内容请参见第十一章第四节现金流量表。

第二节 会计循环的内容

会计循环是指把一定会计主体在某会计期间内发生的经济活动分类、归类、整理、报告的过程。尽管不同的企业在会计核算中，采用的核算方式方法会有所不同，但基本程序大致相同。这些基本程序，就构成会计循环的内容。

会计循环的内容应包括如下几个基本步骤：

一、分析经济业务

会计是一种事后的记录、核算、报告的过程。企业在生产经营过程中,发生各种经济业务,取得或填制如发票、收据、领料单等原始凭证,会计人员要对所取得的原始凭证进行整理、审核,以判断经济业务的类型,分析应如何记录,因而会计循环的起点是分析经济业务、审核原始凭证。

二、编制会计分录

根据审核无误的原始凭证,确定应记账户、金额和方向,并记入记账凭证。通过编制会计分录,实际上是把经济业务的发生和完成情况用会计特定的表现方式反映出来。

三、过账

根据记账凭证,把经济业务登记在有关账户中去,以加工并储存信息。

四、账项调整

根据权责发生制假设,调整一些账簿中的有关记录,借以处理在会计期末需要递延和预提等的收入、费用问题。

五、对账

为保证会计信息真实可靠,期末要对各种账簿、凭证、实物进行核对。做到账证相符、账账相符、账实相符。

六、结账

在每一会计期间终了时,计算并结转各种账簿的本期发生额和期末余额,并进行试算平衡。

七、编制财务报告

根据试算平衡表和其他资料,按规定的格式和要求,编制出满足用户需要的财务报告,包括财务会计报表和附注。这是会计循环终点。

企业的经营过程是持续不断的,因此,会计循环也是周而复始的。上一循环的结束,也就是下一循环的开始。会计循环的一般程序只是会计的基本循环。根据企业经济活动的复杂程度,还可采用一些特殊的会计循环程序。关于特殊的会计循环,将在本书第十二章作较详细的介绍。

第三节 会计循环的基本方法

在会计循环过程中,需要用到多种会计特定的方法,这些方法是用来反映和控制会计对象、执行会计职能、实现会计目标的手段。

这里所说的会计基本方法,主要指会计核算的基本方法。为了保证会计核算的连续性、系统性、全面性和综合性,必须采用一系列具有内在联系的、相互配合的专门方法。通过相互配合地应用这些方法,使之形成一个严密、科学、有条不紊的会计循环,才能科学地处理、加工会计信息,并把它传送给信息使用者。这些专门的会计核算方法主要有以下七种:

一、设置账户

设置账户是对会计对象的具体内容进行归类、核算和控制的一种专门方法。企业经济活动是会计核算和控制的对象,其种类繁多,千变万化。为了分门别类地反映企业经济活动,就要设置不同账户,确定其核算和控制的具体范围,以便及时提供各种会计信息。

二、复式记账

复式记账是指对每一项经济业务都要同时在两个或两个以上相互联系的账户中以相等的金额进行登记的一种记账方法。在企业、事业单位的资金运动过程中,任何一种经济业务都会引起资金的双重(或多重)变化。采用复式记账方法,可以如实、全面、完整地反映资金运动的来龙去脉和增减变化情况,也便于检查账户记录的正确性,因而能全面核算和控制企业、事业单位的经济活动。

三、填制和审核会计凭证

会计凭证是记录经济业务、明确经济责任作为记账依据的书面证明。填制和审核会计凭证是保证会计信息的真实性、合法性和正确性的一种方法。企业、事业单位的资金运动是由具体的经济业务构成的，会计对于资金运动的核算和控制，也必须通过对每一项经济业务的核算和控制来进行，企业办理一切会计事项都必须以合法的会计凭证为依据，所有的会计凭证都要经过审核无误才可记账。通过对会计凭证的填制和审核，可以为会计记录提供完整、真实的资料，同时可以对企业、事业单位的经济活动进行经常性的、有效的控制。

四、登记账簿

账簿是由具有一定格式的账页组成，用来记录各项经济业务的簿籍。登记账簿是根据会计凭证，运用复式记账的方法，在账簿上全面、系统、连续、综合地记录经济业务的一种专门方法。设置必要的账簿，按一定的方法和程序进行登记，并定期进行对账和结账，就可提供完整、系统的会计核算资料和会计信息。

五、成本计算

成本计算是按一定对象归集各个经营过程中所发生的费用，从而计算各个成本计算对象的总成本和单位成本的一种专门方法。为考核企业生产经营活动过程中各个阶段的费用和支出，寻求降低成本和节约支出的途径。需要把各个阶段发生的费用、支出按一定的对象和标准加以归集和分配。这种专门方法主要为企业会计所采用。采用这种方法，有利于企业全面而具体地核算和控制各个经营过程中的费用支出情况，对加强成本管理和经济核算、挖掘潜力、实现增产节约、提高经济效益具有重要作用。

六、财产清查

财产清查是通过对各项财产物资、货币资金进行实物盘点，对银行存款和应收、应付款项查核，并与账面核对，以查明财产物资实有数的一种专门方法。通过定期或不定期的财产清查，可以查明各项财产物资、债权债务的实有数，可以保证账实相符，还可以防止各种材料物资的积压、毁损和防止应收、应付款项的长期拖欠不清，有利于加强财产物资管理和正确编制会计报表，提高资金使用效果，保证会计核算与会计信息的质量。

七、编制会计报表

编制会计报表是根据账簿的记录，定期以书面报告的形式，系统、全面地反映和总结企业、事业单位经济活动情况及其结果的一种专门方法。会计报表是根据日常会计核算资料归集、加工、汇总编制而成的一个完整的报告体系，用以反映企业的资产、负债和投资人权益的情况以及一定期间的经营成果和财务状况变动的信息。编制会计报表，可反映企业的财务状况和经营盈利水平，向企业经营决策层和国家宏观经济管理部门及有关方面提供财务会计信息，是会计核算职能的具体体现，也是会计参与经济管理的重要方面。

综上所述，会计核算方法是一个完整的方法体系，具有显著的连续性特点。所谓会计核算方法的连续性，是指各种会计核算方法之间存在内在的联系，并且各种方法的运用按一定的顺序进行。一般来说，每当经济业务发生都要首先填制和审核会计凭证，然后再按规定的账户采用复式记账方法，登记在有关的账簿中。月终，根据账簿的记录，运用成本计算的方法计算产品成本，进行财产清查，并在账实相符和账簿记录正确无误的基础上，于每个会计期间终了时进行结账并按规定编制报表。最后，利用会计报表和其他有关资料进行分析对比，可以发现管理中存在的问题并要及时查找原因，采取相应措施，加强和提高管理水平，以便获取最佳的经济效益。

上述七种核算方法之间的相互联系如图2-1所示。

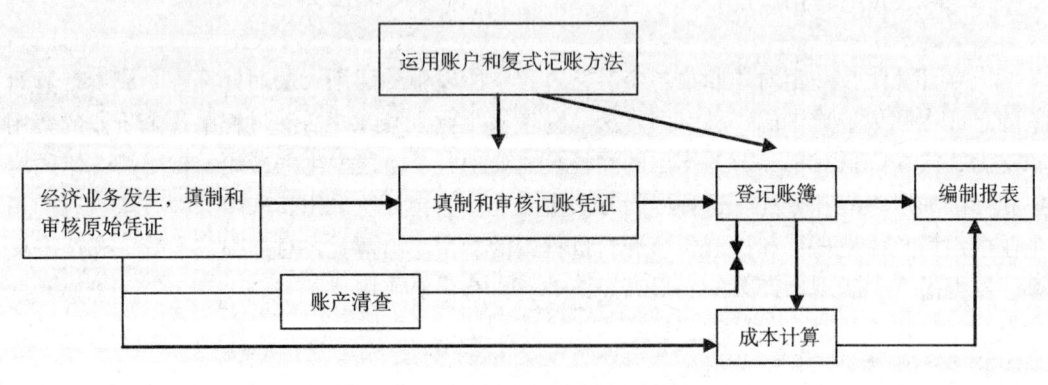

图2-1　会计核算方法的关系

上述各种方法是会计核算的基本方法。但会计在实际工作中为完成任务，尤其是实现会计参与经济预测和决策的职能时，还需采用其他的一些方法，如采用分析对比方法、因素分析方法、直线回归方法、数学模型方法等。

第四节 会计循环中应执行的原则

会计主要的作用是为会计信息使用者提供有用的信息。为保证会计信息的质量，必须对会计信息的记录、核算、汇总及编制报告等过程制定一系列行为规范。对这些会计原则的理解和贯彻，将为会计信息质量提供有力的保证。

一、客观性原则

客观性原则是用来衡量会计记录和会计报表是否真实，客观地反映经济活动的一项重要原则。其实质是会计核算应当以实际发生的经济业务为依据进行会计确认、计量和报告，如实反映财务状况和经营成果，保证会计信息真实可靠、内容完整。

会计核算的客观性原则包括三个方面的含义，即真实性、可靠性和可验证性。

（1）真实性指会计反映的信息应同企业实际的财务状况和经营成果相一致。为保证会计信息的真实性，要求一切会计资料必须如实反映企业的经济活动。每项会计记录都要以合法的原始凭证为依据。会计的计量、记录、报表等都不能伪造，不允许篡改会计凭证、账簿、报表和其他的有关资料。在会计处理中，应认真审核凭证，对于不真实或不合法的原始凭证不予受理，对记载不准确和不完整的凭证应退回补充更正。同时，还应做到会计账证、账账、账表、账实之间保持一致。

（2）可靠性是指对于经济业务的记录和报表，应做到有客观事实依据，不偏不倚。由于作为会计核算对象的许多经济活动往往带有不确定性，或者数量上难以确定，例如固定资产折旧时间的预计，应收账款的坏账可能性等，通常带有估计成分，因而会计信息在一定程度上是近似的，而不是精确的。由于会计信息的取得都是有客观事物的依据，所以即使会计信息只是相对精确，基本上还是可靠的。

（2）可验证性是指会计信息有可靠的凭证为依据。虽然它所反映的经济活动已经发生，成为过去的事，但仍能根据相关的原始凭证查验已发生过的经济业务的发生原因、过程、责任人员等情况。正是因为会计信息具有可验证性，可以消除人为偏差，所以，它为会计信息的客观性提供依据。

二、相关性原则

相关性原则也称为有用性原则，是指会计信息必须满足宏观经济管理的需要，满足各有关方面了解企业财务状况和经营成果的需要，满足企业加强内部经营管理的需要。

会计信息是进行宏观经济调控和微观经营管理的基本信息来源。会计的作用就是要为各有关方面提供信息。要充分发挥会计的作用，就必须使所提供的会计信息与各方面使用的会计信息要求一致。要求企业的会计核算在收集、处理、传递会计信息的过程中，要考虑到社会上与企业有利害关系的集团对会计信息需要的不同特点，满足企业内外有关方面对会计信息的要求。企业应提供财务会计报告使用者经济决策需要有关的会计信息，帮助信息使用者对企业过去、现在或者未来的情况作出评价或预测。

三、可比性原则

可比性原则是指同一企业不同时期发生的相同或者相似的交易或者事项，应当采用一致的会计政策，不得随意变更。不同企业发生的相同或相似的交易或事项，应当采用规定的会计政策，确保会计信息口径一致，相互可比。

从会计的本质上看，会计是衡量资本及资本变动的计量工具。为使信息使用者了解企业资本及资本变动的情况，会计这把"秤"必须在不同时期、不同企业的使用都一致。如果有些企业随意改变这把"秤"，那么"秤"出来的结果可能相关很远，导致信息使用者的误解和决策失误。

强调会计信息的可比性，并不是说会计核算方法没有选择性，也不是要求所有企业都采用绝对一致的会计处理程序和方法。可比性是指同一项业务应当采取相同或相似的处理方法，强调的是不同企业的会计报表和会计信息具有共同或类似的特征，可以用作比较的基础。例如固定资产的折旧方法，国家允许采用平均年限法、工作量法和加速折旧法。而工作量法中又包括行驶里程法和工作小时法；加速折旧法中又包括年数总和法和双倍余额法等。国家只规定上述可供选择的方法和每类固定资产的折旧年限区间，企业可选用其中的一种方法。

企业在不同时期使用的会计程序和会计方法也应当一致，不得随意变更。如确有必要变更，应当将变更的情况、变更的原因及其对企业财务状况和经营成果的影响，在财务报告中加以说明。这是因为选定一种认为在当前条件下的正确方法以后，用这种方法计算的本期间的收益结果，就作为下一期间应用的收益计算方法的出发点。如果下期应用的收益计算方法的依据不同于上期，就不可能正确计算出下期收益。例如，企业存货（如材料、产成品）的计价可用先进先出法、加权平均法等，当企业会计选定其中的一种计价方法时，就必须坚持采用这种方法，不允许上期用先进先出法，本期则改用后进先出法。如果各期任意选用并不相同的会计处理方法或核算程序，就会造成人为地增减盈亏的虚假现象，歪曲企业的真实经营成果。遵守可比性原则，才能较为正确地反映企业各个会计期间的财务状况和经营成果，同时通过对企业不同时期经营情况进行比较分析，可以总结经营经验，预测变化趋势，为各种信息使用者预测和决策提供可比性的会计信息。一贯性原则可以起到防止企业任意改变方法和篡改账目、虚报盈亏的作用。

可比性原则并不意味着可选择的会计政策不能作任何变更。一般来说，在两种情况下可以变更会计核算方法：一是有关法规发生变化要求企业改变会计核算方法；二是改变会计政策后能够更恰当地反映企业的财务状况和经营成果。

四、及时性原则

及时性原则是指会计核算应当及时进行，以提供有价值的会计信息。现代社会是一个经济高速发展的社会，决策是否及时适当地作出和履行，其后果是大不一样的。要作出及时适当的决策，就必须获得及时的信息。由于会计信息的价值随着时间的流逝而逐渐降低，过时的会计信息只能作为历史资料，因此，作为重要信息来源之一的会计信息，就必须及时核算并及时提供。要达到会计核算及时性要求，首先要及时记录反映企业经济活动的各项初步信息；其次要把这些初步信息及时加工处理，以便尽快输送出去；再次是及时传递会计信息使会计信息使用者能根据这些会计信息迅速地作出决策，以适应社会经济高速发展的要求。企业对已经发生的交易或者事项，应当及时进行会计确认、计量和报告，不得提前或延后。随着会计手段现代化的实现，利用电子计算机来加工处理会计信息，将会成为一种必然趋势，这将为会计及时性原则的执行提供有利的条件。

五、明晰性原则

明晰性原则是指会计记录和会计报表应当清晰明了，便于理解和利用。

提供会计信息的目的在于使用会计信息，要使用会计信息就必须了解会计信息的含义。为此，要求会计记录和会计报表要做到清晰完整、简明扼要，数据记录和文字说明能一目了然地反映企业经济活动的来龙去脉。会计信息的收集、加工、处理都需要人工来执行，会计人员的主观疏忽、马虎、粗心都会影响会计信息的明确表达。因此，会计人员必须在进行会计事项处理时，保证会计记录的清楚、正确，填制会计凭证和登记账簿必须完整，账户对应关系明确，文字摘要清楚，数字金额正确，过账对账要细心，手续要齐备，程序要合理，尽量避免记账错误。即使属于记账或过账差错的更正，也要根据统一规定办理，交代清楚，以免产生误解。企业会计部门应根据本企业经营活动的特点和管理决策的不同要求，以及会计核算具体业务量多少，设计和选择适当的会计凭证、账簿和记账程序，这是保证会计记录和报表清晰明了的有效办法。

六、谨慎原则

谨慎原则又称为稳健原则，是指在会计核算中应当对企业可能发生的损失和费用作出合理预计，核算可能发生的损失和费用。但对可能发生的收益不作预计，以保证利润的真实和稳健。

在市场经济的条件下，企业成为独立经营、自负盈亏的经济实体。随着所有权和经营权的分离，市场机制的逐步完善，破产法和公司法的实施，价值规律和竞争规律将会发挥重要作用。企业不可避免地会遇到各种风险，例如企业应收账款由于债务人破产、死亡等原因不能收回，固定资产由于科学技术进步提前报废等情况。为保证企业正常的生产经营活动和抗御风险的能力，避免损失发生时对企业造成严重影响，必须对面临的风险和可能发生的损失与费用的支出作出合理预计，采用较为慎重稳妥的会计处理方法，正确计算收益，以确保投资者和债权人的权益。如果对这些可能存在的风险不预先估计入账，而是待费用或损失发生时再予以确认入账的话，就会造成影响企业当期的财务状况和经营成果的后果，尤其是数额较大时，影响更大；同时也违背了收入与费用的配比原则。采用谨慎原则，把可能发生的费用或损失预先估计入账，计入成本费用，待费用或损失发生时，由于已经把预计的费用和损失逐期计入在有关费用，所以不会对企业的正常经营造成危害。

谨慎原则在企业会计中的应用是多方面的，如计提坏账准备、加速折旧法、成本或市价孰低法等。由于谨慎原则的重心是"合理核算可能发生的损失和费用"，对这种可能发生的损失和费用的估计方法有多种，只有当每种方法都具有一定合理性的情况下，才能应用谨慎原则，否则，谨慎原则就会成为随意扩大损失、压低利润的"合法"理由。例如，故意把库存商品价值压低以确认一笔损失的做法，不能成为应用谨慎原则来调整库存商品价值的理由，因为这样将会使会计记录不真实。

七、重要性原则

重要性原则，是指在会计循环过程中，对经济业务或会计事项应区别其重要程度，采用不同的核算方式。具体来说，就是那些对企业的经济活动或会计信息的使用者相对重要的会计事项，应分别核算、分项反映，力求准确，并在会计报告中作重点说明。而对于次要的会计事项，在不影响会计信息真实性的情况下，可适当简化会计核算，合并反映。例如从理论上讲，文具用品在购入时应首先按其成本作为资产进行入账，然后随文具用品的耗用而把其成本逐步摊销。但在实务中，依据重要性原则，由于文具用品的金额一般不大，因而在购入时就作为管理费用进行核销。

会计核算之所以强调重要性原则，主要是由于会计信息的效用与核算本身的耗费两者之间的比较。企业的经济活动复杂多样，其产生的大量数据要通过会计核算加以条理化、系统化，使之成为对经营决策有用的信息。但是要所有的大量的经济数据全部转化为会计报表中详尽罗列的指标，不但没有必要，而且也是不可能的。那么，应如何确定企业经济业务的重要性呢？

（1）从会计主体取得重要会计信息所要付出的代价来衡量。花费的代价越大，所取得的会计信息就越重要，反映就越详尽。反之，则可从简处理并允许有一定误差。

（2）从经济业务本身的定量与定性分析法衡量。金额小的经济业务不一定和金额大的经济业务同样处理。数量金额限度是一个相对概念，例如同一项资产，企业规模大小不同，行业特点要求不同就可能处理不同。某些项目规模较小的企业可能认为是重要的，但规模较大的企业有可能认为不太重要。所以，某项经济业务是否重要，主要分析这一事件是否影响企业本身的生产经营，是否对会计信息使用者的决策产生影响。

八、实质重于形式原则

实质重于形式原则是指企业应当按照交易或事项的经济实质进行会计确认、计量和报告，不应以交易或事项的法律形式为依据。

例如甲企业向乙企业出售一台设备，同时约定2年后从乙企业用高于原售价购回。从法律形式上看，这是商品购销行为。但从实质上，这是甲企业向乙企业融资，期限2年，以设备作为担保的行为。回购高于原售价的差额为融资利息。那么，会计应以实质重于形式原则进行处理，即不能确认收入。

又如A公司从B公司租用一台设备，双方约定租用期满设备归A公司。从法律形式上看，这属于企业间资产租赁行为，但实质上，A公司取得该项设备报酬与风险的控制权，名义上为租，实质上为融资购进，故会计处理上应视为融资购进设备处理。

综上所述，会计循环中应遵循执行的8条原则，可以分为两个层次。其中，衡量会计信息质量原则的有客观性原则、相关性原则、可比性原则、及时性原则和明晰性原则；用以对前述原则加以补充、修正性质的原则有谨慎原则、重要性原则和实质重于形式原则。其结构如图2-2所示。

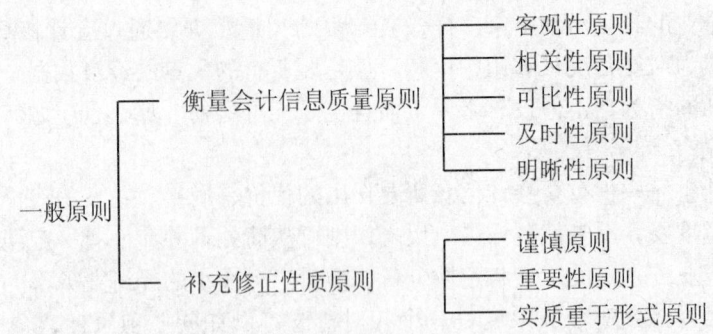

图2-2 会计原则的两个层次

在会计循环中,除应执行上述原则外,还应考虑收入与费用的配比要求及其划分收益性支出与资本性支出的要求。

1. 配比要求

配比要求指营业收入与其对应的成本、费用应当相互配合。它要求会计核算中,一个会计期间内的各项收入与其相关联的成本、费用,应当在同一会计期间内进行确认、计量。

在企业,资产的可回收金额与其账面价值相符或者大于后者的前提下,企业的经营成果是对其经营收入与经营成本费用进行配合比较的所得结果。也就是说,企业的生产经营活动会带来一定的经营收入,但同时也必然要发生相应的经营费用。有所得必有所费,所费是为了所得,而经营成果则是综合考核、比较经营所得和经营所费的结果,各个会计期间盈亏的正确计算,取决于该期间内的相关收入与费用的正确配比。

在会计循环中执行配比要求,必须注意两个相关性:一是会计分期的期间与期间相关对应;二是收入与费用(指按权责发生制的应计费用)相对应。主要内容包括:

(1)时间配比。企业在确定各个会计期间的经营成果时,应尽可能把与本期收益相关的全部费用从本期收益中扣除。即当期的收入与费用(成本)分配时应配合一致,当期的费用应抵减当期的收入,而不应去抵减另一个会计期间的收入。配比原则目的是使企业能比较正确地划分不同会计时期的收入与支出配合起来进行比较,正确反映各个会计期间的经营成果。

(2)经济业务性质配比。例如,甲产品的收入与甲产品应负担的费用必须互相配比;乙产品的收入与乙产品应负担的费用必须互相配比;某部门的收入与其应负担的费用必须互相配比。

(3)经济业务数量配比。某一经济业务的收入数量必须与其应负担的费用的数量尽可能做到配比一致。例如,新的生产设备在使用时可带来较高的效益,旧的生产设备就相对地只能带来较低的效益,因为生产设备的使用效能是随着使用时间而递减的,因此,新生产设备在使用时，应多承担一些折旧费用，旧生产设备在使用时，就相对少承担一些折旧费用，使效益与费用在数量上配合。

2. 划分收益性支出与资本性支出要求

划分收益性支出与资本性支出要求，是指会计核算应当严格地把两类不同性质的支出区别开来，以正确计算当期损益。收益性支出与资本性支出的界限是：凡是为了取得本期收益而发生的经营支出，属于收益性支出，例如为取得本期收益购进的材料，支付的工资、费用等；凡为了形成和扩大生产经营能力，在以后各期取得收益而发生的各种资产支出，属资本性支出，例如为了扩大营业，购进生产设备、厂房、汽车、专利权等。

收益性支出应与当年的收益相配比，以便计算当期损益。资本性支出首先应根据支出的内容分别计入固定资产和无形资产，形成企业的非流动资产价值；然后再根据这些支出的受益期和受益情况，按期把这些资本性支出，逐步地按一定标准转为成本费用，与受益期间的收入相配比，从该年已获得的收入中得到补偿。

为什么必须划分资本性支出和收益性支出呢？因为只有划清两者的界限，才能正确核算企业的成本费用、经营效益和财务成果以及合理税金。如果企业把资本性支出列为收益性支出就会减少资产而增加开支，因而少计当期盈利，少交税金；反之，如果企业将收益性支出列为资本性支出，就会虚增资产而减少开支，多计当期盈利，多交税金。因此，企业进行会计核算时必须正确划分资本性支出和收益性支出，不得混淆。

资本性支出与收益性支出的区别见表 2-1，混淆两种支出造成的影响见表 2-2。

表 2-1 资本性支出与收益性支出的区别

	资本性支出	收益性支出
转作费用	当期不全部转作费用	当期全部转作费用
与当期收益关系	与当期收益不配比	与当期收益配比
获益期	可使多个会计期间获益	可使本期获益

表 2-2 混淆两种支出造成的影响

	资产	本期利润	所得税	以后各期利润
资本性支出误为收益性支出	-	-	-	+
收益性支出误为资本性支出	+	+	+	-

注："-"表示减少，"+"表示增加。

划分收益性支出与资本性支出要求确认支出时，应区分两类不同性质的支出，将收益性支出计列于利润表，冲减当期收入，以正确计算企业当期的经营成果；将资本性支出计列于资产负债表，作为资产反映，以真实地反映企业的财务状况。发生一项支出时，将其确认为收益性支出或资本性支出，主要是看其作用。例如购进汽车，如果是用于销售并已出售，则该汽车为收益性支出，列示在利润表；但若是用于销售但却尚未出售，或用于运输使用时，则为资本性支出，列示在资产负债表。又如购进一批办公用品，如果购进后马上由管理部门领用，应作为费用列示在利润表；但若存放在仓库以后才领用，则为资本性支出，列示在资产负债表。

习题二

一、判断题（如不对，请说明理由。）

1. 只有法人资格的企业才能成为会计主体。（　）
2. 在我国，一般企业的会计核算应以人民币为记账本位币。（　）
3. 会计核算的七种方法是各自独立、相互无联系的体系。（　）
4. 在执行谨慎原则的同时，对企业可能发生的收益和损失费用，应作出合理预计入账。（　）
5. 在会计核算中，对经济业务应区别其重要程度，采用不同的核算方法。（　）

二、选择题（单项或多项）

1. 会计信息必须满足宏观经济管理、各有关方面了解企业财务状况和经营成果以及企业加强内部经营管理的需要是（　）原则的应用。
　　A. 客观性　　B. 及进性　　C. 权责发生制　　D. 相关性
2. 会计的基本方法有（　）。
　　A. 设置账户　　B. 复式记账　　C. 复核检查　　D. 登记账簿
3. 某企业 6 月份支付下季度报刊杂费 600 元，应属于（　）的费用。
　　A. 6 月份　　B. 7 月份　　C. 8 月份　　D. 9 月份
　　E. 10 月份
4. 企业购进一辆汽车用于运输，会计人员将其列入营业费用，这样做违反了（　）要求。
　　A. 权责发生制　　B. 配比
　　C. 谨慎　　D. 划分资本性支出与收益性支出
5. 为了使企业在不同时期提供的会计信息具有可比性，会计核算中应执行（　）原则。
　　A. 可比性　　B. 一贯性　　C. 相关性　　D. 谨慎
6. 某商店本月购进 A 商品 1 000 件，每件进价 100 元。本月出售 A 商品 600 件，每件售价 150 元。根据收入与支出配比原则，该商店本月销售毛利为（　）。

A. 100 000 元　　B. 10 000 元　　C. 30 000 元　　D. 90 000 元

7. 以下会计原则，用于衡量会计信息质量的是（　　）原则。

　　A. 历史主体　　B. 实质重于形式　　C. 可比性　　D. 相关性

8. 在进行会计核算时，应将企业财产与其他单位及投资者财产区别开来，是会计核算基本前提中关于（　　）的要求。

　　A. 会计主体　　B. 持续经营　　C. 会计分期　　D. 货币计量

9. 在会计实务中将劳动手段按一定标准分为固定资产和低值易耗品，其依据是（　　）原则。

　　A. 权责发生制　　B. 重要性　　C. 谨慎　　D. 及时

10. 权责发生制的要求是（　　）。

　　A. 已经实现的收入无论款项是否收到，都作为本期收入处理

　　B. 凡是在本期收到和付出的款项，都作为本期收入和费用处理

　　C. 已经发生的费用无论款项是否实际支付，都作为本期费用处理

　　D. 凡是本期发生的收入，只要没有实际收到款项，都不作为本期收入处理

　　E. 凡是本期发生的费用，只要没有实际付出款项，都不作为本期费用处理

二、简答题

1. 为什么要明确会计循环的前提条件？
2. 什么是权责发生制？
3. 什么是实质重于形式原则？
4. 什么是谨慎原则？应如何运用？

第三章 会计要素及会计恒等式

第一节 会计要素

会计上为了进行分类核算,提供各种分门别类的会计信息资料,就要对会计对象的具体内容进行适当的分类。会计要素就是对会计对象的具体内容所作的最基本分类,是会计对象基本的、主要的组成部分。会计要素的确立不仅有利于依据各个要素的性质和特点分别制定、确认"计量、记录、报告"的标准和方法,而且为合理建立会计科目体系和设计会计报表提供根据和框架的"积木"。例如,资产负债表就是由会计要素的"积木"(资产、负债、所有者权益)组成。

会计的组成要素包括资产、负债、所有者权益、收入、费用和利润六项。

一、资产

资产是企业过去的交易或者事项形成的,由企业拥有或者控制的,预期会给企业带来经济利益的资源。

企业要进行生产经营活动,首先必须要拥有或控制一定的物质资源,如设备、场地、周转资金等。拥有或控制一定数量的资产,是企业进行生产经营活动的前提条件。企业的资金运动,实际上就是各种资产的购进、使用、耗费和补偿的过程。因此,资产这一要素的核算是会计核算的重要内容。资产要素的特征可以归纳如下:

1. 资产的实质是经济资源

这种经济资源能够为企业提供未来的经济利益,资产之所以是一种经济资源,是因为它是企业通过过去或现在的生产和交换而取得的对它的使用权和支配权;而且通过对它的有效使用,能够为企业提供未来的经济效益。例如,利用货币购买材料,就是把资产当作一种购买力来使用;销售产品,货款未收,但已取得索取货款的债权,这对资产就是一种要求付款的权利;对房屋建筑物和机器设备、汽车等的使用,可以为企业提供服务或效益。如果一项资产已失去其有用性的特征，不能再为企业带来经济利益时，就不能再作为资产，而应转化当期的费用。例如一台设备由于失去有用性，就应进行报废。

资产可以是有形的，也可以是无形的。资产可以是实物，如材料、包装物、厂房、设备、货币等实物；也可以是一种权利，如专利权、商标权、专用技术等。判断一项财产是否属于资产，关键在于它能否为企业提供未来的经济利益；如果一项资产丧失了提供未来经济利益的能力，它就不能再列为资产，而应转为费用或损失。例如，材料因腐烂变质无法使用；过时的商品无法再销售；因债务人破产或死亡而无法收回的应收账款以及无法再继续使用的房屋和设备等。

作为企业的资产的取得可能是有偿的，也可能是无偿的。由于资产的基本特征是能够为企业带来经济效益的经济资源，因而不能以是否有偿取得作为企业资产的判断标准。例如，企业接受了某外商捐赠的一台生产流水线设备，虽然是无偿的，但这台生产流水线设备仍属于企业的资产。

2. 资产必须是为企业所拥有或控制的

拥有是指资产的所有权归企业所有，企业所拥有的这项资产能产生的利益只能归属于本企业，从而限制了其他主体对这一利益的取得。控制是指尽管企业尚未获得的所有权，但已取得其控制使用权，如果一些资产虽然不属于企业所有，但这些资产所提供的未来经济利益却归属于该企业，那么，这些资产就属于该企业的资产。例如，企业以分期付款方式购买一台设备，价值 500 000 元，首期支付 100 000 元，其余分 5 年分期支付。在这种情况下，企业待把全部货款支付完毕后才能拥有这台设备的所有权，但企业在支付首期货款时便拥有使用这台设备的使有权利，在进行会计处理时，就将其作为企业的资产核算。

3. 资产必须是能够以货币计量的

货币计量是会计核算的重要特征。企业有些拥有或控制的经济资源不能用货币计量的话，就不能作为企业的资产来确认。例如，企业拥有的最重要的经济资源是人力资源，如工程技术人员、会计师、统计师、法律顾问等，由于企业无法控制这些资源的流动，故在会计处理上不能将其作为资产来确认。

4. 资产的分类

资产是由各个具体资产项目组成的。按资产可变为现款的难易程度，可把资产分为流动资产和非流动资产。

流动资产是指预计在一个正常营业周期中变现、出售或耗用的资产。流动资产按其变为现款的难易程度，又再细分为货币资产、应收及预付款项、交易性金融资产、存货等。

非流动资产是指流动资产以外的资产，包括持有至到期投资、长期股权投资、投资性房地产、固定资产、递延所得税资产和无形资产等。

5. 资产的确认与计量

企业的资源有多种多样，但并非企业所有的资源都可以确认为资产。只有同时符合下

列条件的资源才能确认为会计意义上的"资产":

(1) 与该资源有关的经济利益很可能流入企业。

(2) 该资源的成本或价值能够可靠地计量。

企业有些资源虽然符合资产的定义,但不符资产确认条件,不能列入资产负债表。例如在知识经济条件下,人力资源是企业最重要的资源,但因其成本或价值难以可靠地计量,故尽管人力资源符合资产的定义,但不能确认为资产。又如 A 公司赊销产品给 B 公司,从而形成一项债权。但若 B 公司处于财务困难,更有甚者破产,那么这笔债权带来的经济利益可能无法流入 A 公司,故 A 公司在这种情况下不能将该债权确认为资产。

二、负债

负债是指由企业过去的交易、事项形成的现时义务,履行该义务预期会导致经济利益流出企业。它具有如下特点:

1. 负债的基本特征是预期会导致经济利益流出企业的现时义务

现时义务是指企业在现行条件下已承担的义务。未来发生的交易或者事项形成的义务,不属于现时义务,不应确认为负债。

例如某企业购买一台设备用于开发油田,根据规定在开发期满时应负有环境恢复的义务,这样应形成一项现时义务,该企业应在购进设备时,将预计未来用于恢复环境的费用一方面计入资产价值,一方面计入"预计负债"。

2. 负债的分类

负债按其偿还期可分为流动负债和非流动负债。

流动负债是指将在一年或者超过一年的一个营业周期以内偿还的债务,包括短期借款、应付票据、应付账款、预收账款、应付职工薪酬、应交税费、应付利润、其他应付款、预提费用等。

非流动负债是指偿还期在一年或者超过一年的一个营业周期以上的债务,包括长期借款、应付债券、长期应付款等。

3. 负债的确认

并非所有过去的交易或事项、预期会导致经济利益流出企业的现时义务都应确认为会计上的"负债"。只有那些符合负债定义,同时满足以下条件时,才能确认为负债:

(1) 与该义务有关的经济利益很可能流出企业。

(2) 未来流出的经济利益的金额能够可靠地计量。

只有符合负债定义和负债确认条件的项目,才能列为资产负债表中;虽然符合负债的定义,但不符合负债确认条件的项目,不能确认为负债。

例如,甲企业欠乙公司一笔货款,但乙公司已被撤销,与该义务有关的经济利益很可能无法流出,这时甲企业不应将该义务确认为负债。

三、所有者权益

所有者权益是指企业资产扣除负债后由所有者享有的剩余权益,包括了企业所有者的投资及其增值。所有者权益具有如下特点:

(1) 在数量上等于企业全部资产减去全部负债后的余额,即为企业净资产的数量。

(2) 所有者权益与企业特定的具体资产并没有直接关系,它并不与企业特定的具体的资产项目发生相对应的关系。例如,一定数额的所有者权益并不代表相应数额的货币资产或固定资产。所有者权益只是在整体上,在抽象的意义上与企业资产保持数量上的关系。

(3) 影响所有者权益变动的因素主要有企业投资的增资或减资和企业税后利润及分红。

企业的资产属于企业的所有者和债权人。债权人和资本所有者都对企业的资产具有要求权,但两者的性质有如表3-1所示的区别。

表3-1 负债与所有者权益的区别

项目	负债	所有者权益
性质	债权人对企业全部资产的索偿权	企业投资者对企业净资产的索偿权
权限	债权人与企业只存在债权债务关系,它们无权参与企业的管理	所有者既对企业的资产享有所有权,同时又享有亲自管理企业或委托他人管理企业的权利
权益要求权	借款性质的负债不仅要还借贷本金,还要支付一定的利息,其他的负债则只需要支付债务额,不需追加利息支出	所有者有收益(分红)的要求,其收益要视企业的经营状况而定
资金成本	借款、债券的利息支出可以计入成本费用,税前扣除	分配给投资者的利润不能作为费用从收中扣除,而应作为税后利润项目处理
偿付期	负债一般都有约定的偿付期	所有者权益则没有约定的偿付期
计量属性	每项负债都应有明确的计价方法,而且按其发生时所规定的方法单独计价	所有者权益则不能单独计价,它是企业资产总额扣除负债总额后的净资产

所有者权益按其构成不同分为实收资本、资本公积、盈余公积和未分配利润。

(1) 实收资本是指投资者(包括国家、法人单位、个人和外商等)实际投入并与企业的注册资本对应的资本。

（2）资本公积是指企业由于特殊原因如资产评估、接受捐赠等增加的资本，包括发行股票溢价和资本溢价、法定财产重估增值、接受捐赠的资产价值等。

（3）盈余公积是指按照国家有关规定从税后利润中提取的积累资金。

（4）未分配利润是指可用于向企业所有者分配后的累计税后利润。

四、收入

收入可分为广义的收入和狭义的收入两种。广义收入是指企业在全部活动中形成的会导致所有者权益增加的、与所有者投入资本无关的经济利益的总流入，即除了营业收入还包括利得收入。狭义的收入是指企业在销售商品、提供劳务及他人使用本企业资产等日常经常活动中所形成的经济利益的流入，即营业收入。

营业收入反映企业在一定时期所取得的业绩。这些业绩是企业在整个生产经营过程中获取的。在企业提供的各种不同商品和劳务中，有些是不属于企业的主要经营范围的，所以营业收入分为主营业务收入和其他业务收入。

主营业务收入是指企业生产经营的主要经营业务收入。不同行业的基本业务收入有所不同，对工业企业来说，其产品销售收入就是该企业的主营业务收入。

其他业务收入又称为附营业务收入，是除基本业务以外的收入，如工业企业的材料销售、技术转让、固定资产出租以及对外提供运输等的收入。

利得收入是指企业日常经营以外取得的经济利益，如投资收益、转让固定资产收益等。

收入只有在经济利益很可能流入从而导致企业资产增加或者负债减少，且经济利益的流入额能可靠计量时才能确认。

例如，企业将自产的产品用于对外投资，虽然产品已发出，但该笔业务并无引起企业资产的增加，也没有引起负债的减少，所以不能确认为收入。又如，企业将自产的产品用于发放应付股利，虽然资产并无增加，但负债却减少，应确认收入。

符合收入定义和收入确认条件的项目，应列入利润表中。

五、费用

费用也有广义和狭义之分。广义的费用是指企业在全部活动中形成的、会导致所有者权益减少的、与向所有者分配利润无关的经济利益的总流出，即除了营业总费用之外，还包括损失等。狭义的费用是指企业在销售商品、提供劳务及他人使用本企业资产等日常经营活动中所形成的经济利益的总流出，又称为营业总费用。营业总费用包括主营业务成本、营业税金及附加、其他业务支出及其期间费用。工业企业的主营业务成本是由直接费用（直接材料、直接人工、其他直接支出）和间接费用（制造费用）并与收入配比而形成的费用。营业税金及附加主要包括上交给国家的流转税费（消费税、城市维护建设税、教育费附加）。其他业务支出是指附营业务费用。

期间费用是指企业行政管理部门为组织和管理生产经营活动而发生的管理费用，为支付利息等而发生的财务费用和为销售商品而发生的销售费用等。这些费用应在一定时间期限内进行汇总后直接计入当期损益。

费用只有在经济利益很可能流出从而导致所有者权益减少或者负债增加，且经济利益的流出额能够可靠计量时才能确认。企业发生支出时，应首先看其是否具有未来经济利益，即是否符合"资产"的定义，如该支出能形成未来的经济资源，能为企业带来未来的经济利益，应确认为资产；如该支出不产生经济利益，或者即使能够产生经济利益但不符合或者不再符合资产确认条件的，应在发生时确认为费用，计入当期损益。例如甲企业购进一批劳保用品，如入仓以后再发放使用，应确认为资产——低值易耗品；如马上由办公室领用，则应确认为费用。

企业为生产产品、提供劳务等发生的归属于产品成本应在确认收入时将该产品的成本计入当期费用。例如A公司某月为生产甲产品发生成本200 000元，但该月产品并非出售，这时不能将这些成本转为费用。只有当将这些产品销售时，才能将成本转为费用。

符合费用定义和费用确认条件的项目，应当列入利润表中。

损失是指企业日常经营外发生的经济利益的流出，如投资损失、清理固定资产损失等。

六、利润

利润指企业在一定期间内获得的生产经营成果。它主要根据期末净资产（资产－负债）价值与期初净资产价值之差而确定的。例如A公司期初净资产价值为200万元，期末净资产价值为300万元，即本期利润为：

$$300 \text{万元} - 200 \text{万元} = 100 \text{万元}$$

由于不符合资产定义和确认条件的支出均列为费用，利润的计算也可以下式表示：

$$利润 = 收入 - 费用 + 利得 - 损失$$

利润按其形成的内容不同，分为营业利润、投资净收益和营业外收支净额。

营业利润是指从营业收入中扣除营业成本、期间费用和各种销售税金后的余额。

投资净收益是指企业对外投资取得的收益扣除投资损失后的余额。

营业外收支净额是指与企业生产经营没有直接关系的各种营业外收入减去营业外支出后的净额。

各会计要素的内容概括如图3-1所示。

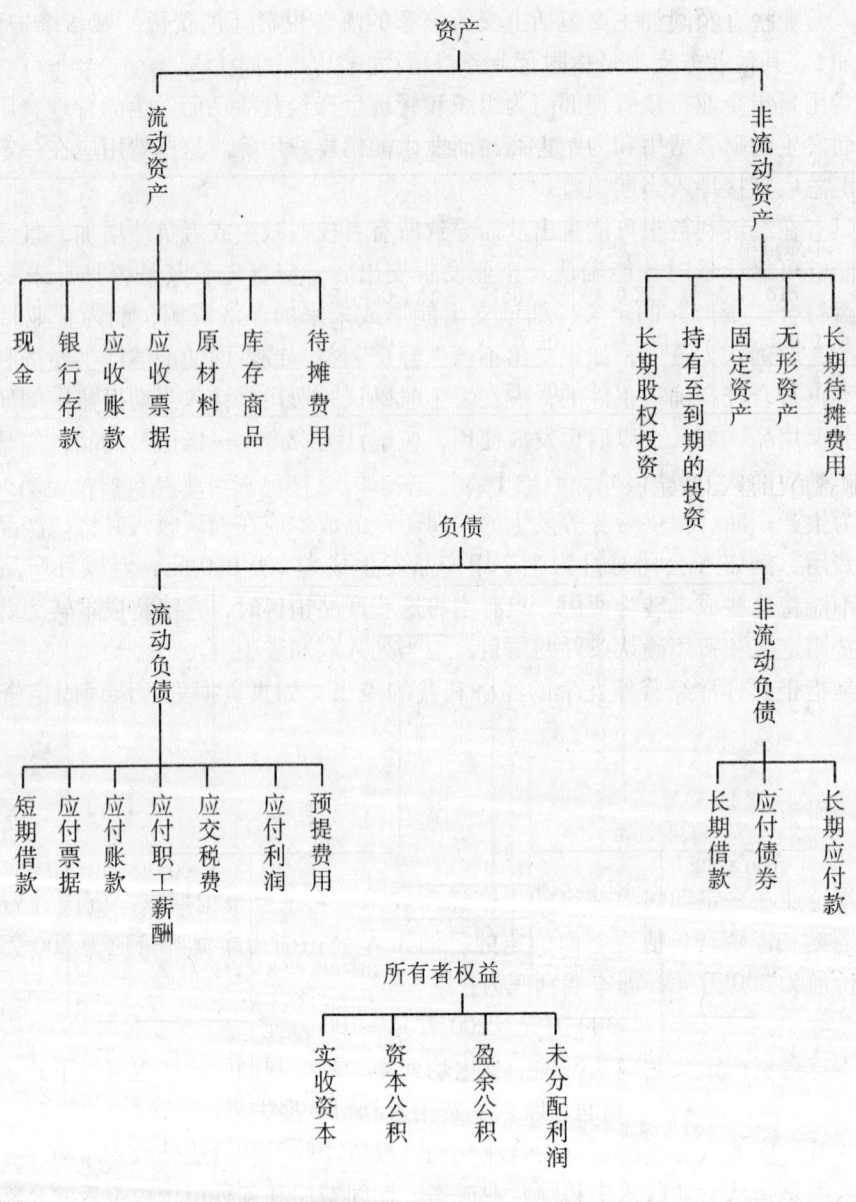

图3-1 会计要素的内容

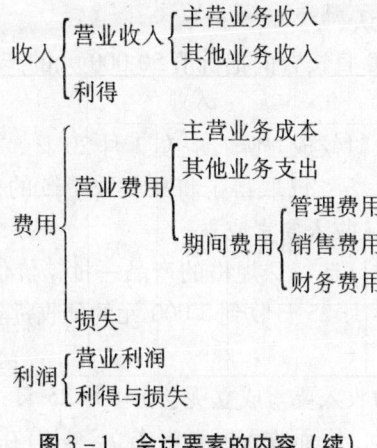

图 3-1 会计要素的内容（续）

第二节 会计要素的确认与计量

一、会计要素的确认

由于会计只反映经济活动中能够用货币表现的内容，而且是实际已经发生或完成的经济活动，即经济活动的结果。也就是说，只有以货币表现并实际上已发生或完成的经济活动，才能构成会计处理的内容。因此，必须根据一定的标准，确定所发生的业务能否作为会计处理的内容，这个过程称为会计要素确认。

会计要素的确认是进行会计记录、计量以及编制会计报表的前提和依据，也是贯彻会计原则，进行正常核算的基本方法。

一般来说，会计要素的确认要进行两次。首先，根据经济业务的发生所取得或填制的会计凭证进行确认，对各项经济业务发生的时间、性质、类型、责任单位和责任人等项内容加以反映，以证明经济业务的发生或完成情况。并非所有的原始凭证均可以作为会计处理的依据。例如购销合同，虽然也属于原始凭证，但由于其不能证明经济业务的确切发生，因而不能作为会计的原始凭证。所以在进行会计处理之前，需经过有关人员审核原始凭证，并对原始凭证加以辨别、确认，并按各种经济业务的特性进行分类，确定其应记录的会计要素，然后按照复式记账要求在记账凭证上编制会计分录，再根据会计分录登记各种账簿，这称为初次确认。在资产负债表日，企业应对会计要素进行再次确认，称为期末确认。

（一）会计要素的初次确认

如某企业20×7年3月20日按合同把价值50 000元的产品发运给某购买方，货款于4月5日收讫。

那么，收入要素应在什么时候成立呢？应在3月20日，因为虽然未取得货款，但所有权上的风险、报酬已转移卖方；已取得了将来收取货款的权利，经济利益也能流入企业。因此，在3月20日应确认收入要素成立。

又如，某企业接受某单位订造特殊规格的产品一批，价值10 000元。合同规定某单位预付货款50%。某企业在4月25日收到5 000元的预收货款，在6月30日把产品发运给某单位。

那么，应在什么时候作为收入要素成立呢？在4月25日，尽管已收到货款5 000元，但由于这时产品尚未生产发运，因而收入要素未成立，只有在6月30日，把产品发运时，收入要素才成立。

再如，某企业6月份以银行存款支付下半年（7-12月）的报刊费600元。

尽管在6月份支出了600元的货币资金，但这笔支出是为下半年（7-12月）发生的，因而对于6月份，这笔费用要素不成立，即不能把这600元计入6月份的费用。

可见，会计要素的初始确认是十分重要的。

其次，要对需在会计报表中反映的会计要素加以确认。就是按照会计报表使用者的要求，对账簿资料重新加以分类、汇总、归并、提炼确定会计报表应揭示的内容，以便把会计信息以最容易被报表使用者所理解的形式在报表上表现出来。因为账簿反映的内容各种各样，有提供总括资料的，也有提供详细资料的，并不是所有账簿提供的会计要素全部都编在报表中，因而应对账簿提供的资料进行确认，确定哪些内容应在报表中列示，以什么形式列示，把会计要素转化为报表上的项目。

（二）会计要素的期末确认

会计期末，一般指资产负债表日，应对会计要素在财务会计报告中的列示进行重新确认。

1. 资产的期末确认

由于资产代表企业未来经济利益的经济资源，那么在资产负债表日，应对资产的可回收金额进行判断，并以资产的可回收金额反映在资产负债表中。可回收金额低于资产账面价值的差额，应列为费用。

可回收金额是指如果将资产出售，扣除必要费用后的净额；或使用该项资产形成未来现金流量的现值两者孰高。例如某企业拥有一辆汽车（资产）20×7年12月31日为资产负债表日，该汽车账面原值为30万，已提折旧5万，账面价值25万元（30-5）。在12月31日，如果出售，该汽车售价扣除必要费用为10万；如果用于出租，尚可用5年，每年取得收入3万，共15万元，但折为现值为12万，则该汽车的可回收金额为12万元。

但如果租金收入折为现值只有8万,则该汽车的可回收金额为10万。汽车的可回收金额与账面价值之间的差额列为费用。

2. 负债的期末确认

负债是指企业应承担的现时义务。在资产负债表日,应对企业应承担的现时义务重新确认。

例如甲公司因合同履行被乙企业告上法庭,根据公司法律顾问的职业判断,甲公司的败诉率80%,如果败诉,甲公司应赔偿乙公司10万元。那么,在资产负债表日,甲公司应将10万元或有负债进行确认。

3. 所有者权益的期末确认

所有者权益是资产扣除负债后的余额。期末只需确保资产和负债的确认正确,所有者权益自然正确。

4. 收入、费用、利润的期末确认

期末,在确保资产、负债确认的正确性基础上,资产和负债期末确认与期初确认的差额均列为收入或费用(广义),收入与费用之差额就是利润。

可见,会计要素确认中,最重要的是资产和负债要素的确认。

二、会计要素的计量

如前所述,在会计核算中,需运用一定的计量单位,对经济业务发生所引起的会计要素的内容数量关系加以衡量、计算,提供用货币表现的财务信息及其他经济信息,反映企业的经济活动,为经济管理提供数据资料。因此,会计要素的计量贯穿于整个会计核算工作的始终。

会计要素的计量是会计核算的基本方法。在对原始凭证所载明的经济业务进行确认后,必须进一步确定各项经济业务引起了哪些会计要素发生怎样的变化,以及变化的数量影响,然后才能把经济业务以会计特有的表述方式(会计分录)在记账凭证上记录,这就需要对会计要素进行正确的计量。在会计信息加工阶段,还要对已入账的初始信息进行汇总、分配、计算、比较,才能把经济业务系统、全面地在会计账簿中进行反映,使之成为系统化、条理化的账簿信息。在会计信息的报告阶段,需对会计的账簿信息进行合理的计量,确定报表上各项目的金额,才能提供会计资料使用者所需的高度概括、浓缩的会计信息。因此,在会计核算中,会计要素计量是会计要素确认、会计记录、会计报告的前提,而会计要素计量的结果又构成会计要素确认、会计记录、会计报告的内容。

1. 会计要素计量所采用的计量单位

会计从数量方面反映经济活动,可以采用三种计量单位:实物单位、货币单位和劳动单位。由于经济管理所需的经济信息是综合的、系统的财务信息,因而会计要素计量所采用的计量单位主要是货币单位。但由于资金存在着各种各样的形态，凡是可以用实物或劳动时间计量的，也需通过劳动单位和实物单位进行记录，以便直接、具体地反映它们的占用和耗费等情况。因此，会计要素计量是以货币计量为根本，以非货币计量为补充的定量反映方式。

2. 会计要素计量所采用的计量属性

计量属性指会计要素在量化时表现的某一方面的特性，会计要素具有的计量属性主要有以下五种：

（1）历史成本。在历史成本计量下，资产按照购置时支付的现金或者现金等价物的金额，或者按照购置资产时所付出的对价的公允价值计量。负债按照因承担现时义务而实际收到的款项或者资产的金额，或者承担现时义务的合同金额，或者按照日常活动中为偿还负债预期需要支付的现金或者现金等价物的金额计量。例如甲公司购进一栋厂房，支付1000万，确认资产时应以1000万入账。又如甲公司向银行申请贷款200万元，一年期，确认负债时应以200万元入账，相关利息支出应在占用资金一定期间计入费用。

（2）重置成本。在重置成本计量下，资产按照现在购买相同或者相似资产所需支付的现金或者现金等价物的金额计量。负债按照现在偿付该项债务所需支付的现金或者现金等价物的金额计量。一般地，该计量属性用于资产的盘盈。

（3）可变现净值。在可变现净值计量下，资产按照其正常对外销售所能收到现金或者现金等价物的金额扣减该资产至完工时估计必要发生的成本、估计的销售费用以及相关税费后的金额计量。

（4）现值。现值是指按资产预计从其持续使用和最终处置中所产生的未来现金流入量的折现金额。例如一栋房屋，可用于出租，将出租收取的未来租金收入折为现值，就是该房屋的现值。对于负债而言，其现值是指按预计期限内需偿还的未来净现金流出量的折现金额。

可变现净值和现值一般用于资产的期末确认，用于判断资产的可回收金额。

（5）公允价值。在公允价值计量下，资产和负债按照在公平交易中，熟悉情况的交易双方自愿进行资产交换或者债务清偿的金额计量。

公允价值不仅用于会计要素的初始确认，还可用于金融工具，投资性房地产等资产的期末确认。公允价值的变动应列为费用计入利润表中。

企业在对会计要素进行计量时，一般应当采用历史成本，采用重置成本、可变现净值、现值、公允价值计量的，应当保证所确定的会计要素金额能够取得并可靠计量。

第三节　会计要素之间的联系

各个会计要素之间并不是各自孤立、单独存在的，它们之间存在着一定的数量上的联系。下面通过举例说明各个会计要素之间的相互联系。

【例1】为创办企业，投资者投入资金 800 000 元，存入企业银行存款账户。

根据我国《公司法》规定，设立企业必须拥有一定数额的资本，即投资者投入的、作为到工商行政管理部门登记注册、领取营业执照的注册资本。投资者投入资金，引起企业存款（资产）增加 800 000 元，同时引起所有者权益增加 800 000 元，用公式可表示为：

$$\text{资产 } 800\,000 = \text{所有者权益 } 800\,000 \quad ①$$

【例2】由于资金不足，向银行借入短期借款 200 000 元，转入企业存款户。

取得银行存款，引起企业存款（资产）增加，同时又使企业短期借款（负债）增加 200 000 元。这时企业资产会计为 1 000 000（800 000 + 200 000）元，用公式可表示为：

$$\text{资产 } 1\,000\,000 = \text{负债 } 200\,000 + \text{所有者权益 } 800\,000 \quad ②$$

【例3】企业为生产和销售产品垫付费用支出 600 000 元，同时收到销售产品收入 1 000 000 元。

这些业务的发生，使企业资产净增加 400 000 元（收入 1 000 000 - 费用 600 000），用公式可表示为：

$$\text{资产 } 1\,400\,000 = \text{负债 } 200\,000 + \text{所有者权益 } 800\,000 + \text{收入 } 1\,000\,000 - \text{费用 } 600\,000 \quad ③$$

设期末资产价值的可回收余额与其账面价值相同利得和损失为 0。又因为收入 - 费用 = 利润，因而③式可表示为：

$$\text{资产 } 1\,400\,000 = \text{负债 } 200\,000 + \text{所有者权益 } 800\,000 + \text{利润 } 400\,000 \quad ④$$

【例4】企业获得利润后，要按一定程序进行分配，首先以利润总额的 33% 上缴所得税，税后利润的 10% 作为盈余公积追加所有者权益，余下部分分配给投资者。分配内容计算如下：

应交所得税 $400\,000 \times 33\% = 132\,000$（元）

盈余公积 $400\,000 \times (1 - 33\%) \times 10\% = 26\,800$（元）

应付股利 $400\,000 - 132\,000 - 26\,800 = 241\,200$（元）

利润经过分配后，一部分转为所有者权益（盈余公积），一部分转为负债（应交所得税、应付利润）。用公式表示为：

$$\text{资产 } 1\,400\,000 = \text{负债 } 573\,200 + \text{所有者权益 } 826\,800$$

其中：

所有者权益 826 800 = 800 000 + 26 800（元）

负债 573 200 = 200 000 + 132 000 + 241 200（元）

【例 5】企业以存款上缴所得税 132 000 元，支付股利 241 200 元，同时偿还向银行借款 200 000 元。

这些业务的发生，一方面使企业资产减少 573 200 元，同时引起企业负债减少 573 200 元。用公式可表示为：

资产 826 000 = 所有者权益 826 000

由此可见，经过一段时期的生产经营后，会计要素的关系又回复到：

资产 = 所有者权益

由于企业大多数情况下是负债经营的，企业所需要的经营资金，除投资者投入的资本金外，可通过向银行借款、发行债券、集资等方式筹集，所以会计要素的最基本的关系式为：

资产 = 负债 + 所有者权益

第四节 会计恒等式

通过上述分析，我们知道会计要素之间存在相互联系的关系，其中最基本的关系式为：

资产 = 负债 + 所有者权益

这个关系式被称为会计恒等式。这是因为无论在什么情况下，无论发生什么经济业务，这个关系式都不会被破坏。

一、资产与负债、所有者权益的依存关系

资产与负债、所有者权益是同一资金的两个侧面。以一双手的手心与手背来比喻它们之间的关系是很恰当的。资产反映资金存在的形式，负债、所有者权益则反映这些资金的来源渠道。它们之间存在着相互依赖、互为前提的关系。有资产必然有所有者权益或负债，有所有者权益、负债就必然有资产，二者数额必然相等。这在第三节例 1 至例 5 已得到了论证。

二、资产与负债、所有者权益变动的对应平衡关系

经济业务种类繁多，千变万化，但无论发生什么经济业务，都不影响资产负债、所有者权益的平衡关系。

一般来说，资产与负债、所有者权益的这种平衡关系是通过编制资产负债表反映的。资产负债表是反映企业在某一定日期的资产、负债、所有者权益的一张会计报表，该表的左方反映资产，右方反映负债和所有者权益。下面通过举例说明。

设某企业某年1月初有关资产、负债、所有者权益的资料以资产负债表列示，如表3-2所示。

表3-2 资产负债表

200×年1月1日

资产	金额（元）	负债及所有者权益	金额（元）
流动资产：		负债：	
现金	3 000	短期借款	343 000
银行存款	505 000	应付账款	10 000
原材料	400 000	应交税费	5 000
库存商品	600 000	所有者权益：	
		实收资本	1 500 000
固定资产	950 000	盈余公积	200 000
		未分配利润	400 000
合　计	2 458 000	合　计	2 458 000

从表3-2可以看出，该企业在这个月初所拥有的资产总额为2 458 000元，这些资金分别表现在现金、银行存款、原材料、库存商品、固定资产等几个资产项目上，资产总计为2 458 000元；而企业拥有这些资产的来源为短期借款、应付账款、应交税费以及属于所有者权益的实收资本和盈余公积和未分配利润。负债与所有者权益合计为2 458 000元。由此可见，资产总额与负债、所有者权益总额者是2 458 000元，两者相等。

设该企业在1月份发生如下经济业务：

【例6】购进材料一批，价值30 000元。材料已验收入库，但材料货款尚未支付。

这项经济引起该企业原材料（资产）增加30 000，同时企业的应付账款（负债）也增加30 000元。资产与负债、所有者权益总额的平衡关系依然不变。其资产负债表上的反映如表3-3所示。

表 3-3 资产负债表

资产	金额	负债及所有者权益	金额（元）
现金	3 000	负债：	
银行存款	505 000	短期借款	343 000
原材料	430 000	应付账款	40 000
（+30 000）		（+30 000）	
库存商品	600 000	应交税费	5 000
		所有者权益：	
固定资产	950 000	实收资本	1 500 000
		盈余公积	200 000
		未分配利润	400 000
合　计	2 488 000	合　计	2 488 000

【例7】以银行存款上缴应交税费 5 000 元。

这项业务的发生，引起企业银行存款（资产）减少 5 000 元，同时应交税费（负债）减少 5 000 元，资产与负债、所有者权益的平衡关系依然不变。其资产负债表上的反映如表 3-4 所示。

表 3-4 资产负债表

资产	金额	负债及所有者权益	金额（元）
现金	3 000	负债：	
银行存款	500000	短期借款	343 000
（-5 000）		应付账款	40 000
原材料	430 000	应交税费	0
库存商品	600 000	（-5 000）	
		所有者权益：	
固定资产	950 000	实收资本	1 500 000
		盈余公积	200 000
		未分配利润	400 000
合　计	2 483 000	合　计	2 483 000

【例8】收到某投资者投入的一台不需安装的新设备，价值 80 000 元。

这项业务引起该企业固定资产（资产）增加 80 000 元，同时投资者的投资也增加 80 000 元，资产与负债、所有者权益的平衡关系依然不变。其资产负债表上反映如表 3-5 所示。

表3-5 资产与负债

资产	金额	负债及所有者权益	金额（元）
现金	3 000	负债:	
银行存款	500 000	短期借款	343 000
原材料	430 000	应付账款	40 000
		应交税费	0
库存商品	600 000	所有者权益:	
固定资产	1 030 000	实收资本	1 580 000
（+80 000）		（+80 000）	
		盈余公积	200 000
		未分配利润	400 000
合 计	2 563 000	合 计	2 563 000

【例9】由于企业经营规模缩小，资本过剩。经批准减少资本200 000元，以银行存款支付给原投资者。

这项业务的发生，引起企业银行存款减少200 000元，同时实收资本减少200 000元。资产与负债、所有者权益的平衡依然不变。其资产负债表上的反映如表3-6所示。

表3-6 资产负债表

资产	金额	负债及所有者权益	金额（元）
现金	3 000	负债:	
银行存款	300 000	短期借款	343 000
（-200 000）		应付账款	40 000
		应交税费	0
		所有者权益:	
原材料	430 000	实收资本	1 380 000
库存商品	600 000	（-200 000）	
固定资产	1 030 000	盈余公积	200 000
		未分配利润	400 000
合 计	2 363 000	合 计	2 363 000

【例10】把现金2 000元存入银行。

这项业务引起银行存款增加2 000元，同时现金减少2 000元。由于银行存款和现金都同属于资产,所以这项业务使一项资产增加2 000元,另一项资产减少2 000元,一增一减金额相等,资产总额不变。这项业务不影响负债、所有者权益的变化,所以资产与负债、所有者权益的平衡关系依然不变。其资产负债表见表3-7。

表3-7 资产负债表

资产	金额	负债及所有者权益	金额(元)
现金	1 000	负债:	
(-2 000)		短期借款	343 000
银行存款	302 000	应付账款	40 000
		应交税费	0
(+2 000)		所有者权益:	
原材料	430 000	实收资本	1 380 000
库存商品	600 000	盈余公积	200 000
固定资产	1 030 000	未分配利润	400 000
合 计	2 363 000	合 计	2 363 000

【例11】向银行借入短期借款30 000元,直接偿还应付账款。

这项业务引起银行借款增加30 000元,同时应付减少30 000元。因为短期借款和应付账款都同属于负债,所以这项业务发生使一项负债增加30 000元,另一项负债减少30 000元,一增一减金额相等,而这项业务并不影响资产的变化,所以资产与负债、所有者权益的平衡关系依然不变。其资产负债表如表3-8所示。

表3-8 资产负债表

资产	金额	负债及所有者权益	金额(元)
现金	1 000	负债:	
银行存款	302 000	短期借款	373 000
原材料	430 000	(+30 000)	
库存商品	600 000	应付账款	10 000
		(-30 000)	
		应交税费	0
		所有者权益:	
固定资产	1 030 000	实收资本	1 380 000
		盈余公积	200 000
		未分配利润	400 000
合 计	2 363 000	合 计	2 363 000

【例12】把盈余公积中 20 000 元转增资本。

这项业务引起实收资本增加 20 000 元，同时盈余公积减少 20 000 元。由于实收资本与盈余公积同属于所有者权益，这项业务使一项所有者权益增加 20 000 元，而另一项所有者权益减少 20 000 元，一增一减总额不变，而这项业务并没有引起资产的变动，因而资产与所有者权益、负债的平衡关系依然不变。其资产负债表如表 3-9 所示。

表 3-9　资产负债表

资产	金额	负债及所有者权益	金额（元）
现金	1 000	负债：	
银行存款	302 000	短期借款	373 000
原材料	430 000	应付账款	10 000
库存商品	600 000	应交税费	0
		所有者权益：	
固定资产	1 030 000	实收资本	1 400 000
		（+20 000）	
		盈余公积	180 000
		（-20 000）	
	40 000	未分配利润	400 000
合　计	2 363 000	合　计	2 363 000

【例13】以未分配利润中 100 000 元分红，通过利润分配转为应付利润。

这项业务的发生，引起应付利润增加 100 000 元，未分配利润减少 100 000 元。因为应付利润属于负债，而未分配利润属于所有者权益，负债增加而所有者权益减少，一增一减金额相等，而这项业务并没有引起资产的变动，所以资产与负债、所有者权益的平衡关系依然不变。其资产负债表如表 3-10 所示。

表 3-10　资产负债表

资产	金额	负债及所有者权益	金额（元）
现金	1 000	负债：	
银行存款	302 000	短期借款	373 000
原材料	430 000	应付账款	10 000
		应交税费	0
库存商品	600 000	应付股利	100 000
固定资产	1 030 000	（+100 000）	
		所有者权益：	
		实收资本	1 400 000
		盈余公积	180 000
		未分配利润	300 000
		（-100 000）	
合　计	2 363 000	合　计	2 363 000

三、会计恒等式变化的规律及变化的类型

通过上面所举的例 6 至例 13 的 8 个例子可见，经济业务尽管种类繁多、千变万化、内容不一，但从它们的发生引起的资产与负债、所有者权益的变化，则可归纳为 8 种类型。而无论是哪一种类型业务的发生，都不影响资产与负债、所有者权益之间的平衡关系。

（一）经济业务的类型

(1) 资产与负债同增，如例 6；
(2) 资产与负债同减，如例 7；
(3) 资产与所有者权益同增，如例 8；
(4) 资产与所有者权益同减，如例 9；
(5) 资产的相互转化，一增一减，如例 10；
(6) 负债的相互转化，一增一减，如例 11；
(7) 所有者权益的相互转化，一增一减，如例 12；
(8) 所有者权益与负债的相互转化，一增一减，如例 13。

在以上 8 类的经济业务中，引起资产总额和负债、所有者权益总额变动的是前 4 种类型的经济业务，而后 4 种类型的经济业务则不影响资产总额和负债、所有者权益总额变动。

以上的经济业务也可用会计恒等式表示,如表 3-11 所示。

表 3-11 会计恒等式

经济业务类型	资产	=	负债	+	所有者权益
(1)	资产(+)		负债(+)		
(2)	资产(-)		负债(-)		
(3)	资产(+)				所有者权益(+)
(4)	资产(-)				所有者权益(-)
(5)	资产(+)资产(-)				
(6)			负债(+)负债(-)		
(7)					所有者权益(+) 所有者权益(-)
(8)			负债(-) 负债(+)		所有者权益(+) 所有者权益(-)
结果	资产	=	负债	+	所有者权益

(二) 会计要素之间的勾稽关系

通过上述分析可见,会计要素之间实际上是存在勾稽关系的,即:

期初: 资产 = 负债 + 所有者权益(净资产)

期末: 资产 = 负债 + 所有者权益(净资产) ⎫
　　　 利润 = 收入 − 费用 + 利得 − 损失 ⎭ 期末净资产超过期初资净产的部分

综上所述,我们可以得到如下结论:

(1) 任何一项经济业务的发生,都必然会引起两个(或两个以上)资产项目、所有者权益项目或负债项目发生增减变动。

(2) 每一项经济业务所引起的资产增减变动的金额与负债、所有者权益项目增减变动的金额必然相等。

(3) 无论发生任何类型的经济业务,资产总额与负债、所有者权益总额必然保持平衡关系。

资产与负债、所有者权益之间的恒等关系的概念十分重要,它是设置账户、复式记账和编制资产负债表的理论依据,是整个会计学理论的"基石"。也就是说,账户的设立、记账、编制资产负债表都不能破坏这个恒等关系。

习题三

一、判断题（如不对，请说明理由。）

1. 企业接受某外商赠送的一辆汽车，由于属于无偿赠与，因此，该辆汽车不能构成企业的资产。（ ）
2. 某企业的厂长出差，与甲企业签订了一份购销合同，会计可根据这份合同登记入账。（ ）
3. 无论在什么情况下，也无论发生什么经济业务，资产都与负债、所有者权益之和相等。（ ）
4. 银行存款属于负债类要素。（ ）
5. 影响所有者权益变动的因素主要有企业投资者的增资或减资和企业税后利润及分红。（ ）

二、选择题（单项或多项）

1. 把现金5 000元存入银行，这笔业务引起（　　）变化。
   A. 资产增加，负债减少　　　　　B. 一项资产增加，另一项资产减少
   C. 一项负债增加，另一项负债减少　D. 资产减少，负债增加
2. 企业的厂房、汽车、材料以及库存商品属于（　　）要素。
   A. 资产　　　　　　　　　　　　B. 收入
   C. 费用　　　　　　　　　　　　D. 负债
3. 会计要素之间的联系有（　　）。
   A. 资产＝负债　　　　　　　　　B. 资产＝负债＋所有者权益
   C. 资产＝负债＋所有者权益＋利润　D. 资产＝所有者权益
   E. 利润＝收入－费用
4. 以银行存款偿还前欠某单位货款6 000元，这笔业务引起（　　）变化。
   A. 资产增加，负债减少　　　　　B. 资产增加，负债增加
   C. 资产减少，负债减少　　　　　D. 资产减少，负债增加
5. 属于资产要素的项目有（　　）。
   A. 专利权　　　　　　　　　　　B. 人力资源
   C. 长期借款　　　　　　　　　　D. 现金
6. 一项资产增加，不可能引起（　　）。
   A. 另一项资产减少　　　　　　　B. 一项负债增加
   C. 一项所有者权益增加　　　　　D. 一项负债减少
7. 下列经济业务中，会引起一项负债减少，而另一项负债增加的经济业务是（　　）。

A. 用银行存款购买材料　　　　　　B. 以银行存款偿还银行借款
C. 以银行存款偿还应付账款　　　　D. 将银行借款存入银行

8. 下列项目中，属于资产的有（　　）。
   A. 银行存款　　　　　　　　　　B. 库存商品
   C. 设备　　　　　　　　　　　　D. 废品
   E. 应收账款

9. 向银行借入一笔短期借款，直接偿还前欠某企业货款，这笔业务会引起（　　）。
   A. 资产增加，负债减少　　　　　B. 资产增加，负债增加
   C. 资产减少，负债减少　　　　　D. 一项负债增加，另一项负债减少

10. （　　）业务发生，不影响资产总额。
    A. 以银行存款购进原材料　　　　B. 以银行存款缴纳税金
    C. 以银行存款偿付前欠款　　　　D. 以银行存款偿还银行借款

三、简答题

1. 企业的资产属于企业的所有者权益（投资人）和债权人，两者在性质上有何不同？
2. 如何进行会计要素的确认与计量？
3. 为什么说，资产和负债、所有者权益之间的相等关系是永恒的？
4. 资产的计量模式有哪几种？

四、实务题

题一

【目的】练习资产、负债和所有者权益的分类。

【资料】某企业200×年5月31日资产、负债和所有者权益的资料如下：

序号	内容	金额	属性	所属项目
1	库存现金	500		
2	生产车间用设备	250 000		
3	应交纳的税金	40 000		
4	应收甲单位货款	60 000		
5	向银行借入短期借款	460 000		
6	库存已完工产品	400 000		
7	存放在银行的款项	880 000		
8	生产用房屋	1 200 000		
9	投资者投入的资金	3 000 000		
10	盈余公积	90 000		
11	运输用汽车	500 000		
12	应付给乙单位的货款	500		
13	库存材料	300 000		

【要求】

1. 在上表的"属性"栏中注明各项目的属性，即属于资产、负债还是所有者权益；在"所属项目"栏注明其项目名称。
2. 编制资产负债表，并检验"资产＝负债＋所有者权益"这一平衡公式是否成立。

题二

【目的】分析经济业务的类型以及对会计恒等式的影响。

【资料】某企业200×年5月1日资产、负债、所有者权益如下表：

资产项目	变动前金额	增加金额	减少金额	变动后金额	负债及所有者权益项目	变动前金额	增加金额	减少金额	变动后金额
现金	900				短期借款	50 000			
银行存款	120 000				应付账款	10 000			
应收账款	30 000				应交税费	900			
原材料	20 000				实收资本	420 000			
库存商品	50 000				盈余公积	109 000			
生产成本	1 000								
固定资产	368 000								
合计	589 900				合计	589 900			

5月份该企业发生如下业务：
1. 购入原材料一批，计10 000元，材料已验收入库，但货款未付。
2. 从银行存款提取现金2 000元。
3. 以银行存款上缴应交税费900元。
4. 收到应收账款30 000元，存入银行。
5. 收到某单位以一辆汽车对企业投资，价值150 000元。
5. 向银行借入短期借款直接用于偿还应付账款10 000元。
6. 生产车间领用材料15 000元。
7. 以银行存款偿还银行短期借款30 000元。
8. 向银行借入短期借款40 000元，存入银行。
10. 以银行存款购买材料50 000元，材料已验收入库。

【要求】
1. 根据该企业5月份发生的经济业务，指出它们的业务类型。
2. 把由于业务发生引起各项目的增减变动及结果填入上表。（提示：变动后金额 = 变动前金额 + 增加金额 − 减少金额）
3. 说明经济业务的发生是否影响"资产 = 负债 + 所有者权益"这一会计恒等式。

第四章 会计科目与账户

第一节 会计科目

会计以经济活动为核算对象,经济活动的内容在会计上分解为会计要素。但会计要素的内容也是多种多样、错综复杂的,因而有必要把会计要素作进一步划分。会计科目就是细分了的会计要素项目的名称。

例如,资产要素,可细分为现金、银行存款、原材料、库存商品、应收账款、固定资产等;负债要素,可细分为短期借款、应付账款、应交税费等;所有者权益要素,可细分为实收资本、资本公积、盈余公积、未分配利润等;收入要素可细分为主营业务收入、其他业务收入、营业外收入等;费用要素可细分为生产成本、制造费用、管理费用、销售费用等。这些会计上专用的名称就是会计科目。

一、会计科目的作用

1. 反映会计要素的变动

确立会计科目,可正确、及时、全面、系统地反映会计要素的变动。

会计科目是对会计要素的进一步划分,每个会计科目都体现着特定的经济内容,借助会计科目,可正确区分业务所引起的会计要素中具体项目的变化。在对全部会计科目所提供的会计信息资料加以归集、综合的基础上,可系统反映出资产、负债、所有者权益、收入、费用、利润各个会计要素在一定时期的增减变动及其结果,从而实现会计的职能。

2. 会计科目是会计核算的基本条件

在会计核算中,账户的开设、账簿的运用、成本计算和编制会计报表,都要以会计科目为依据,离开了会计科目,会计核算就无法进行。

3. 会计科目是会计控制的基本依据

设立会计科目的目的在于规定每个科目的核算范围和内容。通过对会计科目的检查可以了解企业运用会计科目的正确性，并能检查企业进行会计处理的正确性。而且由于会计科目之间存在依存关系，通过对有关会计科目的相互对照，可以了解经济业务内容，从而实现对经济活动进行控制的职能。

二、会计科目的设置

会计科目的设置应遵循一定的原则，按各种经济业务的内容和核算要求，将企业的资金运动和会计要素作出科学的分类，形成各个会计科目。每个会计科目都要求含义明确、概念清楚、简明扼要、通俗易懂。目前，我国各行业所使用的会计科目，是由财政部统一制定并通过会计制度形式发布的。这样可使企业所提供的会计核算资料口径一致，便于逐级汇总和分析利用。在不影响会计核算的要求和会计报表指标汇总，以及对外提供统一的会计报表的前提下，企业也可以根据实际情况自行增设、减少或合并某些会计科目。

为了反映会计科目之间的内在联系，便于填制会计凭证、登记账簿、查阅账目以及实行会计电算化，必须对会计科目进行编号。对会计科目编号就是用数字表示各个会计科目在整个会计科目体系中的归属的类别、顺序和位置。

表4-1是企业常用会计科目。表中会计科目及其编号的依据是2007年1月1日起在我国上市公司施行的《企业会计准则》。

表4-1　常用会计科目表①

会计科目名称	编号	会计科目名称	编号
一、资产类	（略）	三、所有者权益类	（略）
现金		实收资本	
银行存款		资本公积	
交易性金融资产		盈余公积	
应收账款		本年利润	
其他应收款		利润分配	
坏账准备			
原材料		四、成本类	
库存商品		生产成本	
存货跌价准备		制造费用	
待摊费用			
长期股权投资		五、损益类	
持有至到期债券投资		主营业务收入	
固定资产		主营业务成本	
累计折旧		公允价值变动损益	
固定资产减值准备		投资收益	
无形资产		营业外收入	
无形资产减值准备		营业税金及附加	
长期待摊费用		销售费用	
待处理财产损益		管理费用	
		财务费用	
二、负债类		营业外支出	
短期借款		资产减值损失	
应付账款		所得税	
应付职工薪酬			
应交税费			
应付股利			
其他应付款			
预提费用			
预计负债			
长期借款			

---

① 本书是属于会计的理论基础课程，旨在阐明会计核算的基本原理，因而本书所采用的会计科目是表4-1中所列会计科目。在实际工作中还需要使用其他会计科目，这将会在有关的专业会计中阐述。

三、会计科目的分类

1. 会计科目按经济内容的分类

各种不同的会计科目构成了会计科目体系。每个科目都反映特定的经济内容，在核算上具有专门的用途。会计科目按经济内容分类，是以"资产＝负债＋所有者权益"这一公式出发，按照会计科目所列示的资产、负债和所有者权益的内容进行分类。同时为反映企业资金运动的结果，也就是企业的经营成果，必须核算企业在生产经营过程中所发生的耗费以及取得的收入，并确定经营成果。所以，工业企业的会计科目按经济内容分类可分为五大类：

（1）资产类科目。
（2）负债类科目。
（3）所有者权益类科目。
（4）成本类科目。
（5）损益类科目。

这种按以经济内容的分类，也可从表4-1中看到每一类别所含有的会计科目。

2. 会计科目按其提供信息的详细程度分类

各企业在进行经济管理时，不仅需要会计提供总括数据信息资料，同时也需要一些更为详细的具体的数据信息资料。因此，在设置会计科目时，一方面要设置能据以提供总括信息资料的总分类科目；另一方面也要设置能据以反映详细具体指标的明细科目。总分类科目也称总账科目或一级科目，简称科目。总分类科目是对会计要素的具体内容进行总括分类的科目，一般由国家财政部统一颁布制定。如表4-1所列的会计科目都是总分类科目。明细分类科目也称明细科目或细目。明细分类科目也称明细科目或细目，是对会计要素的具体内容进行详细分类的科目，企业可根据需要自行确定。例如"原材料"科目为总分类科目，其反映内容包括原材料、辅助材料、燃料等。按这一科目进行核算，可为企业管理提供总括的有关企业全部材料的情况，而各种不同的使用价值的材料不能进行直接相加汇总，因而该类科目只能以货币为计量单位。但只靠"原材料"科目提供企业材料情况是不够的，因为企业还必须了解各种不同材料的库存、增减变动情况，需要在"原材料"科目下按材料类别设置如"原料及主要材料"、"辅助材料"、"燃料"等明细科目。为加强"原材料"的核算和管理，可在每一类明细科目下再设明细科目（称为三级科目），如"钢坯"、"方钢"、"润滑剂"、"煤油"等。这时，原有的"原料及主要材料"、"辅助材料"等三级科目就升级为二级科目，而"钢坯"、"煤油"等就成为明细科目。可见，二级科目是根据需要设置的。介于总账科目和明细科目之间的科目，也称为子目。二级子目一般地只能以货币为计量单位，而明细科目则既可以用货币为计量单位，也可以用实物为计量单位。例如"煤油"可以以货币总值表示，也可以用吨或公斤表示。

又如"固定资产"是一个总分类科目，总括地提供企业所有房屋、建筑物、设备、汽车等使用时间较长、价值较高的资产。为了考核固定资产使用情况，可在这个科目下设"生产用固定资产"、"非生产用固定资产"、"出租固定资产"以及"未使用固定资产"等二级科目。在这些二级科目下，再开设更加详细、具体地反映固定资产实有量的明细科目，如"房屋、建筑物"、"交通运输工具"、"设备"等。

由此可以看出，总分类科目、二级科目、三级科目所反映、核算的内容一致，只是提供的会计信息详细程度不同而已。总分类科目提供总括的资料，二级科目对总分类科目的内容作补充说明，而三级科目对二级科目的内容作更详细的补充说明。值得说明的是，并非所有的总分类科目都要设置二级或三级科目，主要是根据实际需要而设立。例如"现金"总分类科目，就没有必要对其开设二级或三级科目。下面以图4-1和图4-2说明总分类科目及其明细科目之间的关系。

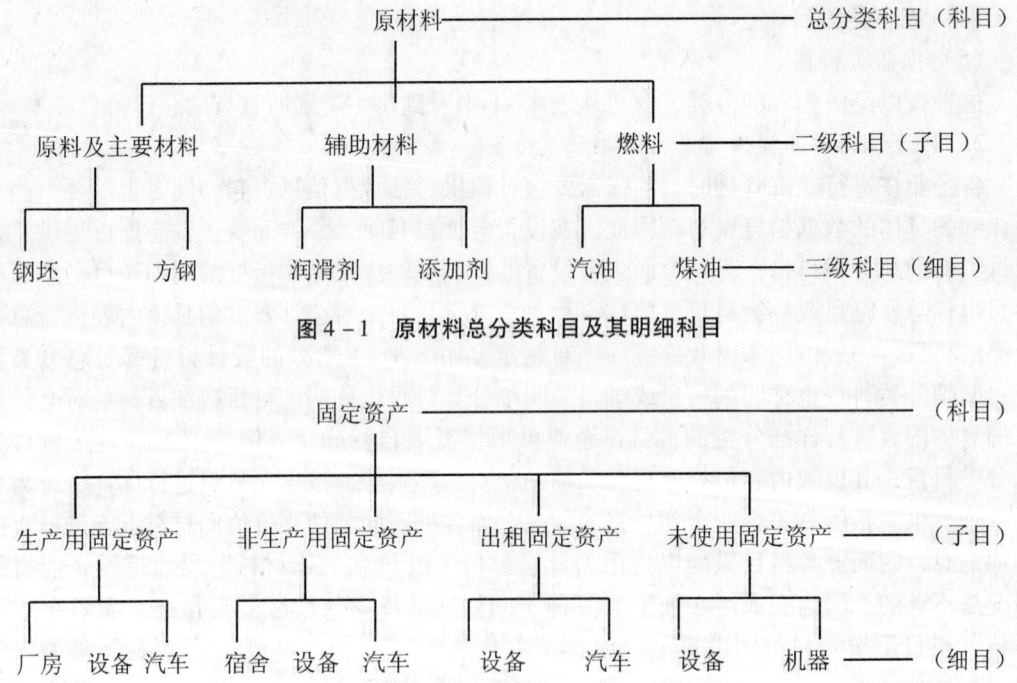

图4-1 原材料总分类科目及其明细科目

图4-2 固定资产分类科目及其明细科目

第二节　账户及其结构

账户是根据会计科目设立的，具有一定格式和结构，用来分类记录会计要素增减变化及其结果的记账载体。

任何一项经济业务的发生，都会引起有关会计要素的内容在数量上发生增减变动。会计科目的设置为全面核算和控制各个要素内容的数量增减变动及一定时期的经济活动情况和经营成果提供了依据。但是，会计科目只是在对各个会计要素内容分类的基础上形成的一个项目名称，并不能通过其本身把这些内容的数量变动表现出来，因而必须设置账户，对经济业务进行记录。并把这些信息资料加以汇总整理、分析，以全面、完整、系统地反映一定期间的经济活动情况及结果。

账户是根据会计科目设置的。也就是说，账户的名称必须与会计科目一致。会计科目作为账户的名称，规定了每个账户所核算的范围内容。

一、账户的格式

账户的具体表现形式为账页。账页的格式可以有多种多样。但为了全面反映经济业务情况和严格核算手续，任何一种账户格式的设计，都应包括下列内容：
(1) 账户名称，即会计科目。
(2) 日期栏，用以填写记账的具体时期。
(3) 凭证号数，用以说明账户记录的资料来源。
(4) 摘要栏，简明扼要地说明经济业务的内容。
(5) 金额栏，包括本期发生额的增加、减少以及余额。

账户的一般格式如表 4-2 所示。

表 4-2
账户名称（会计科目）　　　　　　　　　　第　页

日期	凭证号	摘要	增加	减少	余额

为便于计算，在教学上常把账户用"T"式表示，如表 4-3 所示。

表 4-3

| 左方 | 账户名称（会计科目） | 右方 |

在账户左右两方中，在哪一方登记增加，哪一方登记减少，取决于所采用的记账方法和账户所记录的经济内容。

二、账户余额的计算

本期期初余额 = 上期期末余额

本期期末余额 = 本期期初余额 + 本期增加额 - 本期减少额

例如，银行存款账户，上月末余额为 100 000 元，本月增加 800 000 元，减少 500 000 元。则期末余额为：

$$100\ 000 + 800\ 000 - 500\ 000 = 400\ 000（元）$$

一般地，账户的余额所在方应与增加方相同。

习题四

一、判断题（如不对，请说明理由。）

1. 凡总分类科目都必须设置属下的明细科目。　　　　　　　　　　（　　）
2. 一般地，账户的余额所在方向应与增加方相同。　　　　　　　　（　　）
3. 总分类科目与明细分类科目各自反映不同性质的经济业务。　　　（　　）
4. 账户名称必须与会计科目一致。　　　　　　　　　　　　　　　（　　）

二、选择题（单项或多项）

1. 账户是根据（　　）设立的。

   A. 管理要求　　　B. 会计科目　　　C. 上级规定　　　D. 会计方法

2. 目前我国各行业所使用的会计科目，是由（　　）统一制定，通过会计制度形式发布的。

   A. 注册会计师协会　　　B. 上级主管部门

C. 财政部门　　　　　D. 行业主管部门
3. 总分类科目只能以（　　）为计量单位。
　　A. 货币量　　　　B. 实物量
　　C. 劳动量　　　　D. 三种计量单位均不行
4. 按经济内容分类，应收账款科目属于（　　）会计科目。
　　A. 资产类　　　B. 负债类　　　C. 损益类　　　D. 成本类
5. 会计科目是（　　）。
　　A. 记账的依据　B. 账户的名称　C. 会计要求　　D. 会计程序
6. 账户是根据（　　）开设的。
　　A. 会计科目　　B. 企业需要　　C. 管理者需要　D. 上级规定
7. 账户的期末余额一般登记在（　　）。
　　A. 增加额一方　B. 减少额一方　C. 借方　　　　D. 贷方
8. 在会计核算中，（　　）等环节，都要以会计科目为依据。
　　A. 运用复式记账　B. 填制记账凭证　C. 登记会计账簿
　　D. 进行财产清算　E. 编制会计报表

三、简答题
1. 设置会计科目有什么作用？
2. 会计科目与账户有什么联系和区别？

第五章 复式记账

第一节 复式记账原理

历史上,会计曾长期使用单式记账法,后来才采用复式记账法。复式记账是相对单式记账而言的,它们是两种不同的记账方法。

一、单式记账法

单式记账法是一种除了对应收、应付的现金及银行存款收付在两个或两个以上的有关账户中进行登记以外,对其他经济业务都只在一个账户中进行登记或不予登记的记账方法。其特点是平时只反映现金、银行存款收付业务和各种往来款项,对其他业务则忽略不予登记。这是因为单式记账法只着重考虑现金、银行存款的收付不要搞错,欠人的债务(应付款)和对外债权(应收款)的结算必须记清楚,其他的财产物资因为都在本单位管理之下,毋需记账。

例如,购进材料500元,以现金支付。

在单式记账法下,这笔业务发生后,只在现金账中记现金减少500元,而不记原材料账户。

又如,购进材料2 000元,货款暂欠。

在单式记账法下,对于这笔业务,只在应付账款中登记债务增加2 000元,而不记原材料账户。只有发生收到应收账款或偿付应付账款时,才同时登记现金(或银行存款)和应收账款或应付账款。如上例,以现金偿还前欠货款2 000元时,同时在应付款和现金账中记减少2 000元。在这种方法下,对于材料的耗用、固定资产折旧等业务则不予记录。

单式记账法使用简便,但存在以下严重缺陷:

(1) 不能全面、完整地反映经济活动的全貌和经济业务的来龙去脉。由于单式记账法对于除现金、银行存款收支业务及往来结算业务外的经济业务都只在一个账户中登记，或根本不登记，因而这种方法对经济活动过程的反映是不完整、不全面的。

(2) 账户之间缺乏必然的联系。在单式记账法下，账户之间互不联系，账户记录也没有相互平衡的概念，如发生错账就无法进行检查。

二、复式记账法

复式记账法是指对每一项经济业务都要以相等的金额，在相互联系的两个或两个以上账户进行登记的方法。

第三章已经指出，任何一项经济业务的发生，都会引起资产和负债、所有者权益至少两个项目发生增减变动，而且涉及这些项目的变动的金额必须相等。为全面、完整地把这些经济业务记录下来，反映经济业务的来龙去脉，必须进行复式记账。下面举例说明复式记账方法。

例如，购进材料500元，以现金支付。

在复式记账法下，不仅要在现金账中登记减少500元，而且同时要在原材料账中登记增加500元。

又如，购进一台不需安装的新设备，价值100 000元，货款暂欠。

在复式记账法下，这笔业务不仅应在应付款登记增加100 000元；同时还要在固定资产账登记增加100 000元。

再如，生产车间领用材料2 000元。

在复式记账法下，一方面在原材料账户登记减少2 000元，另一方面要在生产成本账户登记增加2 000元。

可见，复式记账法与单式记账法比较，有如下两个特点：

(1) 复式记账法能够完整地反映每一项经济业务的来龙去脉，能够反映经济活动的全貌。因为复式记账法对每一笔经济业务都以相等的金额在两个或两个以上的有关账户中相互联系地进行登记，可清楚而全面地反映出经济活动的情况，也便于管理人员了解经济业务全貌，以加强资金管理。

(2) 在复式记账法下，由于每一项经济业务都涉及两个或两个以上相关账户，能使账户之间形成相互对应和平衡的关系。利用这种对应关系，可以检查记账的正确性，便于核对、检查账目。从经济业务的八种类型分析可知，任何一种类型的经济业务的发生都会引起会计要素的增减变动，但其结果都不会破坏会计要素之间的平衡关系。根据这一基本原则创立的复式记账法，在对经济业务进行会计处理时，一种情况是在某一会计要素内部以相等的金额在一个账户登记增加，在另一个账户中登记减少，例如以银行存款购买材料；另一种情况是在相关要素的若干账户中同时登记增加或减少，但其增减金额相等，例如以银行存款上缴应交税费、向银行借款存入银行等。因此，用复式记账法把全部经济业务记入账之后，所有账户的左方登记数之和，必然等于所有账户右方登记数之和，而且经济业务变化后的会计恒等式依然不变；如果不符合这一点，便说明账户记录有误，应该进行查找并予以更正。这种方法称为试算平衡法。

复式记账法是一种科学、全面、系统地反映经济业务的记账方法。根据使用记账符号、账户结构、记账规则以及试算平衡方法的不同，复式记账法有借贷记账法、增减记账法、收付记账法三种。目前，我国企业及行政、事业单位都要采用借贷记账法。

第二节 借贷记账法

借贷记账法是以会计要素和会计恒等式为理论依据，以"借贷"为记账符号的一种复式记账法。

一、借贷记账法的产生和发展

根据史料记载，借贷记账法大约起源于 13 世纪封建社会开始瓦解、资本主义开始萌芽的意大利，到 15 世纪已逐步形成比较完备的复式记账法，并流行于意大利的沿海城市。当时，意大利各城市的钱币种数繁多，不能通用。商人往外地经商，需要把当地钱币换成金银条块，带往经商的目的地，到达后，再兑换成当地钱币使用，商人们离开时也要同样进行兑换。于是银行兑换业应运而生。商人在旅途中要携带大量金银条块，不但笨重，而且风险很大，于是汇票、信用证等纸币相继出现，钱币兑换逐渐发展为银号。

这些银号为清楚地记载存款和贷款的数额，采用复式借贷记账法。首先按债权或债务人设置"人名账"，把该账分为左右两方。左方称为借方，登记某个债权人或债务人向银号所借的款项；右方称为贷方，登记某个债权人或债务人存入银号的款项。这时，"借贷"具有具体的、实际的意义，即借方表示账名所列示的人所欠银号的负债，贷方表示某人存在银号的款项。后来这种方法得到推广发展，不仅有"人名账"，而且出现"物名账"如"原材料"、"固定资产"等。这样，"借贷"就失去了原来的含义，仅变为一种记账符号，成为会计上的专门术语。由"人名账"向"物名账"的发展，是复式记账发展史上一个进步，被称为会计史上的里程碑。

二、借贷记账法的特点

1. 以"借"和"贷"为记账符号

记账符号指在会计核算中,运用一对相互对立的符号标记,指明应记入有关账户的不同方向,用来表示会计对象的价值量的增减变动情况。借贷记账法是以"借"、"贷"二字作为记账符号,以此表明经济业务应记入有关账户的记账方向,反映会计要素的变化。但在不同性质的账户中,"借"、"贷"所表示的经济业务的内容是不相同的。

2. 账户结构

借贷记账法的理论依据是会计要素和会计恒等式关系,其内容必须符合会计要素和会计恒等式的原则。

在借贷记账法下,一个账户的两个基本部分(左方和右方)是以"借"、"贷"表示的。人们习惯地把一切账户的左方称为"借方",右方称为"贷方"。一般账户格式如表5-1所示。

表 5-1
账户名称(会计科目)

年		凭证		摘 要	借 方	贷 方	借或贷	余 额
月	日	字	号					

为了方便教学和便于说明,可用简化的账户格式表示(简称"T"字型账户),如表5-2所示。

表 5-2

借方	账户名称(会计科目)	贷方

确定借贷记账法账户的结构,也就是规定账户的借方、贷方所登记的内容及可能存在

的账户余额的方向和内容。在借贷记账法下,所有账户的借方和贷方都要按相反的方向记录。即一方登记增加金额,另一方登记减少金额。

在会计恒等式和资产负债表中,资产列在左边,而负债、所有者权益则列在右边。依照这一惯例,资产的余额应在账户的左边(即借方),而负债、所有者权益的余额则应在账产的右边(即贷方)。所以资产的增加数就应记在账户的借方,而负债、所有者权益的增加数就记在账户的贷方。

由于会计要素之间的联系为

$$资产 = 负债 + 所有者权益 + 收入 - 费用$$

把费用从上述等式的右边移到等式的左边,上式就为

$$资产 + 费用 = 负债 + 所有者权益 + 收入$$

(1)资产及费用类的账户结构(见表5-3)。

表5-3 资产、费用类账户

借方	账户名称	贷方
期初余额 本期增加额 · · ·		本期减少额 · · ·
本期发生额		本期发生额
期末余额		

本期发生额是把本会计期间内发生的涉及有关账户的增加额或减少额加总合计。资产、费用类账户的期末余额的计算公式如下:

$$资产类、费用类借方期末余额 = 借方期初余额 + 借方本期发生额 - 贷方本期发生额$$

现举例说明资产、成本费用类账户结构。

【例1】某企业3月初"银行存款"账户余额为50 000元,3日销售产品一批,收到存款100 000元;3月10日支付购买材料60 000元,3月20日收回应收账款80 000元,3月28日支付购买办公用品40 000元。计算3月底该企业"银行存款"账户余额(见表5-4)。

表 5-4

借方	银行存款		贷方
期初余额	50 000		
增加额	100 000	减少额	60 000
	80 000		40 000
本期发生额	180 000	本期发生额	100 000
期末余额	130 000		

期末余额计算：50 000 + 180 000 - 100 000 = 130 000（元）

（2）负债、所有者权益、收入类账户结构（见表 5-5）。

表 5-5 负债、所有者权益、收入类账户

借方	账户名称	贷方
本期减少额 · · ·	期初余额 本期增加额 · · ·	
本期发生额	本期发生额	
	期末余额	

负债、所有者权益、收入类账户期末余额的计算公式如下：

$$\text{负债、所有者权益、收入类期末余额} = \text{贷方期初余额} + \text{贷方本期发生额} - \text{借方本期发生额}$$

现举例说明负债、所有者权益、收入类的账户结构：

【例2】某企业4月初"短期借款"账户余额为100 000元；本月5日偿还银行短期借款50 000元，本月10日向银行借入80 000元，本月20日再从银行借入100 000元，本月25日偿还银行借款50 000元。计算该企业4月底"短期借款"账户余额（见表5-6）。

表 5-6

借方		短期借款		贷方
		期初余额		100 000
减少额	50 000	增加额		80 000
	50 000			100 000
本期发生额	100 000	本期发生额		180 000
		期末余额		180 000

期末余额计算：100 000 + 180 000 - 100 000 = 180 000（元）

（3）双重性（共同性）账户结构（见表5-7）。

借贷记账法的账户设置比较灵活，除设置上述资产、负债、所有者权益、收入、费用类账户外，有时为简化核算或集中计算，还可以设置具有双重性质的账户合并在同一个账内，以便计算或简化核算工作的账户。例如，把"其他应收款"（资产类）与"其他应付款"（负债类）合并在"其他往来"账户，把"待处理账产盘盈"（负债类）和"待处理账产损失"（资产类）合并为"待处理账产损溢"账户，把投资盈利和亏损都集中在"投资收益"账户，把收入和费用都集中在"本年利润"账户，以计算盈亏等。这些账户的性质不固定，要根据账户余额方面来判定。如为借方余额，则属于资产、费用类账户；如为贷方余额，则属负债或所有者权益、收入类账户。

能够设置双重性账户是借贷记账法的一大特点。其他的复式记账法，如增减记账法、收付记账法则不能设置这类账户。

表 5-7

借方	双重性账户	贷方
资产、费用类增加：		资产、费用类减少：
负债、所有者权益、收入减少：		负债、所有者权益、收入增加：

这类账户的期末余额为借方、贷方的差额，若借方金额大于贷方金额，其余额就在借方，这时账户性质就是资产、费用类账户；若借方金额小于贷方金额，其余额就在贷方，这时账户性质就是所有者权益、负债、收入类账户。

现举例说明双重性账户结构:

【例3】某企业 2 月初"本年利润"贷方余额为 150 000 元,2 月主营业务收入 1 000 000 元,主营业务成本 600 000 元,销售费用 100 000 元,营业税金及附加 50 000 元,管理费用 40 000 元,财务费用 10 000 元。计算"本年利润"账户期末余额,如表 5-8 所示。

表 5-8

借方		本年利润	贷方
主营业务成本	600 000	期初余额	150 000
销售费用	100 000	主营业务收入	1 000 000
营业税金及附加	50 000		
管理费用	40 000		
财务费用	10 000		
本期发生额	800 000	本期发生额	1 000 000
		期末余额	350 000
		(累计利润总额)	

期末余额计算:150 000 + 1 000 000 - 800 000 = 350 000(元)

若这个账户出现成本费用等大于收入,这个账户的余额就会出现在借方,这时,余额就表示亏损。

可见,借贷记账法下,所有账户按其结构可分为三类,即资产、费用类;负债、所有者权益、收入类和双重性类账户。下面把常用的会计科目按账户的结构进行分类,如表 5-9 所示。

表 5-9 常用会计科目按账户结构分类

资产、费用类	负债、所有者权益、收入类	双重性类
现金	短期借款	待处理财产损溢
银行存款	应付账款	投资收益
交易性金融资产	应付职工薪酬	其他往来
应收账款	应付股利	本年利润
其他应收款	应交税费	公允价值变动损益
原材料	其他应付款	
生产成本	预提费用	
制造费用	预计负债	
库存商品	长期借款	
待摊费用	应付债券	
长期股权投资	实收资本	
持有至到期投资	资本公积	
固定资产	盈余公积	
无形资产	主营业务收入	
长期待摊费用	营业外收入	
主营业务成本	坏账准备	
营业税金及附加	累计折旧	
销售费用	存货跌价准备	
管理费用	固定资产减值准备	
财务费用	无形资产减值准备	
营业外支出		
资产减值损失		
所得税		
利润分配		

3. 借贷记账法的记账规则

记账规则是指在采用某种记账方法处理经济业务时,确定其账户方向的一种规则。

借贷记账法的记账规则是对发生的每一项经济业务,都以相等的金额,借贷相反的方向,在两个或两个以上相互联系的账户进行连续、分类地登记。即在一个账户中记借方,必须同时在另一个或几个账户中记贷方;或者在一个账户中记贷方,同时在另一个或几个账户中记借方。记入借方的金额必须与记入贷方的金额相等。

概括地说,借贷记账法的记账规则是:有借必有贷,借贷必相等。

借贷记账法的这个记账规则,适用于任何类型的经济业务。如前所述,所有的经济业务归纳起来不外乎八种类型。下面以图5-1列示借贷记账法下各类经济业务应记入不同类账户的方向。

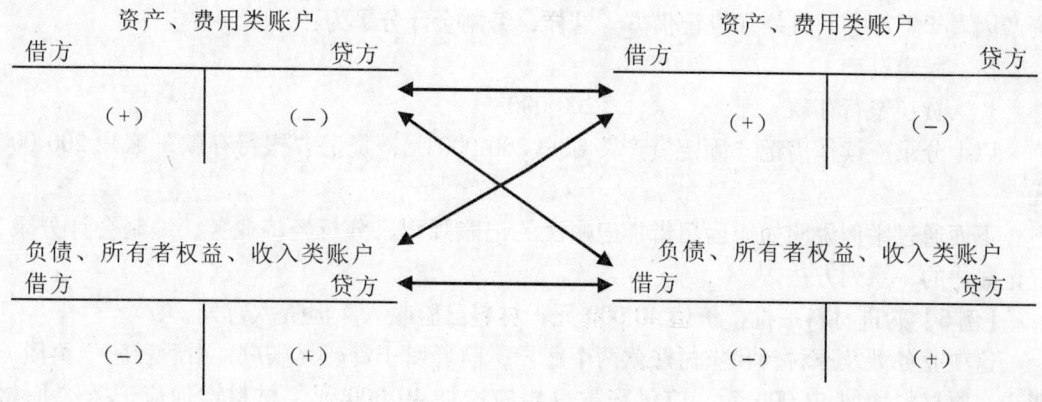

图5-1 借贷记账法记账规则

会计核算中，当经济业务发生后，首先应分析该项经济业务的内容，确定所有使用的账户，进而分析确定应记入这些账户的方向（借方还是贷方）以及金额，然后根据这些分析的结果登记有关的账户。这些分析工作，在会计上是通过编制会计分录来进行的。会计分录（简称分录）是标明某项经济业务应记入的账户及其方向和金额的记录。在实际工作中，会计分录是在记账凭证中表现的。有关原始凭证和记账凭证的编制，将在第八章阐述。

（1）会计分录的种类。会计分录按分录中所含有的总分类账户个数分为简单分录、复合分录和复杂分录。

简单分录是指在一笔分录中，只有一个账户应记借方，一个账户应记贷方，也就是所谓的"一借一贷"分录。

复合分录是指在一笔分录中，一个账户应记借方，若干个账户应记贷方；或一个账户中应记贷方，若干个账户应记借方。也就是所谓的"一借多贷"或"一贷多借"分录，它是由若干个简单分录组成的。

复杂分录是指在一笔分录中，有若干个账户应记借方，同时有若干个账户应记贷方，也就是所谓的"多借多贷"分录。由于这种分录账户之间的对应关系不够清楚，因而一般情况下不要使用。

（2）会计分录的格式。借贷记账法的会计分录有固定的格式，无论什么经济业务，在编制会计分录时，应先写应记借方的账户，后写应记贷方的账户，而且借贷错开一格。但在记账凭证中编制会计分录，则按不同的凭证格式填列。

【例4】用银行存款购买一辆汽车，支付 200 000 元。

这笔业务的发生，引起银行存款减少 200 000 元，应在"银行存款"账记减少，由于"银行存款"账属于资产类，因而其减少应记贷方；同时固定资产增加 200 000 元，固定资产因属于资产类，其增加应记借方。这样，编制会计分录为：

借：固定资产　　　　　200 000
　　贷：银行存款　　　　　200 000

以上分录应读作借记"固定资产"账户 200 000 元；贷记"银行存款"账户 200 000 元。

下面通过举例说明如何运用借贷记账法的记账规则，分析经济业务，编制会计分录，登记账户的一系列方法。

【例5】购进材料一批，价值 40 000 元，材料已验收入库但货款暂欠。

这项业务涉及原材料和应付账款两个账户，前者属于资产类账户，而后者属于负债类账户。原材料增加 40 000 元，应付账款也相应增加 40 000 元。材料增加应记入"原材料"账户的借方，而应付账款的增加应记入"应付账款"的贷方。编制会计分录如下：

借：原材料　　　　　　40 000
　　贷：应付账款　　　　　40 000

根据会计分录登记有关账户如下：

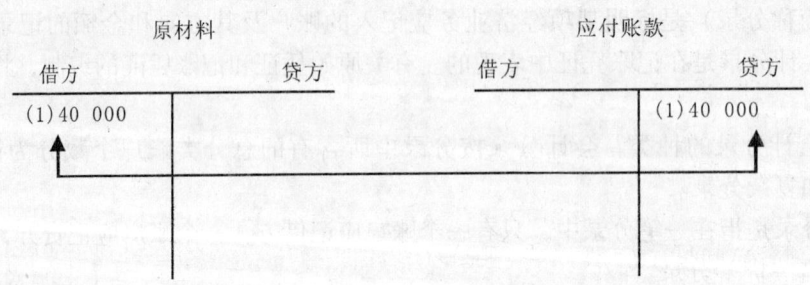

【例6】收到某企业对本企业的投资 100 000 元，转入本企业存款户。

这项经济业务涉及银行存款账户和实收资本账户。前者属资产类，而后者属所有者权益类。资产增加应记借方，而所有者权益增加应记贷方。编制会计分录如下：

借：银行存款　　　　　100 000
　　贷：实收资本　　　　　100 000

根据会计分录登记有关账户如下：

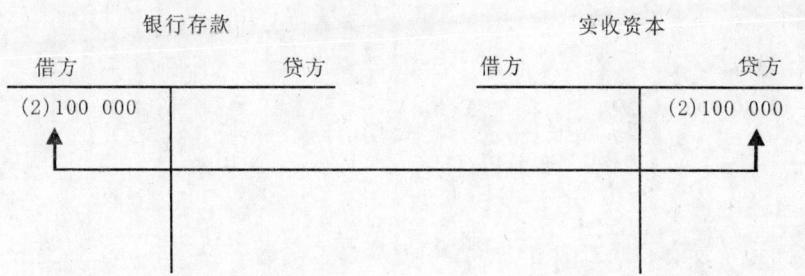

【例7】 以银行存款偿付应付账款 40 000 元。

这项经济业务涉及"银行存款"和"应付账款"两个账户。前者属资产类,后者属负债类。这项业务引起两者同时减少 40 000 元。资产减少应记贷方,而负债减少应记借方,编制会计分录如下:

借:应付账款　　　　40 000
　　贷:银行存款　　　　40 000

根据会计分录登记有关账户如下:

```
        应付账款                        银行存款
   借方    |    贷方            借方    |    贷方
(3)40 000  |                            | (3)40 000
```

【例8】 生产车间领用材料 30 000 元,投入产品生产。

这项经济业务涉及"生产成本"和"原材料"两个账户。这两个账户同属于资产费用类。生产成本增加 30 000 元,材料相应减少 30 000 元。资产、费用类账户的增加在借方登记,而资产、费用账户减少应在贷方登记。编制会计分录如下:

借:生产成本　　　　30 000
　　贷:原材料　　　　　30 000

根据会计分录登记有关账户如下:

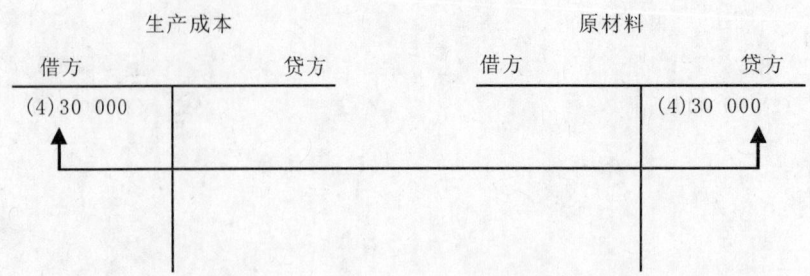

【例9】 向银行借入短期借款直接用于偿还前欠单位购材料款 10 000 元。

这项经济业务涉及"短期借款"和"应付账款"两个账户。这两个账户同时属于负债类。银行借款增加 10 000 元，而应付账款则减少 10 000 元。负债类账户的增加应记贷方，而减少则应记借方。编制会计分录如下：

借：应付账款　　　　　10 000
　　贷：短期借款　　　　　10 000

根据会计分录记入有关账户如下：

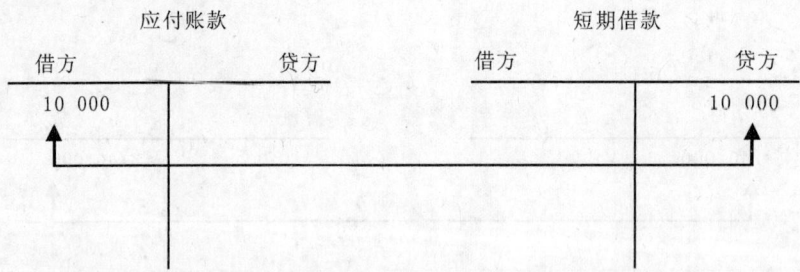

从以上各例可以看出，无论什么类型的经济业务，在运用借贷记账法编制会计分录、登记入账的时候，都是符合"有借必有贷，借贷必相等"的记账规则的。由于经济业务的发生而引起有关账户之间形成应借、应贷的相互关系，称为账户的对应关系。发生对应关系的账户，称为对应账户。

通过账户的对应关系，可以了解经济业务的内容。例如，以银行存款购买材料 500 元。对这项经济业务，应记入"原材料"账户借方 500 元和"银行存款"账户贷方 500 元。通过这两个账户的对应关系可以了解，银行存款减少了 500 元，是因为材料购进而发生的支出，也就是由于购买材料，使银行存款减少了 500 元。

利用账户的对应关系，还可以检查对经济业务进行的处理是否合理合法。例如某笔会计分录为：

借：应付账款　　　　　50 000
　　贷：现金　　　　　　50 000

这笔分录表明，以库存现金偿还购货时未付款 50 000 元。从理论上讲，这笔会计分录并没有错误，但这项经济业务却违反了我国现金管理制度的规定。因为现金管理制度规定，偿还或支付大额的货款（1000 元以上），不能直接以现金支付，而必须通过银行转账结算。

又如某笔会计分录：

借：银行存款　　　　30 000
　　贷：应付账款　　　　30 000

若上项经济业务登记的内容是销售产品，取得销售收入的话，这笔会计分录是错误的。因为销售产品取得的收入应作分录为：

借：银行存款　　　　30 000
　　贷：主营业务收入　　30 000

也就是讲，银行存款与应付账款不是对应账户，它们之间不存在对应关系，因而原处理是不对的。

以上所举各例均为简单分录。下面举例说明复合分录的编制。

复合分录是由若干个简单分录组成的，即复合分录可分解为若干个简单分录。有相互联系的若干简单分录可以组成复合分录。

【例10】某企业购进材料一批，价款 60 000 元。其中，以存款支付 40 000 元，余下的暂欠。

这项经济业务涉及原材料、银行存款、应付账款三个账户。原材料、银行存款属于资产类账户，而应付账款属于负债类。这笔业务中，原材料增加 60 000 元，应记入原材料账借方 60 000 元；银行存款减少 40 000 元，应记入银行存款账贷方 40 000 元，应付账款增加 20 000 元，应记应付账款贷方 20 000 元。编制会计分录如下：

借：原材料　　　　　60 000
　　贷：银行存款　　　　40 000
　　　　应付账款　　　　20 000

这就成为一笔"一借多贷"的复合分录，也可把这笔复合分录分解为若干个简单分录为：

(1) 借：原材料　　　　40 000
　　　贷：银行存款　　　40 000
(2) 借：原材料　　　　20 000
　　　贷：应付账款　　　20 000

4. 借贷记账法的试算平衡

试算平衡指利用账户之间的对应关系，检查和验证账户记录正确性的方式。

借贷记账法的试算平衡有两种：一种是账户余额试算平衡法，另一种为账户发生额试算平衡法。

余额试算平衡法是根据资产等于负债、所有者权益的平衡关系而确定账户余额是否正确的一种方法。根据资产等于负债加所有者权益的平衡关系，运用借贷记账法在账户中记录经济业务的结果，各项资产余额总和必然要与各项负债、所有者权益的余额总和相等。在借贷记账法下，由于资产类余额表现为账户的借方余额，负债、所有者权益类余额表现为账户的贷方余额，因而所有账户借方余额合计必须与所有账户贷方余额合计相等。用公式表示为：

$$全部账户借方余额合计 = 全部账户贷方余额合计$$

通过把全部账户的借方合计与其贷方合计相对照，可以检查其入账及余额的计算是否正确。

发生额试算平衡法是根据借贷记账规则，即"有借必有贷，借贷必相等"来确定全部账户本期借贷方发生额的入账及计算是否正确的一种方法。运用借贷记账法记账规则记账时，根据每一项经济业务编制的会计分录的借贷金额必然相等，那么把一定时期（如一个月）内全部经济业务都记入有关账户后，所有账户的借方本期发生额合计也就必然与所有账户的贷方本期发生额合计相等。用公式表示为：

$$全部账户借方发生额合计 = 全部账户贷方发生额合计$$

账户余额和发生额试算平衡，一般是在月末（期末）结算出各账户的本期发生额和期末余额后进行的。进行试算平衡等，可分别编制"总分类账户余额试算平衡表"和"总分类账户本期发生额试算平衡表"，也可以把这两张试算平衡表合并编制一张"总分类账户本期发生额和余额试算平衡表"。上述各表是直接根据总分类账户期初、期末余额和本期发生额编制的。格式如表 5-10，5-11，5-12 所示。

表 5-10　总分类账户余额试算平衡表

会计科目	借方余额	贷方余额
合计		

表 5-11　总分类账户本期发生额试算平衡表

会计科目	本期借方发生额	本期贷方发生额
合计		

表 5-12　总分类账户本期发生额和余额试算平衡表

会计科目	期初余额		本期发生额		期末余额	
	借方	贷方	借方	贷方	借方	贷方
合计						

必须指出，试算平衡只是通过借贷合计金额是否平衡来检查账户记录的正确性。如果借贷出现不平衡，则可以肯定是账户的记录或计算有错误。如果借贷平衡，一般来说账户记录基本正确，但不能绝对肯定账户记录没有问题，因为有些错误并不影响借贷双方的平衡。也就是说，并不是所有账户记录错误都可以通过试算平衡检查出来的。例如，某项经济业务在有关账户中全部被漏记或重记；又如对某项经济业务错记了账户，或借贷记账方向记反，这些错误单靠试算平衡是无法发现的，需逐笔进行核对。

第三节　总分类账户和明细分类账户的平行登记

本章第二节所举的例子都是总分类账户（即一级科目）的记录，至于明细分类账户的记录，还需作进一步的说明。

由于经营管理的需要，不但要求会计提供总括核算指标，而且还要求会计提供具体的明细核算指标。所以在登记总分类账的同时，还需要登记明细分类账户。

总分类账户与其所属的明细分类账户有着密切的联系。它们所记录的经济内容是相同的，登记的依据（即会计凭证）也是相同的，所提供的核算资料是相互补充的。总分类账户提供的总括核算资料是对其所属明细分类账户资料的综合，明细分类账户提供的明细核算资料是对其总分类账户资料的具体化。所以，总分类账户对其所属的明细分类账户起着统驭作用，而明细分类账户对其总分类账户起着辅助和补充的作用。总分类账户是明细分类账户的统驭账户，而明细分类账户则是统驭账户的从属账户。

虽然总分类账提供的总括指标统驭着明细分类账户，但在账务处理上，它们是平等的关系，应当平行地进行登记。所谓平行登记，就是指以会计凭证为依据，在总分类账户和明细分类账户中独立地、互不依赖地进行登记，以保证总分类账户的记录与明细分类账户的记录形成统驭和被统驭的关系的登记方法。

一、平行登记的要点

1. 时期相同

对于每项经济业务，都要在同一会计期间（如一个月内），一方面要在有关总分类账户中进行总括的登记，另一方面都在有关明细分类账进行明细登记。

2. 方向一致

无论本期发生额或余额，总分类账与其所属明细分类账户的方向一致。如果在总分类账中登记借方，在所属明细分类账中也应登记借方；如果在总分类账户中登记贷方，在所属明细分类账中也应登记贷方。

3. 散总相符

记入某一总分类账的金额（称为总金额），要同记入所属的几个明细分类账户中的金额（称为散金额）之和相等。

现分别以"原材料"和"应付账款"两个账户为例说明总分类账和明细账户的平等登记。

【例11】设某企业200×年5月初的"原材料"和"应付账款"账户的余额分别为：

原材料
其中：甲材料　300公斤　　每公斤20元　　计6 000元
　　　乙材料　100公斤　　每公斤50元　　计5 000元
　　　　　　　　　　　　　　　　　　　合计11 000元

应付账款
其中：华南厂　　　　　　3 000元
　　　东风公司　　　　　2 000元
　　　　　　　　　　合计5 000元

该企业5月份发生部分经济业务如下：

【例12】5月2日，向华南厂购入材料一批，计4 000元，材料已验收入库，但货款暂欠。这批材料包括：

甲材料　　100公斤　　每公斤20元　　计2 000元
乙材料　　40公斤　　每公斤50元　　计2 000元

这笔业务编制会计分录如下：

借：原材料　　　　　　4 000
　　——甲材料　　　　2 000
　　——乙材料　　　　2 000
　　贷：应付账款——华南厂　　4 000

一般地，平行登记所作的会计分录习惯上是这样做的：如果经济业务涉及总分类账所属的明细账户只有一个的话，在总分类账户旁写一道横线后把明细账户直接写上，如上述分录中"应付账款——华南厂4 000"；但如果涉及总分类账所属的明细账户有若干个的话，就应在总分类科目下面写一道横线然后把明细科目写上，如上述分录。

【例13】5月8日，仓库发出生产用材料，其中：

甲材料　250公斤　每公斤20元　计5 000元
乙材料　90公斤　每公斤50元　计4 500元
　　　　　　　　　　　　　　合计9 500元

编制会计分录如下：
借：生产成本　　　　　　　9 500
　　贷：原材料　　　　　　9 500
　　　　——甲材料　　　　5 000
　　　　——乙材料　　　　4 500

【例14】5月10日，向东风公司购进材料一批，材料已验收入库，货款尚未支付。这批材料包括：

甲材料　120公斤　每公斤20元　计2 400元
乙材料　80公斤　每公斤50元　计4 000元
　　　　　　　　　　　　　　合计6 400元

编制会计分录为：
借：原材料　　　　　　　　6 400
　　——甲材料　　　　　　2 400
　　——乙材料　　　　　　4 000
　　贷：应付账款——东风公司　6 400

【例15】5月20日，以银行存款偿还前购进材料欠款14 000元，其中偿还东风公司8 000元。华南厂6 000元。

编制会计分录如下：
借：应付账款　　　　　　　14 000
　　——东风公司　　　　　8 000
　　——华南厂　　　　　　6 000
　　贷：银行存款　　　　　14 000

根据上述资料，运用平行登记，登记"原材料"及"应付账款"总分类账户及其明细分账户如下：

(1) 登记"原材料"总分类账及所属明细分类账。

1) 在"原材料"总分类账中登记期初余额，同时在"甲材料"、"乙材料"明细账中也分别登记期初余额，包括数量、单价、金额等。

2）根据会计分录，按经济业务的先后顺序，把本月购进的材料记入"原材料"总分类账的借方，同时把每批收到各种材料的数量、单价、金额等也记入有关明细账户的收入栏中。

3）把本月发出的材料，根据会计分录，记入"原材料"总分类账的贷方以及有关明细账户的发出栏。

4）根据"原材料"总分类账和所属材料明细分类账的记录，分别计算它们的本期发生额和本期余额。如表5-13，5-14，5-15所示。

表5-13　总分类账

会计科目：原材料

200×年		凭证号	摘要	借方	贷方	借或贷	余额（元）
月	日						
5	1		月初余额			借	11 000
	2	①	购入	4 000		借	15 000
	8	②	生产领用		9 500	借	5 500
	10	③	购入	6 400		借	11 900
	31		本期发生额及期末余额	10 400	9 500	借	11 900

表5-14　原材料明细分类账

材料名称：甲材料　　　　　　　　　　　　　　　　　　　计量单位：公斤

200×年		凭证号	摘要	收入			发出			结存		
月	日			数量	单价（元）	金额（元）	数量	单价（元）	金额（元）	数量	单价（元）	金额（元）
5	1		月初余额							300	20	6 000
	2	①	购入	100	20	2 000				400	20	8 000
	8	②	生产领用				250	20	5 000	150	20	3 000
	10	③	购入	120	20	2 400				270	20	5 400
	31		本期发生额及余额	220	20	4 400	250	20	5 000	270	20	5 400

表 5-15 原材料明细分类账

材料名称：乙材料　　　　　　　　　　　　　　　　　　　　　计量单位：公斤

200×年		凭证号	摘要	收入			发出			结存		
月	日			数量	单价（元）	金额（元）	数量	单价（元）	金额（元）	数量	单价（元）	金额（元）
5	1		月初余额							100	50	5 000
	2	①	购入	40	50	2 000				140	50	7 000
	8	②	生产领用				90	50	4 500	50	20	2 500
	10	③	购入	80	50	4 000				130	50	6 500
	31		本期发生额及余额	120	50	6 000	90	50	4 500	130	50	6 500

(2) 应付账款的登记。

1) 在"应付账款"总分类账户登记期初余额，同时在"华南厂"、"东风公司"两个明细账中登记期初余额；

2) 根据会计分录，把本期发生的应付购买材料款登记在"应付账款"总分类账户的贷方和有关明细分类账户的贷方；

3) 根据会计分录，把本期偿还的应付购买材料款记入"应付账款"总分类账户的借方和有关明细分类账户的借方；

4) 根据"应付账款"总分类账户及其所属明细分类账的记录，分别计算其本期发生额和期末余额。如表 5-16, 5-17 和 5-18 所示。

表 5-16 应付账款总分类账

200×年		凭证号	摘要	借方	贷方	借或贷	余额（元）
月	日						
5	1		月初余额			贷	5 000
	2	①	欠华南厂购料款		4 000	贷	9 000
	8	②	欠东风公司购料款		6 400	贷	15 400
	20	④	还华南厂、东风公司料款	14 000		贷	1 400
	31		本期发生额及期末余额	14 000	10 400	贷	1 400

表 5-17 应付账款明细分类账

供应单位名称：华南厂

200×年		凭证号	摘要	借方	贷方	借或贷	余额（元）
月	日						
5	1		月初余额			贷	3 000
	2	①	购料欠款		4 000	贷	7 000
	20	④	归还欠款	6 000		贷	1 000
	31		本期发生额及期末余额	6 000	4 000	贷	1 000

表 5-18 应付账款明细分类账

供应单位名称：东风公司

200×年		凭证号	摘要	借方	贷方	借或贷	余额（元）
月	日						
5	1		月初余额			贷	2 000
	2	③	购料欠款		6 400	贷	8 400
	20	④	归还欠款	8 000		贷	400
	31		本期发生额及期末余额	8 000	6 400	贷	4 00

以上举例所采用的账户是实际工作中常用的总账和数量金额明细账及三栏式明细账格式。为了便于说明，可以使用"丁"字型账户表示如下（见表 5-19 至表 5-24）：

表 5-19 原材料（总分类账）

借方		贷方	
期初余额	11 000		
①	4 000	②	9 500
③	6 400		
本期发生额：	10 400	本期发生额：	9 500
期末余额：	11 900		

表 5-20 原材料——甲材料

借方		贷方	
期初余额	6 000		
①	2 000	②	5 000
③	2 400		
本期发生额：	4 400	本期发生额：	5 000
期末余额：	5 400		

表 5-21 原材料——乙材料

借方		贷方	
期初余额	5 000		
①	2 000	②	4 500
③	4 000		
本期发生额：	6 000	本期发生额：	4 500
期末余额：	6 500		

表 5-22 应付账款（总分类账）

借方		贷方	
		期初余额	5 000
④	14 000	①	4 000
		③	6 400
本期发生额：	14 000	本期发生额：	10 400
		期末余额：	1 400

表 5-23 应付账款——华南厂

借方		贷方	
		期初余额	3 000
④	6 000	①	4 000
本期发生额：	6 000	本期发生额：	4 000
		期末余额：	1 000

表 5-24 应付账款——东风公司

借方		贷方	
		期初余额	2 000
④	8 000	③	6 400
本期发生额：	8 000	本期发生额：	6 400
		期末余额：	400

从上述总分类账户和明细分类账户的记录可以看出，由于平行登记的结果，"原材料"和"应付账款"总分类账户的期初余额、借方本期发生额、贷方本期发生额和期末余额，都分别与其所属明细分类账户的期初余额之和、本期发生额之和以及期末余额之和相等。这样，总分类账户的期初、期末余额和借方、贷方本期发生额，就起到统驭所属明细账的相应数额的作用。同时，各明细分类账记有的期初、期末余额和借方、贷方本期发生额，又对有关总分类账户的相应数额起了辅助补充作用。

二、总分类账与明细分类账的相互核对

为了检查总分类账户及其所属明细分类账户记录的正确性，应根据总分类账户与其所属明细分类账户的发生额和余额必然相等的原理，通过编制明细分类账户本期发生额和余额明细表（也是一种试算表）进行相互核对。

明细分类账户本期发生额和余额明细表，一般有两种格式：一种适用于材料物资明细分类账户；一种适用于结算往来明细分类账户（即应收、应付类账户）。前者不但反映金额，还要反映数量；后者只反映金额。但无论采用何种格式，都是于月末根据各个明细分类账户的本期发生额和余额汇总编制的。

编制其本期发生额及期末余额明细表如表 5-25，5-26 所示。

表 5-25 原材料明细分类账户本期发生额和余额明细表
200×年5月份

明细科目	计量单位	单价	月初余额		本期发生额				月末余额	
					收入		发出			
			数量	金额	数量	金额	数量	金额	数量	金额
甲材料	公斤	20	300	6 000	220	4 400	250	5 000	270	5 400
乙材料	公斤	50	100	5 000	120	6 000	90	4 500	130	6 500
合计	—	—	—	11 000	—	10 400	—	9 500	—	11 900

表5-26 应付账款明细分类账户本期发生额和余额明细表

200×年5月份

明细科目	月初余额		本期发生额		月末余额	
	借方	贷方	借方	贷方	借方	贷方
华南厂		3 000	6 000	4 000		1 000
东风公司		2 000	8 000	6 400		400
合 计		5 000	14 000	10 400		1 400

从上列"原材料"和"应付账款"明细分类账户本期发生额和余额明细表可以看出，它们的月初余额合计、本期借方发生额合计、贷方发生额合计和期末余额合计，都分别与"原材料"和"应付账款"总分类账户（见表5-13，5-16）的相应数额完全相等。这就说明总分类账户和明细分类账户的记录是正确的。如果有关数字核对不符，则应查明原因，予以更正。可见"明细分类账户本期发生额及余额明细表"的作用，是把日常会计资料加以综合，借以检查每个总分类账户及所属明细分类账户的记录是否正确，便于加强会计控制，为企业进行经济活动分析提供资料。

习题五

一、判断题（如不对，请说明理由。）

1. 复式记账就是重复入账。　　　　　　　　　　　　　　　　（　　）
2. 在借贷记账法下，资产与费用类账户的结构是相同的。　　　（　　）
3. 具有双重性质账户是指把不同性质的账户合并在同一账内，以便计算或简化核算工作的账户。　　　　　　　　　　　　　　　　　　　　　　（　　）
4. 利用试算平衡，可查找入账发生的所有错误。　　　　　　　（　　）
5. 总分类账户与其所属的明细分类账户登记的经济业务的内容是相同的。（　　）

二、选择题（单项或多项）

1. 银行存款账户本期期末余额表示（　　）。
   A. 上月末企业在银行的存款余额　　B. 本月企业存入银行的款项
   C. 本月企业通过银行支付的款项　　D. 本月末企业在银行的存款余额
2. 下列会计分录中，属于复合分录的有（　　）。
   A. 借：银行存款 5 000　　　　　B. 借：原材料 41 000
   　　借：现金 100　　　　　　　　　——甲材料 20 000
   　　贷：应收账款 5 100　　　　　　——乙材料 21 000
   　　　　　　　　　　　　　　　　贷：银行存款 41 000

C. 借：管理费用 3 800　　　　　　D. 借：应付账款　　　28 000
　　贷：银行存款　　3 750　　　　　　——伟光公司 10 500
　　贷：现金　　　　　50　　　　　　　——穗诚公司 17 500
　　　　　　　　　　　　　　　　　　　贷：银行存款　　　28 000

3. 实收资本的余额一般应在（　　）方。
　　A. 借　　　B. 贷　　　C. 收　　　D. 付
4. 不能通过试算平衡查找的错误有（　　）。
　　A. 重复入账　　　　　　　　B. 一方记反方向
　　C. 数字错位　　　　　　　　D. 全笔分录漏入
5. 在借贷记账法下，资产类账户的结构特点是（　　）。
　　A. 借方记增加，贷方记减少，余额在借方
　　B. 贷方记增加，借方记减少，余额在贷方
　　C. 借方记增加，贷方记减少，一般无余额
　　D. 贷方记增加，借方记减少，一般无余额
6. "应付账款"账户的期初余额为 8 000 元，本期增加额为 12 000 元，期末余额为 6 000 元，则该账户的本期减少额为（　　）。
　　A. 10 000 元　　B. 4 000 元　　C. 2 000 元　　D. 14 000 元
7. 用银行存款购进一辆汽车 300 000 元，用支票支付 200 000 元，余下 100 000 元尚未支付，则会计分录应为（　　）。
　　A. 借：银行存款 300 000　　　　B. 借：固定资产 300 000
　　　　贷：固定资产　　200 000　　　　贷：银行存款　　200 000
　　　　　　应付账款　　100 000　　　　　　应付账款　　100 000
　　C. 借：固定资产 200 000　　　　D. 借：应付账款 300 000
　　　　　　应付账款 100 000　　　　　　贷：固定资产　　200 000
　　　　贷：银行存款　　300 000　　　　　　银行存款　　100 000
8. 生产车间领用原材料，属（　　）经济业务。
　　A. 资产与负债同增　　　　　　B. 资产与负债同减
　　C. 资产与所有者权益同增　　　D. 一项资产增加，另一项资产减少
9. 从银行提取现金 2 000 元，会计分录应为（　　）。
　　A. 借：现金 2 000　　　　　　B. 借：现金 2 000
　　　　贷：银行存款 2 000　　　　　　贷：现金 2 000
　　C. 借：银行存款 2 000　　　　D. 借：银行存款 2 000
　　　　贷：现金　　2 000　　　　　　贷：银行存款 2 000
10. 总分类账与明细分类账之间的关系是（　　）。

A. 平行登记　　　B. 并列登记　　　C. 相等登记　　　D. 平衡登记

三、简答题

1. 复式记账法与单式记账法相比有何特点？
2. 借贷记账法有什么特点？
3. 平行登记的要点有哪些？

四、实务题

题一

【目的】练习借贷记账法账户结构。

【资料】某企业"银行存款"、"应付账款"两个账户有关业务内容登记的"T字型"账户如下：

银行存款				应付账款			
借方		贷方		借方		贷方	
期初余额	35 000					期末余额	4 800
①	8 000	②	10 000	②	2 000	①	6 000
③	6 800	④	19 000	④	6 800	③	10 000
⑥	40 000	⑤	5 000	⑤	80 000	⑥	7 000
本期发生额		本期发生额		本期发生额		本期发生额	
期末余额						期末余额	

【要求】计算以上两个账户的本期发生额和期末余额，并说出这两个账户的名称、记账符号及属于何种类型的账户。

题二

【目的】练习借贷记账法法则、步骤和试算平衡。

【资料】某企业200×年3月初有关账户余额如下：

账户名称	借方余额	账户名称	贷方余额
现金	500	应付账款	11 500
银行存款	60 000	短期借款	40 000
应收账款	1 000	实收账款	150 000
固定资产	100 000	盈余公积	10 000
原材料	50 000		
合　计	211 500	合　计	211 500

该企业 3 月份发生部分业务如下：
1. 以银行存款偿还应付账款 10 000 元。
2. 收到某单位偿还前欠货款 1 000 元，已转存银行。
3. 用银行存款购买一台新设备，价值 10 000 元。
4. 向银行借入短期借款 20 000 元，转存银行。
5. 购进材料 3 000 元，但货款暂欠。
6. 用银行存款偿还银行短期借款 20 000 元。

【要求】
1. 开设有关账户，并登入期初余额。
2. 根据企业 3 月份发生的经济业务编制会计分录，并据以记入各有关账户。
3. 在各账户中结出本期发生额和期末余额，据以填入"总分类账户本期发生额及余额表"并在表中试算平衡。

题三
【目的】 练习总分类账户与明细分类账户的平行登记。
【资料】
（一）东虹公司 200×年 5 月 1 日"原材料"与"应付账款"总分类账户所属明细分类账的期初余额如下所示：

1. 原材料：

材料名称	数量	单价	金额
A	8 000 公斤	10	80 000
B	200 吨	300	60 000
合计			140 000

2. 应付账款：

供应单位	金额
星河公司	30 000
华明厂	10 000
合计	40 000

（二）本月发生下列各项经济业务：
1. 向星河公司购入 A 材料 5 000 公斤，每公斤 10 元；B 材料 500 吨，每吨 300 元，材料均已验收入库，货款尚未支付。
2. 生产车间领用 A 材料 7 000 公斤，每公斤 10 元，用于产品生产。
3. 以银行存款偿还上月购材料所欠星河公司货款 30 000 元。
4. 向华明厂购入 B 材料 400 吨，进价每吨 300 元，材料已验收，货款暂欠。
5. 生产车间领用 B 材料 900 吨，进价每吨 300 元，用于产品生产。
6. 以银行存款偿还上月购材料及本月购材料所欠华明厂货款，共 130 000 元。

第五章 复式记账

【要求】

1. 根据资料（一）开设"原材料"和"应付账款"总分类账户，按材料名称开设原材料明细分类账户，按供应单位名称开设应付账款明细分类账户，并分别登入期初余额。

2. 根据资料（二）的资料编制会计分录，登记"原材料"和"应付账款"总分类账户及明细分类账户。

3. 结出各账户的本期发生额和期末余额。编制原材料和应付账款明细分类账的本期发生额及余额表，并与总分类账户的本期发生额及余额进行核对。

题四

【目的】从账户的对应关系了解经济业务的内容。

【资料】永通制造厂200×年6月份有关账户的记录如下：

借方	原材料		贷方
期初余额	50 000	④	180 000
①	90 000		
③	60 000		
本期发生额	150 000	本期发生额	180 000
期末余额	20 000		

借方	银行存款		贷方
期初余额	200 000	②	60 000
		③	60 000
⑤	70 000	⑦	50 000
本期发生额	70 000	本期发生额	170 000
期末余额	100 000		

借方	生产成本		贷方
期初余额	0		
④	180 000		
本期发生额	180 000	本期发生额	
期末余额	180 000		

借方	应付账款		贷方
		期初余额	70 000
②	60 000		
		①	90 000
本期发生额	60 000	本期发生额	90 000
		期末余额	100 000

借方	应收账款		贷方
期初余额	80 000		
		⑤	70 000
本期发生额		本期发生额	70 000
期末余额	10 000		

借方	原材料		贷方
期初余额	160 000		
⑤	60 000		
⑥	100 000		
本期发生额	160 000	本期发生额	
期末余额	320 000		

借方	应收账款		贷方
	期初余额	420 000	
	⑥	100 000	
本期发生额	本期发生额	100 000	
	期末余额	520 000	

【要求】根据资料写出相应的经济业务及会计分录。

题五

【目的】了解简单会计分录与复合会计分录的联系。

【资料】

1. 列简单分录合并为复合分录，并说明经济业务。

1) 借：现金　　　　　　 200　　　　 1) 借：原材料　　　　　20 000
　　贷：应收账款　　　　 200　　　　　　贷：银行存款　　　　20 000

2) 借：银行存款　　 60 000　　　　 2) 借：原材料　　　　　30 000
　　贷：应收账款　　 60 000　　　　　　贷：应付账款　　　　30 000

2. 把下列复合分录分解为若干个简单分录，并说明经济业务。

1) 借：原材料　　　　 60 000　　　　 2) 借：固定资产 100 000
　 借：管理费用　　　 10 000　　　　　　 贷：银行存款　　 98 000
　　　贷：应付账款　　　 70 000　　　　　 贷：现金　　　　 20 000

第六章 借贷记账法的应用

第一节 工业企业主要经营过程及内容

在第五章里，我们已对借贷记账法有所了解，为进一步阐明借贷记账法的应用，现以工业企业主要经营过程核算举例加以说明。

工业企业一般指加工业和采掘业。这类企业的特点是，其主要经营过程一般可分为三个阶段：供应阶段、生产阶段和销售阶段。在生产经营过程中，经常发生着各种不同的经济业务，企业的资金也循环往复地不断运动着。

在企业中，资金是其运作的血液。为保证企业有足够的资金运用，企业可以通过发行股票、接受联营企业、投资者投资来筹集资金，也可以通过向银行申请贷款、发行债券等渠道筹集资金。

在供应阶段，企业用货币资产购买材料，支付材料的买价和采购费用以及增值税，同时，还会与材料的供应单位发生货款的结算关系。因此，材料采购业务和因采购而引起的货款结算业务，就形成了供应阶段中的主要经济业务。通过这一阶段，企业的货币资产也就转变为材料物资资产。

在生产阶段，生产工人借助于劳动手段（如设备、汽车、厂房等），把劳动对象（材料）加工成为适合于社会需要的产品。生产阶段，一方面是产品的制造阶段；另一方面要发生各项生产费用，如材料的消耗、支付工资、水电费等以及厂房、设备等固定资产折旧等等。为产品生产而发生的费用要归集或分配到各种产品中去，作为企业组织管理的费用则列作期间费用冲减本期收入。所以，生产费用的归集和分配便形成生产阶段的主要经济业务。通过生产阶段，材料物资资产、货币资产以及固定资产部分价值先转为在产品资产，然后再转为成品资产或直接构成管理费用。

在销售阶段，企业通过产品的销售，收回货币资产或取得索取货款的凭据。同时还会发生销售费用、交纳应交税费、同商品的购买单位发生货款的结算业务等。这些都是销售过程中所要发生的经济业务。通过这阶段，企业的商品资产就转为货币资产或债权资产。

工业企业的经营活动，通过这样三个阶段，完成了一个生产经营和循环。为及时总结一个企业在某个会计期间内的财务成果，必须计算企业所实现的盈利或亏损。对于实现的利润，应按国家规定的程序进行分配：一部分以所得税形式上缴国家财政；一部分提留盈余公积和公益金；其余的可用于分配给投资者。

工业企业除上述的主要经营活动以外，还会发生其他的经济业务，如购进固定资产、接受其他单位或个人的投资、对外投资、向银行借款的结算等等。

第二节 企业资金筹集的核算

一、投资者投资的核算

企业要进行经营，必须要有一定的"本钱"。企业申请开业，必须具备符合国家规定并与其生产经营和服务规模相适应的资金数额。我国目前实行注册资本制度，要求企业的出资等必须等于注册资本。企业实有资金比原注册资金数额增减超过20%时，应向原登记主管机关申请变更登记。

投资者对企业的投资，可以是货币，可以是实物，如原材料、汽车、机器设备、厂房，也可以是无形资产，如专利、商标等。对于投资者投入的资本，会计上主要通过开设"实收资本"账户进行核算。若投资者投资的投资额高于注册资本，则"实收资本"科目登记注册资本，高于注册资本的那部分投资则记入"资本公积"科目。

1. "实收资本"账户

该账户（股份公司为"股本"）主要核算企业投资者投入的资本，数额应与企业注册资本一致。该账户贷方登记投资者投入的资本；借方登记经批准减少投资的资本；期末余额在贷方，表示企业投资者投在企业的资本。该账户按投资者设置明细分类账，进行明细核算。

2. "资本公积"账户

该账户主要核算投资者投入的资本高于注册资本的那部分资本以及接受捐赠等内容。该账户贷方登记企业各种资本公积增加的数额；借方登记资本公积减少的数额；余额在贷方，表示企业公积的结存数额。该账户应当按资本公积的形成类别设置明细账产，进行明细核算。

下面以科宏轮胎公司为例，说明借贷记账法在工业企业的应用。

科宏轮胎公司为一所生产轮胎的有限责任公司，由甲、乙、丙股东共同投资。200×

年1月1日有关账户余额如下（为简化，以年度为一个会计期间核算）：

表6-1 科宏轮胎公司期初账户余额表

200×年1月1日

账户名称	借方余额	贷方余额
现金	600	
银行存款	160 000	
应收账款		
坏账准备		
原材料	8 556	
交易性金融资产	10 000	
公允价值变动损益		
生产成本		
待摊费用	400	
制造费用		
库存商品	100 000	
管理费用		
固定资产	500 000	
累计折旧		100 000
固定资产减值准备		
应付账款		11 000
短期借款		
应付职工薪酬		5 000
长期借款		
预提费用		600
实收资本		600 000
应交税费		6 000
主营业务成本		
销售费用		
营业税金及附加		

续表 6-1

主营业务收入		
财务费用		
营业外收入		
营业外支出		
其他应付款		500
本年利润		
所得税		
利润分配		22 582
盈余公积		33 874
应付股利		
合　　计	779 556	779 556

【例1】200×年，为吸收更多投资，科宏轮胎公司接受甲投资者投入企业现金30000元，已存入银行。会计分录为：

借：银行存款　　　　　30 000
　　贷：实收资本——甲　　30 000

【例2】200×年，科宏轮胎公司接受乙投资者以一台全新设备投资，价值20 000元。会计分录为：

借：固定资产　　　　　20 000
　　贷：实收资本——乙　　20 000

【例3】200×年，科宏轮胎公司收到丙投资者投入企业现金70 000元，已存入银行。会计分录为：

借：银行存款　　　　　70 000
　　贷：实收资本——丙　　70 000

二、银行借款的核算

向银行借款是企业重要的资金筹集方式。向银行借款是通过"短期借款"和"长期借款"账户进行核算的。

"短期借款"账户主要核算企业借入的偿还期限在一年以内的各种借款。其贷方登记企业借入的款项，借方登记企业偿还给银行的款项。该账户期末余额在贷方，表示企业向银行借入的应在一年内偿还的款项。

"长期借款"账户的性质与"短期借款"账户的性质基本相同,所不同的是该账户核算企业借入的期限在一年以上的各种借款和应付利息。

【例4】200×年为筹集生产用资金,科宏轮胎公司向银行借入 500 000 元。其中,一年内到期的借款 200 000 元,三年内到期的借款 300 000 元。

会计分录如下:
借:银行存款　　　　　500 000
　　贷:长期借款　　　　　　300 000
　　贷:短期借款　　　　　　200 000

向银行借款,需支付一定的利息,一般短期借款的利息支出计入财务费用。

长期借款要看借款目的,如为建造固定资产而借入的,借款利息可按借款的使用情况计入固定资产价值。银行借款利息的核算可参见第六节财务成果的核算。

偿还银行还款时,作分录如下:
借:短期借款
借:长期借款
　　贷:银行存款

第三节　供应阶段的核算

一、材料采购成本的确定

供应阶段的主要经济业务是采购材料和因采购而引起的货款结算业务以及采购成本的计算。原材料是组成产品的实体,构成产品成本的主要内容。

企业在采购材料时,应根据经济合同和结算制度的规定支付货款。此外还要支付因购买材料而发生的其他各种采购费用并上缴增值税。原材料的买价连同有关的采购费用,按一定种类的材料进行归集,就形成了该种材料的采购成本。材料的采购成本具体包括买价和采购费用两个方面的内容:

(1)买价,即供货单位开具的发票价格。
(2)采购费用,即为材料购进而发生的运输费、装卸费、仓储以及保险费等。

从理论上讲,采购人员为采购材料而发生的差旅费,也应构成材料的采购成本。但在实际工作,为简化核算,这部分费用不构成材料采购成本,而列为管理费用。

增值税是以商品或劳务营业额为计税依据,采取税款抵扣原则计算征收的一种流转税。我国于1994年1月1日起对从事工业、加工业、商业批发、零售以及修理修配业的企业和个人销售商品或提供的劳务的收入征收增值税。对于一般纳税人,在购进过程上缴的增值税可作为销项税额的抵减项目。计算公式如下:

$$应纳增值税 = 销项税额 - 进项税额$$

其中

$$销项税额 = 销售额 \times 税率$$
$$进项税额 = 购买额 \times 税率$$

式中所指的销售额和进项额均为不含税额,即价税分离。商品价值和所应付增值税分别计价。

若销售商品或提供劳务采用价税合一定价的话,就要按下列公式计算销售额和进项额:

$$销售额 = \frac{含税销售额}{1+税率} \qquad 进项额 = \frac{含税购买额}{1+税率}$$

增值税税率分为三档:0,13%,17%。分别是:出口货物,税率为0;销售或进口粮食、煤气、图书、农药等,税率为13%;其他情况,税率为17%。

例如,某企业某月购进不含税价值为60 000元的材料等货物,销售产品不含税价值为100 000元,增值税率为17%。则:

$$进项税额 = 60000 \times 17\% = 10\ 200(元)$$
$$销项税额 = 100\ 000 \times 17\% = 17\ 000(元)$$
$$应交增值税 = 17\ 000 - 10\ 200 = 6\ 800(元)$$

即购进材料实际支出为70 200元(60 000 + 10 200),销售产品实际收到117 000元(100 000 + 17 000)。

若以价税合一定价的话,购进材料价款70 200元和销售收入117 000元要折算为不含税价再计算购买额和销项额。

$$购买额 = \frac{70\ 200}{1+17\%} = 60\ 000(元)$$
$$进项税额 = 60\ 000 \times 17\% = 10\ 200(元)$$
$$销项额 = \frac{117\ 000}{1+17\%} = 100\ 000(元)$$
$$销项税额 = 100\ 000 \times 17\% = 17\ 000(元)$$
$$应交增值税 = 17\ 000 - 10\ 200 = 6\ 800(元)$$

作为可从销项税额抵减的进项税额除购进材料外,还包括支付的运费。其具体的核算方法,留待专业会计学习。

二、供应阶段核算账户的设置

1. "原材料"账户

原材料账户主要是为反映库存材料增减变动和结存情况而设置的。该账户的借方登记本期内购进材料的买价和采购费用;贷方登记发出材料的实际成本;余额在借方,表示材料物资库存结余的金额。

为具体反映和控制每一种库存材料的增减变动情况及结存,严格地从数量和金额两方面对材料进行控制,应按材料的品种、规格等分别设置"原材料"明细分类账户,进行明细分类核算。

2. "应付账款"账户

在供应阶段,企业因采购材料未及时支付货款而与有关材料供应单位发生结算关系。该账户是为了反映这些债务的发生和偿还情况而设置的。该账户贷方登记应付给供应单位购货款;借方登记已偿还的购货款;余额一般在贷方,表示尚未偿还的应付给供应单位的购货款。同时为具体详细记录所欠债权人(供应单位)的债务情况,还应分别按各供应单位名称,设置"应付账款"明细分类账户,进行明细分类核算。

3. "应交税费"账户

为正确反映企业应上缴国家财政的各项税款,如增值税、消费税、营业税、所得税及其附加费用等,企业需设置"应交税费"账户。该账户的贷方登记企业应上缴国家财政的各项税款及其附加费用;借方登记已上缴国家财政的税款及因购进材料等物品所支付的增值税(即进项税款)及其附加费用;余额一般在贷方,表示企业应缴但尚未上缴的税款及附加费用。若余额在借方,则表示多交或待扣购进增值税。

该账户还应按税种和附加费用,设置"应交税费"明细分类账,进行明细分类核算。

三、供应阶段主要经济业务核算

下面以科宏轮胎公司200×年发生的经济业务为例,说明供应阶段、生产阶段和财务成果等阶段主要经济业务的核算。

【例5】向下列供应单位购进甲材料,材料已验收入库,但货款、增值税尚未支付。

供应单位	数量(吨)	单价(元)	货款(元)	增值税(17%)	金额合计
振华公司	400	51.25	20 500	3 485	23 985
利海公司	100	51.25	5 125	871.25	5 996.25
合计	500		25 625	4 356.25	29 981.25

购入材料的买价为材料采购成本的部分，应把合计数 25 625 元记入"原材料"账户的借方；支付的增值税 4356.25 元，记在"应交税费"账户的借方；同时，由于货款及增值税尚未支付，从而形成了企业对供应单位的一项负债，应以相等的金额记入"应付账款"账户的贷方。这笔业务的会计分录如下：

借：原材料——甲材料　　　　　　　　　　　25 625
借：应交税费——应交增值税（进项税额）　　4 356.25
　　贷：应付账款　　　　　　　　　　　　　29 981.25
　　　　——振华公司　　　　　　　　　　　23 985
　　　　——利海公司　　　　　　　　　　　5 996.25

【例6】以银行存款支付购入甲材料的包装费 375 元，增值税 63.75 元。

材料的包装费也是材料采购成本的组成部分，应在"原材料"账户的借方登记。支付的增值税，记在"应交税费"的借方。这笔业务的会计分录如下：

借：原材料——甲材料　　　　　　　　　　　375
借：应交税费——应交增值税（进项税额）　　63.75
　　贷：银行存款　　　　　　　　　　　　　438.75

【例7】向飞乐公司购入下列材料，材料已全部验收入库。货款、增值税均以银行存款支付。

材料名称	数量(公斤)	单价(元)	货款(元)	增值税(17%)	金额合计
乙材料	300	71.50	21 450	3 646.50	25 096.50
丙材料	150	61.50	9 225	1 568.25	10 793.25
合计			30 675	5 214.75	35 889.75

这笔业务的会计分录如下：

借：原材料　　　　　　　　　　　　　　　　30 675
　　——乙材料　　　　　　　　　　　　　　21 450
　　——丙材料　　　　　　　　　　　　　　9 225

借：应交税费——应交增值税（进项税额）　　5 214.75
　　贷：银行存款　　　　　　　　　　　　　　　　35 889.75

【例8】以银行存款支付购入乙材料和丙材料的包装费90元，增值税15.30元。

为购入乙材料和丙材料而支付的这笔费用是属于共同性费用。对于共同性费用，应先用适当的摊配标准，在该批材料的各品种之间进行合理的分配，以便分别计算出它们的实际采购成本。所谓适当的摊配标准，是指能够表明各种费用摊配对象对共同性费用的合理分担关系。就材料来讲，摊配标准有重量、体积、件数和金额等，实际工作中应酌情选用。

如本例，设该企业以材料的重量作为摊配标准，把乙材料和丙材料的包装费进行分配计算过程如下：

（ⅰ）分配率的计算。

分配率是分配对象与分配标准总和的比值。分配对象就是分配的内容，在本例中，分配对象就是乙、丙材料的包装费；分配标准就是所谓的摊配标准，在本例中，分配标准是乙、丙材料的重量。用公式表示为：

$$分配率 = \frac{分配对象}{分配标准总和} = \frac{包装费}{乙、丙材料重量合计}$$

$$= \frac{90}{300+150} = 0.20（元/公斤）$$

计算结果表示，每公斤材料负担的包装费为0.20元。

（ⅱ）分配额计算。

$$分配额 = 分配率 \times 某种分配标准$$

乙材料分配额 = 0.2 × 300 = 60（元）

丙材料分配额 = 0.2 × 150 = 30（元）

这笔业务的会计分录如下：

借：原材料　　　　　　　　　　　　　　　　　　90
　　——乙材料　　　　　　　　　　　　　　　　60
　　——丙材料　　　　　　　　　　　　　　　　30
借：应交税费——应交增值税（进项税额）　　15.30
　　贷：银行存款　　　　　　　　　　　　　　　　105.30

【例9】以银行存款偿还下列欠款。

振华公司　　　　　23 985元
利海公司　　　　　5996.25元

这笔业务的会计分录如下：

借：应付账款　　　　　　　　　　　　　　　　29 981.25

——振华公司　　　　　　　　　　　　　　　23 985
　　　——利海公司　　　　　　　　　　　　　　　5 996.25
　　贷：银行存款　　　　　　　　　　　　　　　　29 981.25
　根据上述资料编制材料采购成本计算，如表6-2所示。

表6-2　材料采购成本计算表

项目	甲材料		乙材料		丙材料		成本合计
	总成本	单位成本	总成本	单位成本	总成本	单位成本	
买价	25 625	51.25	21 450	7150	9 225	615	56 300
包装费	375	0.75	60	0.20	30	0.2	465
采购成本	26 000	52	21 510	71.70	9 255	61.7	56 765

　　上述供应阶段总分类核算如图6-1所示，有关账户的期初余额已登记在各账户内。

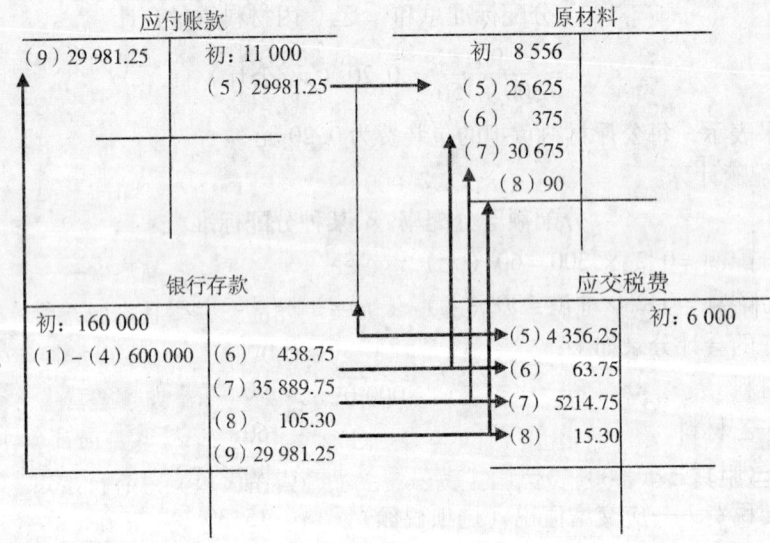

图6-1　供应阶段总分类核算

　　上述供应阶段"原材料"明细核算如表6-2，6-3，6-4，6-5所示，有关账户的期初余额已登记在各账户内。"原材料"明细核算还应结合材料的发出核算，详细可参见本章第三节阶段核算。

表6-3 原材料明细分类账

材料名称：甲材料　　　　　　　　　　　　　　　　　　　　　　　　　单位：吨

200X年		凭证号	摘要	收入			发出			结存		
月	日			数量	单价	金额	数量	单价	金额	数量	单价	金额
			月初余额							60	52	3 120
			购入	500	52	26 000				560	52	29 120
			发出									
			本期发生额及余额									

表6-4 原材料明细分类账

材料名称：乙材料　　　　　　　　　　　　　　　　　　　　　　　　　单位：吨

200X年		凭证号	摘要	收入			发出			结存		
月	日			数量	单价	金额	数量	单价	金额	数量	单价	金额
			月初余额							50	71.70	3 585
			购入	300	71.70	21 510				350	71.70	25 095
			发出									
			本期发生额及余额									

表6-5 原材料明细分类账

材料名称：丙材料　　　　　　　　　　　　　　　　　　　　　　　　　单位：吨

200X年		凭证号	摘要	收入			发出			结存		
月	日			数量	单价	金额	数量	单价	金额	数量	单价	金额
			月初余额							30	61.70	1 851
			购入	150	61.70	9 255				180	61.70	11 106
			发出									
			本期发生额及余额									

第四节 生产阶段的核算

一、产品成本的构成

生产阶段是工业企业主要经营过程的第二阶段。在这个阶段,由于产品生产而发生的耗费,构成产品成本。产品成本包括的内容主要有:消耗的材料、生产工人的工资福利费、制造费用。制造费用是指车间管理和组织生产产品而发生的,如车间技术管理人员的工资福利费、车间固定资产折旧费、车间水电费、办公费等。在这一阶段还会发生一定的为组织和管理全企业生产的费用,如厂部管理人员工资、福利费、差旅费、办公费、财产保险费、借款利息支出等。这些费用又称为期间费用。这些费用不构成产品成本,而在会计期间终结时计入"本年利润"账户,冲减收入。

二、生产阶段核算账户的设置

1. "生产成本"账户

该账户核算和控制产品生产阶段中为产品生产而发生的各种耗用。该账户借方登记当期发生的耗用的材料、生产工人工资、福利费,以及从"制造费用"账户转入的制造费用;贷方登记转出已完工产品的实际生产成本;期末余额在借方,表示在生产过程中尚未完工的在产品费用。为生产产品耗用的材料、生产工人工资、福利费等可以直接记入生产成本;凡不可直接认定用于某种产品的各种费用,即共同性费用,则需按一定标准分配或先通过"制造费用"归集后再分配计入。

为具体反映企业每一种产品的生产费用构成和实际生产成本,应在"生产成本"账户下按各产品或各类产品分别设置明细分类账户,进行明细分类核算。"生产成本"的明细账为多栏格式,分别设置"直接材料"、"直接人工"、"制造费用"三个项目,其中,"直接人工"包括生产工人工资及其福利费。

2. "制造费用"账户

该账户当主要核算企业生产车间为组织和管理生产所发生的各种间接费用,以反映和控制制造费用的预算和执行情况。该账户的借方登记当期发生的各种制造费用;贷方登记期末直接转入或分配转入"生产成本"账户的当期发生的制造费用。月末结转后一般没有余额。

3. "管理费用"账户

该账户主要核算企业管理部门为组织和管理全企业生产经营所发生的各项费用。该账户借方登记当期发生的各种管理费用；贷方登记转入"本年利润"借方的当期管理费用。月末结转后一般没有余额。

4. "库存商品"账户

该账户核算和控制库存商品增减变动及结存情况。库存商品是指已完成生产过程、经验收入库、可供销售的产品。该账户的借方登记各种已验收入库的产品的实际成本，贷方登记各种产品发出的实际生产成本；该科目余额在借方，表示期末库存产品的实际生产成本。

为具体反映、控制企业每一种产品的收发存情况，还应按各产成品品种和规格等分别设置库存商品明细分类账户，以进行明细分类核算。

5. "待摊费用"账户

该账户主要用来记录已经支付或发生，但应由本期和以后各期承担的费用（一年内）。企业在一定期间内实际支付生产费用，并不一定由该期间所生产的产品来负担。有些费用是预先一次支付而应由本期和以后几期负担，一些费用应由本期负担而要在某个时期后才支付。因而支付期在前而受益期在后的费用通过该科目反映，该账户借方登记已经支付或已发生的，但应由本期和以后各期分别负担的费用；贷方登记按其受益期摊销的费用。期末余额在借方，表示已经支付，尚待以后在受益期间摊销的费用。该账户应按预付费用的种类设置明细账，以便反映各项待摊费用的支付和摊销情况。

6. "预提费用"账户

该账户是用来反映各项受益期在前、支付期在后的费用，该账户贷方登记按照计划预先提取，由本期承担的费用；借方登记以后某一次性实际支付的数额；期末余额在贷方，表示已经预提，但尚未支付的费用，实际上，"预提费用"属于类似"应付账款"性质的负债类账户。该账户应按其种类设置明细账，以便反映各项预提费用的预提和实际支付的情况。

7. "应付职工薪酬"账户

该账户核算企业根据有关规定应付给职工的各种薪酬，包括工资、职工福利、社会保险、住房公积金等内容。该账户贷方登记应付给职工的薪酬，借方登记已支付或为职工代付的职工薪酬。期末余额一般在贷方，表示应付未付的职工薪酬。该账户应按其应付项目设置明细账，以便反映应付未付或多付的职工薪酬。

8. "固定资产"账户

该账户是用来反映固定资产原值，即购买时或建造时的成本。由于固定资产在使用过程中实物形式保持不变，需要以该账户反映其原值。该账户借方登记固定资产增加的原值，贷方登记减少（如报废或出售）固定资产原值，期末余额在借方，表示企业拥有或控制的固定资产原值。该账户应按固定资产的类别设置明细账，还应根据每项固定资产编制明细卡片，以确保固定资产的安全。

9."累计折旧"账户

该账户用来反映固定资产损耗的情况，虽然固定资产在使用过程中实物形态不变，但却在使用过程中发生损耗。通过该账户反映固定资产损耗，既可提供固定资产的原始价值，又可以通过从固定资产原始价值中扣减该账户来计算固定资产净值。该账户贷方登记发生的固定资产损耗；借方登记因固定资产减少（如报废或出售）而减少的累计折旧，期末金额在贷方，表示企业固定资产已发生的损耗。该账户一般无需设置明细账。

三、生产阶段主要经济业务核算

1. 发出材料的核算

【例10】仓库根据当月领料凭证，编制当月发料汇总表，如表6-5所示。

表6-6 发料汇总表

项目	甲材料			乙材料			丙材料			金额合计
	数量（吨）	单价	金额	数量（吨）	单价	金额	数量（吨）	单价	金额	
生产投入										
A产品	192.31	52	10 000	100	71.70	7 170				17 170
B产品	144.23	52	7 500	180	71.70	12 906				20 406
小计	336.54	52	17 500	280	71.70	20 076				37 576
车间一般耗用							50	61.70	3 085	3 085
企业一般耗用							70	61.70	4 319	4 319
合计	336.54	52	17 500	280	71.70	20 076	120	61.70	7 404	44 980

根据上面的发料汇总表，仓库发出的材料，用于生产产品投料的材料费用，应计入"生产成本"；用于车间的一般耗用，计入"制造费用"；用于全企业的一般耗用，计入"管理费用"。所作分录如下：

借：生产成本　　　　　　37 576
　　——A产品　　　　　　17 170
　　——B产品　　　　　　20 406

借：制造费用　　　　　　3 085
借：管理费用　　　　　　4 319
　　贷：原材料　　　　　　44 980
　　　　——甲材料　　　　17 500
　　　　——乙材料　　　　20 076
　　　　——丙材料　　　　 7 404

这笔业务除在有关总分类账户中登记外，还应根据发料汇总表的记录，在"原材料"各个明细账进行登记，如表 6-7，6-8，6-9 所示。计入"生产成本"、"制造费用"、"管理费用"的材料费用，也应记入 A 产品、B 产品明细分类账和"制造费用"、"管理费用"明细账。制造费用和管理费用的明细账从略。

表 6-7　原材料明细分类账

材料名称：甲材料　　　　　　　　　　　　　　　　　　　　　　　　单位：吨

200×年		凭证号	摘要	收入			发出			结存		
月	日			数量	单价	金额	数量	单价	金额	数量	单价	金额
			期初余额							60	52	3 120
		⑤	购入	500	52	26 000				560	52	29 120
		⑩	发出				336.54	52	17 500	223.46	52	11 620
			本期发生额及余额	500	52	26 000	336.54	52	17 500	223.46	52	11 620

表 6-8　原材料明细分类账

材料名称：乙材料　　　　　　　　　　　　　　　　　　　　　　　　单位：吨

200×年		凭证号	摘要	收入			发出			结存		
月	日			数量	单价	金额	数量	单价	金额	数量	单价	金额
			期初余额							50	71.70	3 585
		(5)~(9)	购入	300	71.70	21 510				350	71.70	25 095
		(10)	发出				280	71.70	20076	70	71.70	5 019
			本期发生额及余额	300	71.70	21 510	280	71.70	20076	70	71.70	5 019

表6-9 原材料明细分类账

材料名称：丙材料　　　　　　　　　　　　　　　　　　　　　　单位：吨

200X年		凭证号	摘要	收入			发出			结存		
月	日			数量	单价	金额	数量	单价	金额	数量	单价	金额
			期初余额							30	61.70	1 851
		(5)~(9)	购入	150	61.70	9 255				180	61.70	11 106
		(10)	发出				120	61.70	7 404	60	61.70	3 702
			本期发生额及余额	150	61.70	9 255	120	61.70	7 404	60	61.70	3 702

2. 工资的核算

【例11】以银行存款发放职工工资25 000元。

这笔经济业务，应通过"应付职工薪酬"账户核算。"应付职工薪酬"是一个负债类账户，其借方登记实际发放的工资和其他补贴、奖金，贷方登记应付职工工资等，期末余额在贷方。所作会计分录为：

　　借：应付职工薪酬　　　25 000
　　　　贷：银行存款　　　　　　25 000

【例12】结转本月应付工资，即按工资的用途分别计入有关账户。应付工资25 000元中，按其用途归集如下：

生产工人工资
A产品生产工人工资　　　8 000元
B产品生产工人工资　　　10 000元
小　计　　　　　　　　　18 000元
车间技术、管理人员工资　2 000元
厂部技术、管理人员工资　5 000元

根据上面资料，把本期职工的应付工资，分别按用途计入不同账户，生产工人工资应计入"生产成本"；车间技术、管理人员工资应计入"制造费用"账户；厂部技术、管理人员工资应计入"管理费用"账户。所作会计分录如下：

　　借：生产成本　　　　　18 000
　　　　——A产品　　　　8 000
　　　　——B产品　　　　10 000
　　借：制造费用　　　　　2 000
　　借：管理费用　　　　　5 000

贷：应付职工薪酬　　　　　　　　25 000
　　这笔业务应在有关总分类科目和明细分类科目中登记。
　　3. 应付福利费的核算
　　【例13】根据劳动合同计提应付福利费。
　　企业可根据与职工签定的劳动合同，按工资总额的一定比例提取一部分应付福利费，用于各种集体福利事业，例如医疗卫生补助、生活困难补助、集体福利部门人员工资等等，若福利费用尚未支付，应作为应付职工薪酬处理。
　　福利费应按应付工资的构成分别计入不同账户。按生产工人工资提取的福利费，计入"生产成本"账户；按车间技术管理人员工资提取的福利费，计入"制造费用"账户；按厂部技术、管理人员工资提取的福利费，计入"管理费用"账户。即福利费是随工资计入有关账户的。
　　根据劳动合同，应付的应付福利费用为：

生产工人应付福利费
A 产品生产工人应付福利费　　　　1120 元
B 产品生产工人应付福利费　　　　1400 元
小计　　　　　　　　　　　　　　2520 元
车间技术、管理人员应付福利费　　 280 元
厂部技术、管理人员应付福利费　　 700 元

这笔业务的会计分录如下：
借：生产成本　　　　　　　　　　2 520
　　——A 产品　　　　　　　　　　1 120
　　——B 产品　　　　　　　　　　1 400
借：制造费用　　　　　　　　　　 280
借：管理费用　　　　　　　　　　 700
　　贷：应付职工薪酬　　　　　　　3 500

　　4. 制造费用、管理费用核算
　　制造费用除上述耗用材料、车间技术管理人员工资福利费以外，还包括车间水电费、固定资产折旧费、修理费、办公费等费用。
　　把制造费用归集后，于月末转入"生产成本"账户，结转后一般没有余额。
　　管理费用除上述耗用材料、厂部行政管理技术人员工资福利费以外，还包括业务招待费、劳动保险费、技术转让费、办公费、厂部办公机构固定资产折旧费等费用。
　　把管理费用归集后，于月末转入"本年利润"账户，结转后没有余额。
　　可见，尽管制造费用和管理费用都是在生产阶段发生的，但由于它们的功能不同，月末转入不同的账户。制造费用转入"生产成本"账户，构成产品的生产成本；管理费用

转入"本年利润"账户，作为利润的减项。

制造费用和管理费用在核算上有许多地方相似，两者的区别在于核算范围不同和月末结转不同。下面举例说明它们的核算。管理费用的月末结转将在第六节财务成果的核算中阐述。

【例14】以银行存款支付本期办公费2 000元，其中车间1200元，厂部800元，所作分录如下：

  借：制造费用　　　　　　　　1 200
  借：管理费用　　　　　　　　　800
    贷：银行存款　　　　　　　　2 000

【例15】计提本期固定资产折旧3 800元，其中车间2 200元，厂部1600元。

固定资产（如厂房、机器和运输设备等）可供长期使用，并在使用过程中基本上保持其原有的实物形态，而其价值则随着它在使用过程中发生的损耗，逐渐地转移到它所参与生产的产品成本中或构成管理费用，然后通过产品的销售，从销售收入中得到补偿。固定资产在使用过程中的逐渐损耗而转移到产品成本或管理费用中去的那部分价值称为固定资产折旧。固定资产折旧一般是根据企业使用中固定资产的原始价值和规定的折旧率按月计提的。

在会计核算中，为了给企业固定资产管理者提供有用的会计信息，设置"固定资产"账户。由于固定资产在使用过程中，其实物形态不变，因而管理上要求会计提供固定资产购建、取得时的价值资料，即要求"固定资产"账户以原始价值反映。所谓原始价值，是指固定资产购入、取得时所发生的支出。那么，固定资产在使用过程中发生的损耗（即折旧）就不能在"固定资产"账户反映。为了在账簿记录上既反映固定资产的原始价值，又可随时查明它的现有价值（即扣除折旧以后的净值），满足经营管理上的需要，在计提折旧时，就不直接把它记入"固定资产"账户的贷方，而是通过设置另一个专门用来抵销固定资产原始价值的账户"累计折旧"账户来反映，把所计提的折旧记入这个账户的贷方。通过用"固定资产"账户的原始价值与"累计折旧"账户余额相抵减，其差额就是固定资产的净值。

由于"累计折旧"是用来抵销固定资产的原始价值的，因而这个账户的结构与固定资产相反。计提折旧时记在这个账记的贷方，期末余额在贷方，表示截止到本期期末，固定资产已损耗价值的累计数。

可见，"固定资产"账户和"累计折旧"账户两者所反映的经济内容是一致的。因而把固定资产使用中的损耗价值记入"累计折旧"账户的贷方。这与把它直接记入"固定资产"账户的贷方并无本质的区别，只是为了更全面地反映其真正的价值。

这笔业务的会计分录如下：

  借：制造费用　　　　　　　　2 200

借：管理费用　　　　　　　1 600
　　贷：累计折旧　　　　　　　　3 800

【例16】以现金支付车间本期水电费用285元，会计分录如下：
借：制造费用　　　　　　285
　　贷：现金　　　　　　　　　285

【例17】以银行存款支付包括本期在内的全年财产保险费480元。

财产保险费一般是按全企业财产计算交纳的，应计入管理费用。但这笔财产保险费用的受益期为一年，根据权责发生制原则，这笔费用应分为12个月承担。因此，这笔分录支付时，不能直接全部计入本月"管理费用"，而应先计入"待摊费用"，然后按其受益期进行摊配。这笔业务会计分录如下：

（i）支付；借：待摊费用　　　　480
　　　　　　　贷：银行存款　　　　　480
（ii）按月摊销：借：管理费用　　　40
　　　　　　　　贷：待摊费用　　　　40

以上两笔分录，也可合并为一笔分录列示：
借：待摊费用　　　　　　440
借：管理费用　　　　　　40
　　贷：银行存款　　　　　　　480

【例18】预提应由本期承担的办公楼租金1 500元。其中：车间办公楼租金800元，厂部办公楼租金700元。

办公楼租金支出，一般计入当期的制造费用或管理费用，但如果租金数额较大的，可采用待摊或预提方法。所谓预提，就是把应由本期承担的但不在本期支付的费用先计入本期的成本、费用账户及预提费用账户，待实际发生支付时再冲减。

这笔业务会计分录如下：
借：制造费用　　　　　　800
借：管理费用　　　　　　700
　　贷：预提费用　　　　　　1 500

【例19】摊销已于前期支付，应由本期承担的订阅报刊杂志费150元，其中车间订阅报刊杂志费用50元，厂部行政管理部门订阅报刊杂志费100元。

报刊杂志费用，一般是由企业预付的，即预付时已记入"待摊费用"账户。现予以摊销，就是把应由本月承担的待摊费用计入本月成本、费用账。这笔业务会计分录如下：
借：制造费用　　　　　　50
借：管理费用　　　　　　100
　　贷：待摊费用　　　　　　150

【例20】以银行存款支付前期已预提,由本期支付的财产保险600元。会计分录如下:

借:预提费用　　　　　　　600
　　贷:银行存款　　　　　　600

【例21】期末把本月发生的制造费用按生产A,B产品的工人工资比例分配转入"生产成本"。

如前所述,"制造费用"账户是把车间发生的为组织和管理产品生产而发生的费用进行归集。但这些费用归根到底是构成产品成本的。因此,月末应计算当月制造费用的借方发生额,全部从"制造费用"账户贷方转到"生产成本"账户借方。

为具体反映每一种产品成本的构成,当企业生产产品的品种为两个或两个以上时,应先按一定标准把制造费用分配,然后再转账。分配制造费用的标准可以按生产工人工资比例、产量或生产工时等。"制造费用"账户分配结转后,一般无余额。分配结转过程如下:

(ⅰ)计算"制造费用"账户本期借方发生额。

如本例,"制造费用"账户本期借方发生额为例(10)(12)(13)(14)(15)(16)(18)(19)的合计数,即

(10)3 085 + (12)2 000 + (13)280 + (14)1 200 + (15)2 200 + (16)285 + (18)800 + (19)50 = 9 900(元)

(ⅱ)计算分配率。

根据业务要求,制造费用以生产A,B产品工人工资为分配标准,生产A产品工人工资为8 000元,生产B产品工人工资为10 000元。

$$分配率 = \frac{分配对象}{分配标准总和}$$

$$= \frac{9\ 900}{8\ 000 + 10\ 000} = 0.55$$

(ⅲ)计算分配额。

应分配给A产品的制造费用为:

$$0.55 \times 8\ 000 = 4\ 400(元)$$

应分配给B产品的制造费用为:

$$0.55 \times 10\ 000 = 5\ 500(元)$$

(ⅳ)所作会计分录。

借:生产成本　　　　　　9 900
　　——A产品　　　　　4 400
　　——B产品　　　　　5 500

贷：制造费用　　　　　　9 900

5. 完工产品成本的计算及结转

在工业企业里，制造完工并经验收合格入库的产品即成为企业可供销售的产品。处在生产过程中尚未制造完成的产品，期末应计算当月完工产品的生产成本，从"生产成本"账户的贷方转入"库存商品"账户的借方。如"生产成本"账户结转后仍有余额，则表示期末在产品成本。

【例22】本期A产品完工1 000只，并已验收入库，A产品尚有100只未完工，作为月末在产品，每件在产品按下列标准计价，期初没有在产品。

	直接材料	直接人工	制造费用	合计
在产品单位成本（元）	3	2.4	1.5	6.9

对完工的A产品，按其实际生产成本转账。B产品全部未完工，均作为月末在产品，也没有期初在产品。具体计算、结转过程如下：

（i）计算本期完工产品成本（A产品）。

本月完工产品成本 = 月初在产品成本 + 本月生产成本发生额 − 月末在产品成本

在本例中，期初A在产品成本为零、本月A产品生产成本发生额为：

　　（10）17 170 +（12）8 000 +（13）1 120 +（20）4 400 = 30 690

期末在产品成本为：

$$6.9 \times 100 = 690（元）$$

本期完工产品成本为：0 + 30 690 − 690 = 30 000元

（ii）这笔业务的会计分录。

借：库存商品——A产品　　　30 000
　　贷：生产成本——A产品　　　30 000

由于B产品尚未完工，"生产成本——B产品"明细分类账户的期末余额37 306元，表示B产品期末在产品成本。

现根据例10至例22的资料，把该企业"生产成本"明细账以及本期完工A产品1 000只的成本计算表，列示如表6-10，6-11，6-12所示。在"生产成本——A产品"明细账户中，完工产品的转出（即贷方）是用红字表示的，这里以□表示。

表 6-10 生产成本明细分类账

产品名称：A 产品

200×年		凭证号	摘要	借方			
月	日			直接材料	直接人工	制造费用	合 计
			期初余额				
		(10)	生产投料	17 170			17 170
		(12)	生产工人工资		8 000		8 000
		(13)	生产工人福利费		1 120		1 120
		(21)	分配制造费用			4 400	4 400
			本期发生额	17 170	9 120	4 400	30 690
		(22)	结转完工产品 1000 只成本	16 870	8 880	4 250	30 000
			期末余额	300	240	150	690

表 6-11 "生产成本"明细分类账

产品名称：B 产品

200×年		凭证号	摘要	借方			
月	日			直接材料	直接人工	制造费用	合 计
			期初余额				
		(10)	生产投料	20 406			20 406
		(12)	生产工人工资		10 000		10 000
		(13)	生产工人福利费		1 400		1 400
		(21)	分配制造费用			5 500	5 500
			本期发生额	20 406	11 400	5 500	37 306
			期末余额	20 406	11 400	5 500	37 306

表 6-12 产品生产成本计算表

200×年

成本项目	A 产品	
	总成本（1 000 只）	单位成本（元/只）
直接材料	16 870	16.87
直接人工	8 880	8.88
制造费用	4 250	4.25
生产成本	30 000	30

现以图 6-2 列示生产阶段总分类核算：有关账户期初余额已在账中列示。

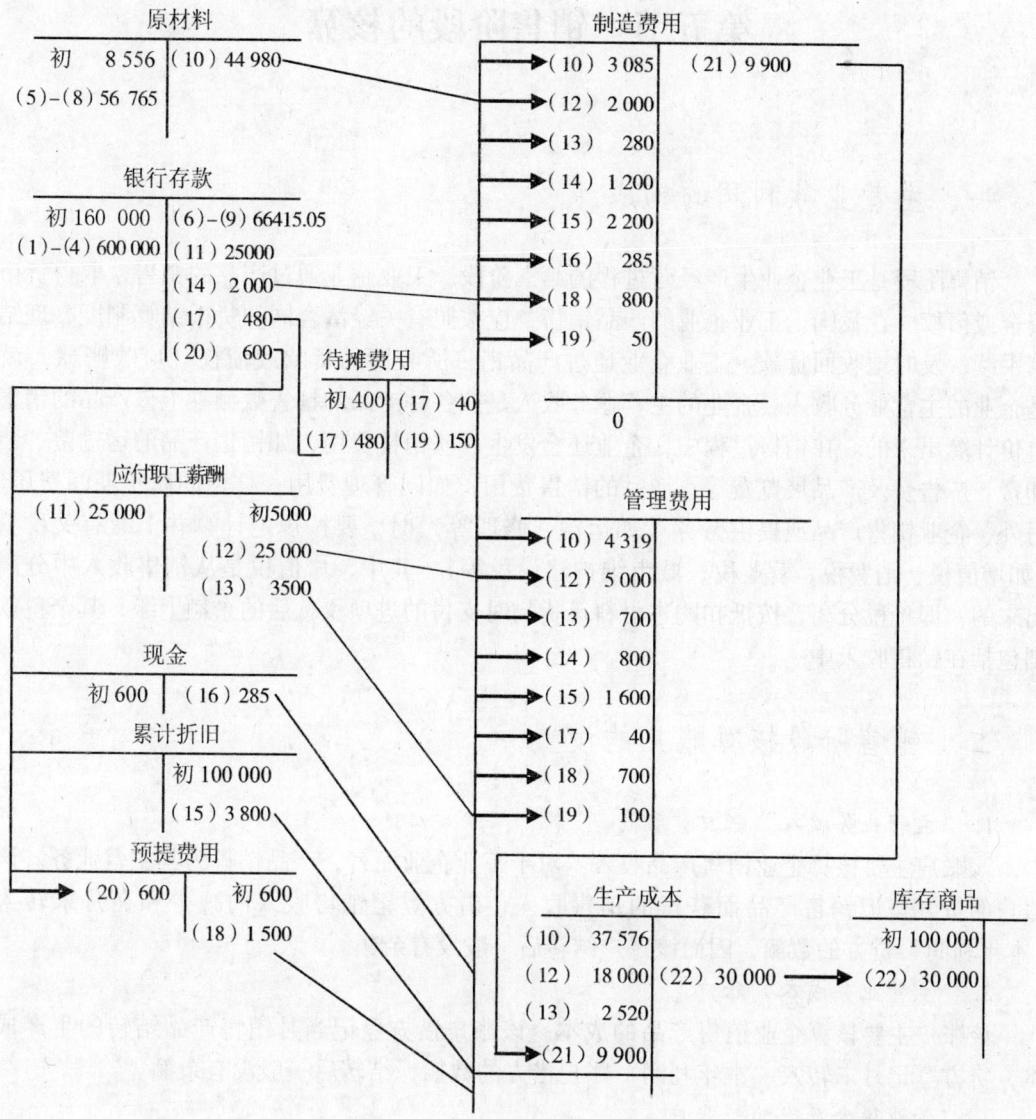

图 6-2　生产阶段总分类核算

第五节　销售阶段的核算

一、主营业务利润的构成

销售阶段是工业企业生产经营过程的第三阶段。工业企业通过产品的销售，取得货币资金或债权。在我国，工业企业的产品销售，应按照有关经济合同和货币结算制度办理结算手续，及时地收回货款。工业企业通过产品销售所收回的货款或债权（应收账款）就是企业的主营业务收入。企业的主营业务收入是按各种产品的销售数额乘上该产品的销售单价计算出来的。在销售过程中，企业还会发生一些销售费用，如销售产品的运输费、装卸费、广告费及产品展览费等。产品的销售费用，如同管理费用一样，同属于期间费用。另外，企业销售产品或提供劳务（如运输、修理等）时，要按规定计算并上缴有关税款（如增值税、消费税、营业税、城市维护建设税等）。其中，增值税是从销售收入中分离出来的，即价税分离，按抵扣购进材料等货物时支付的进项税款后的余额上缴，其余税款则包括在销售收入中。

二、销售阶段核算账户的设置

1. "主营业务收入"账户

该账户主要核算企业销售产品收入。对于工业企业而言，产品销售为其主营业务。该账户的贷方登记销售产品而获得的销售收入，借方登记销售收入的减少和在月末转入"本年利润"贷方的数额，因而该账户结转后一般没有余额。

2. "主营业务成本"账户

该账户主要核算企业销售产品的成本。该账户借方登记当月销售产品结转的生产成本，贷方登记月末转入"本年利润"账户借方的数额，结转后一般没有余额。

3. "营业税金及附加"账户

该账户主要核算企业应由销售产品收入和其他业务收入中扣减的销售税金及附加，如消费税、城市维护建设税等。贷方登记月末转入"本年利润"借方的数额，结转后一般没有余额。

4. "销售费用"账户

该账户主要核算企业在产品销售阶段为产品销售而发生的费用。该账户借方登记当期发生或支付的销售运输费、包装费、广告费等。贷方登记期末转入"本年利润"账户借方的数额，结转后一般没有余额。

5. "应收账款"账户

该账户主要反映企业销售产品而与购买单位发生的债权结算账产。该账户的借方登记应向购买单位或个人收回的款项；贷方登记已经收回的各种款项；期末余额在借方，表示应收而尚未收回的各种款项。为具体反映企业与每一购货单位和其他方面的款项结算，企业应按购货单位名称分别设置"应收账款"的明细分类账，进行明细分类核算。

三、销售阶段主要经济业务核算

1. 主营业务收入的取得

【例23】科宏轮胎公司销售给飞驰汽车公司A产品500只，每只售价150元。B产品1 000只，每只售价180元。A产品增值税12 750元，B产品增值税30 600元。A产品货款及增值税款已收存银行；B产品货款及增值税暂欠。

这笔业务，通过企业销售产品，转让了产品所有权，取得了货币或索取货款的凭据。这时销售已实现，不论货款是否已经收到，均应作销售处理。企业向购货方收取的增值税，记入"应交税费"账户贷方。会计分录如下：

A：借：银行存款　　　　　　　　　　　　　　　87 750
　　贷：主营业务收入——A产品　　　　　　　　75 000
　　贷：应交税费——应交增值税（销项税额）　　12 750
B：借：应收账款——飞驰公司　　　　　　　　　210 600
　　贷：主营业务收入——B产品　　　　　　　　180 000
　　贷：应交税金——应交增值税（销项税额）　　30 600

增值税的上缴，是根据"应交税费——应交增值税"明细账的销项税额抵扣其进项税额后的余额上缴的。

【例24】如上例，该企业本月购进材料时支付的进项税款为9 650.05元（4 356.25 + 63.75 + 5 214.75 + 15.30）见本章例5，6，7，8，本月销售产品所收取的销项税款为43 350元（12 750 + 30 600）（见上例），则该企业本月应上缴的增值税为33 699.95元（43 350 - 9 650.05）。上缴时作会计分录如下：

　　借：应交税费——应交增值税（已交税金）　　33 699.95
　　　　贷：银行存款　　　　　　　　　　　　　32 699.95

【例25】接银行通知，飞驰汽车公司偿付所欠部分款项13 600元已收。会计分录如下：

　　借：银行存款　　　　　　　　　　　　　　　13 600

贷：应收账款——飞驰汽车公司　　　　　　　　　13 600

【例26】期末把本月发生的销售收入255 000元结转"本年利润"账户。会计分录如下：

　　借：主营业务收入　　　　　　　　　　　　　　　255 000
　　　　贷：本年利润　　　　　　　　　　　　　　　　　　255 000

2. 销售产品生产成本的结转

【例27】期末结转已销售A，B两种产品的实际生产成本。计算如下：

产品名称	销售数量（只）	单　价	生产成本
A产品	500	30	15 000
B产品	1 000	55	55 000

本月销售A，B产品一方面销售收入增加，同时引起库存商品减少，因而应在月末把已售产品的实际生产成本从"库存商品"账户贷方转入"主营业务成本"借方。会计分录如下：

　　借：主营业务成本　　　　70 000
　　　　——A产品　　　　　15 000
　　　　——B产品　　　　　55 000
　　　　贷：库存商品　　　　　　70 000
　　　　　　——A产品　　　　　15 000
　　　　　　——B产品　　　　　55 000

【例28】期末把本月销售产品的生产成本转入"本年利润"账户。会计分录如下：

　　借：本年利润　　　　　　70 000
　　　　贷：主营业务成本　　　　70 000

3. 销售费用的核算

【例29】以银行存款支付为销售产品免费送货上门运费1000元，其中运送A产品300元，运送B产品700元。

这项销售费用，能按产品品种认定，可直接记入"销售费用"借方。会计分录如下：

　　借：销售费用　　　　　1 000
　　　　——A产品　　　　　300
　　　　——B产品　　　　　700
　　　　贷：银行存款　　　　　1 000

【例30】以银行存款支付为销售A，B产品的广告费1 500元，按A，B产品销售量分配。

由于这项销售费用是为A，B产品的销售而发生，即共同性费用。应先按一定标准进行分配，然后再计入"销售费用"借方。分配过程计算如下：

（i）分配率 $=\dfrac{1\,500}{500+1\,000}= 1$ （元/只）

（ii）分配额

A产品广告费　　　$1 \times 500 = 500$（元）

B产品广告费　　　$1 \times 1\,000 = 1\,000$（元）

会计分录如下：

借：销售费用　　　　　　1 500

　　——A产品　　　　　500

　　——B产品　　　　　1 000

　贷：银行存款　　　　　1 500

【例31】期末把本月发生的销售费用结转"本年利润"：

（29）1000 ＋ （30）1500 ＝ 2 500元

借：本年利润　　　　　　2 500

　贷：销售费用　　　　　2 500

4．营业税金及附加核算

我国1994年1月实施的税法规定，在商品销售环节计征的主营业务税金有两种方法：一种是在取得销售收入时从销售收入中扣除，不通过"营业税金及附加"账户，例如增值税；另一种是把销售税金通过"营业税金及附加"账户，然后转入"本年利润"冲减销售收入，如消费税、城市维护建设税等。

【例32】计提本期销售产品应交消费税7 650元，其中应由A产品承担2 250元，B产品承担5 400元。

会计分录如下：

借：营业税金及附加　　　7 650

　　——A产品　　　　　2 250

　　——B产品　　　　　5 400

　贷：应交税费——应交消费税　　7650

【例33】期末把本月营业税金及附加结转"本年利润"账户。会计分录如下：

借：本年利润　　　　　　7 650

　贷：营业税金及附加　　7 650

主营业务利润的计算一般是通过编制主营业务利润计算表来进行的，见表6－12。

表6-12 主营业务利润计算表

项目	A产品(500只)		B产品(1 000只)		合计
	金额	平均单价	金额	平均单价	
主营业务收入	75 000	150.00	180 000	180.00	255 000
主营业务成本	15 000	30	55 000	55	70 000
营业税金及附加	2 250	4.5	5 400	5.4	7 650
营业利润	57 750	115.50	119 600	119.6	177 350

第六节 资产减值损失与公允价值变动的核算

如前所述,对资产的确认分为初始确认和期末确认。在每一个资产负债表日,企业应对其资产重新判断可回收金额。若资产的可回收金额低于资产的账面价值,在资产负债表上应以其可回收金额列示。可回收金额与其账面价值的差额应列为利润表中的费用。若资产的可回收金额高于其账面价值,则应以账面价值确认。

一、账户的设置

1."资产减值损失"

该账户主要核算企业发生的因资产可回收金额低于其账面价值的差额。借方登记减值准备的计提数,贷方登记转入"本年利润"结转数,期末一般无余额。

2."坏账准备"

该账户核算企业应收款项等发生减值时计提的减值准备。贷方登记计提的减值。本期应计提的坏账准备大于其账面余额的,应按其差额计提;应计提的金额少于其账面余额的差额做相反的会计分录;借方登记应冲减的坏账款项,期末余额在贷方,表示可能不能收回的应收款项。

3."存货跌价准备"

该账户核算企业存货发生减值时计提的存货跌价准备。贷方登记计提的存货跌价准备,借方登记已计提跌价准备的存货价值以后又得以恢复的金额及发生存货的结转数,期末余额在贷方,表示存货发生减值的数额。

4."固定资产减值准备"

该账户核算企业固定资产发生减值时计提的减值准备。贷方登记计提的减值准备,借方登记处置固定资产时结转的减值准备,期末贷方余额,反映已计提但尚未转销的固定资产减值准备。

5. "无形资产减值准备"

该账户核算企业无形资产发生减值时计提的减值准备。贷方登记计提的减值准备，借方登记处置无形资产时结转的减值准备。期末贷方余额，反映已计提但尚未转销的无形资产减值准备。

值得注意的是，我国 2007 年新会计准则规定固定资产、无形资产的减值准备一旦计提，不得转回，即只能等到处置时才能在借方冲销。

6. "公允价值变动损益"

该账户核算企业在初始确认划分为以公允价值计量且变动计入当期损益的金融资产或金融负债，以及采用公允价值模式计量的投资性房地产等因公允价值变动形成的利得或损失。该账户贷方登记因公允价值变动形成的利得，借方登记因公允价值变动形成的损失。期末应将余额结转到"本年利润"账户，一般无余额。

二、会计核算

1. 应收账款减值核算

应收账款是一项风险较高的资产，其可回收金额是指在应收账款到期时可以收回的货币资金。由于市场经济竞争激烈优胜劣汰，存在非常多的不确定性，企业面临财务困难甚至破产的风险，由于债务人财务困难或破产而导致无法收回的应收账款称为坏账。应收账款的可回收金额就是扣除坏账后的应收账款余额。

【例34】科宏轮胎公司本月赊销产品给飞驰汽车公司 210 600 元，已偿付 13 600 元，尚欠 197 000 元。经调查，飞驰汽车公司财务困难，估计有 8 000 元的货款不能收回。会计分录为：

借：资产减值损失　　　　　8 000
　　贷：坏账准备　　　　　　　　8 000

这样，在资产负债表上应收账款的金额应为 189 000 元。如坏账准备科目有期初余额的话，还应将期初余额调整为期末余额。

2. 存货减值核算

存货由于供求关系等因素，其价格可能出现不稳定的情况。存货的可回收金额应为成本或可变现净值孰低法。

成本指存货的账面价值，可变现净值是指将存货出售，扣除必须税费后的余额。当可变现净值低于账面价值时，其差额应作为存货跌价损失；反之，则应以成本列示。

【例35】科宏轮胎公司期末存货（包括原材料、在产品（即生产成本余额）、库存商品）的可变现净值 180 000 元，高于存货账面价值 100 337 元，则会计应如何进行处理？

由于可变现净值高于存货账面价值，在资产负债表上，存货应以账面价值列示，存货跌价准备账户的余额为0。若存货跌价准备账户有期初余额，则应调整为0。

3. 固定资产、无形资产减值核算

由于科学技术的飞速发展，更新迅猛，企业许多固定资产、无形资产的价值会受到影响。

固定资产、无形资产的可回收金额是指销售净价与使用价值孰高。若固定资产、无形资产的可回收金额低于其账面价值，应计提减值准备，在资产负债表上以可回收金额列示。

【例36】科宏轮胎公司期末对其固定资产的可回收金额进行重新评估，发现某项固定资产原值120 000元，已提折旧50 000元。若出售，销售净价为56 000元；若出租，租金收入的现值为68 000元。其固定资产和无形资产的账面价值与可回收金额相符。则应如何进行会计处理？

某项固定资产账面价值为120 000 - 50 000 = 70 000元

可回收金额 = 销售净价与使用价值孰高

= 56 000 < 68 000

应以使用价值（出租）为可回收金额。

又因为可回收金额68 000元 < 账面价值70 000元，应提减值准备2 000元。会计分录为：

借：资产减值损失　　　　　　2 000

　　贷：固定资产减值准备　　　　2 000

4. 公允价值变动损益核算

公允价值是指公平交易中，熟悉情况的交易双方自愿进行资产交换或债务清偿的金额。以公允价值作为资产和负债的计量模式，是国际财务报告准则近年来采用的新的计量模式。在这种计量模式下，资产与负债均以期末公允价值列示，公允价值变动形成的损益均列作为利得或损失计入利润表。

【例37】科宏轮胎公司上年购买作为交易性投资的股票1000股，原进价每股10元，在月末该股票的收盘价为28元。应作会计处理如下：

借：交易性金融资产　　　　18 000　[（28 - 10）×1000]

　　贷：公允价值变动损益　　　　18000

第七节　财务成果的核算

一、财务成果及利润分配

财务成果是指企业在一定经营时期内全部经营过程在财务上所实现的成果，即利润或亏损。它是一项综合反映一定期间企业经营活动的重要指标。企业的经营目的就是获取更多的盈利。企业与预算单位的区别也在这一点。企业在销售过程取得的销售利润或发生的销售亏损并非企业的最终财务成果，在生产经营活动中，还会发生因组织、管理全企业生产经营而发生的管理费用和企业为筹集生产经营所需资金而发生的支出（如利息）的财务费用；也会发生因对外投资（如购买其他公司股票、债券）、联营投资等而获取的投资收益或亏损。在企业生产经营活动以外，由于其他原因还会发生一些收入和支出（或损失）。这些收入和支出（或损失）称为营业外收入和营业外支出，属于营业外收入的有：确实无法支付的应付账款等。属于营业外支出的有：企业支付给职工子弟学校经费、赔偿金、违约金等。

因此，利润总额的构成计算公式如下：

$$\text{本期实现的利润总额} = \text{营业利润} + \text{营业外收入} - \text{营业外支出}$$

其中：

营业利润＝主营业务利润＋其他业务利润－管理费用－财务费用－销售费用－资产减值损失±公允价值变动损益±投资损益

企业在一定时期内实现的利润总额，应按国家规定的程序、办法进行分配。根据现行税法的规定，凡获有盈利的企业，都要根据税法将实现利润的总额调整为应纳税所得额，按规定的税率计算并交纳所得税、税后利润要计提一定比例的盈余公积，以用作弥补亏损或转增资本。剩余的利润可用作对投资者的分红。所得税的计征和盈余公积的计算，都应根据企业当年实现的应纳税所得额计算。为保证国家税收的及时性，一般在年度各月份先进行预交所得税，待年度终了时，再由企业与国家有关的财税部门进行总结算，以保证企业定期足额地上交当年应交纳的所得税。

二、账户的设置

1. "本年利润"账户

该账户主要核算企业在本年度实现的利润总额和净利润。其贷方登记期末从"主营业务收入"、"营业外收入"、"投资收益"（贷方余额）、"公允价值变动损益"转入的收入；借方登记期末从"主营业务成本"、"销售费用"、"营业税金及附加"、"管理费用"、"财务费用"、"营业外支出"、"资产减值损失"转入的各种费用支出，以及年末从"所得税"转入的已提应交所得税。如果"投资收益"、"公允价值变动损益"账户为借方余额，也应转入"本年利润"的借方。期终，若"本年利润"账户的余额在贷方，是截止本期末企业所实现利润总额；若为借方余额，则表示截止至本期末所发生的亏损额。年度终了，应把本年收入和使用支出以及所得税相抵后结出的本年实现的净利润总额或亏损总额，全部转入"利润分配"账户，结转后该账户应无余额。

2．"所得税"账户

该账户核算企业按利润总额计算的应交所得税。其借方登记计提的应交所得税，贷方登记期末转入"本年利润"的所得税，结转后该账户应无余额。

3．"利润分配"账户

该账户主要核算企业的利润分配（或亏损的弥补）和历年分配（或弥补）后的结存余额。该账户借方登记本期计提盈余公积、分给投资者利润等内容。

年度终了，企业将全年实现的净利润，从"本年利润"账户的借方转入"利润分配"账户的贷方。结转后，该账户的余额一般在贷方，表示企业未分配利润；如余额在借方，则表示企业未弥补的亏损。

该账户一般应设置"其他转入"、"提取盈余公积"、"应付利润"、"未分配利润"等明细分类账，进行明细核算。

4．"财务费用"账户

该账户核算企业为筹集生产经营所需资金等而发生的利息费用。该账户借方登记本期发生的财务费用，贷方登记期末结转到"本年利润"账户的财务费用，期末一般没有余额。

5．"管理费用"账户

该账户已在本章第四节中介绍，主要核算企业为全厂行政管理部门为组织和管理生产经营活动而发生的管理费用。借方登记发生的管理费用，贷方登记期末转入"本年利润"账户的管理费用，期末一般没有余额。

6．"营业外收入"账户

该账户主要核算企业发生的与企业生产经营无直接关系的各项收入，如固定资产盘盈、处理固定资产净收益、确实无法支付的应付款项等。该账户贷方登记与经营无直接关系的各项收入，借方登记期末转入"本年利润"账户贷方的数额，结转后该账户没有余额。

7．"营业外支出"账户

该账户主要核算企业发生的与企业生产经营无直接关系的各项支出，如固定资产盘亏、处理固定资产净损失、非常损失、职工子弟学校经费、违约金、赔偿金等。该账户借方登记企业所发生的与企业生产经营无直接关系的各项支出，贷方登记期末转入"本年利润"账户借方的数额，结转后一般没有余额。

8．"盈余公积"账户

该账户主要核算按规定从本期净利润计提的盈余公积，贷方登记本期计提数，借方登记本期转增资本或使用的盈余公积。期末余额在贷方，表示以留存收益表现的所有者权益。该账户应该设置两个明细账，分别为法定盈余公积和公益金。

三、财务成果和利润分配核算

1. 管理费用核算

由于管理费用的归集在核算上与制造费用相似，因而在本章第四节介绍生产阶段核算时已举例说明其发生、归集的核算。期末，应把本期发生的管理费用全部结转"本年利润"账户。

【例38】把本期发生的管理费用结转"本年利润"账户。本月发生的管理费用发生额为（见本章例10，12，13，14，15，17，18，19）。即

（10）4 319 +（12）5 000 +（13）700 +（14）800 +（15）1 600 +（17）40 +（18）700 +（19）100 = 13 259（元）

所作会计分录如下：

借：本年利润　　　　　　13 259
　　贷：管理费用　　　　　　　　13 259

2. 财务费用核算

【例39】预提应由本期承担的银行借款利息300元。

银行借款利息一般是从借款后按季度结算的，即在一个季度内第三个月才实际支付银行借款利息。但这笔借款是在全季度内使用的。为贯彻权责发生制原则，就应把该季度内第一、二月应承担的银行借款利息分别计入第一、二月财务费用。因而这笔业务的会计分录如下：

借：财务费用　　　　　　300
　　贷：预提费用　　　　　　　　300

【例40】期末结转本期发生的财务费用300元。

所作会计分录如下：

借：本年利润　　　　　　300
　　贷：财务费用　　　　　　　　300

3. 营业外收入核算

【例41】科宏轮胎公司应付伟达公司10 000元，现因伟达公司违约，根据合同将10%应付账款转作罚款收入。

所作会计分录如下：

借：应付账款　　　　　　1000
　　贷：营业外收入　　　　　　　1000

【例42】科宏轮胎公司欠利华经营部500元损毁模具费用。

现因利华经营部已被注销，无法支付，转为营业外收入。会计分录如下：

借：其他应付款　　　　　500

　　贷：营业外收入　　　　　500

【例43】期末把本期发生的营业外收入结转"本年利润"账户：

（（41）1000＋（42）500）

会计分录如下：

借：营业外收入　　　　1500

　　贷：本年利润　　　　　1500

4. 营业外支出核算

【例44】以银行存款支付职工子弟学校经费3 000元。会计分录如下：

借；营业外支出　　　　3 000

　　贷；银行存款　　　　　3 000

【例45】以银行存款支付因违反经济合同而承担的违约金100元。会计分录如下：

借：营业外支出　　　　100

　　贷：银行存款　　　　　100

【例46】期末把本期发生的营业外支出结转"本年利润"账户：

（（44）3 000＋（45）100）

会计分录如下：

借：本年利润　　　　3 100

　　贷：营业外支出　　　　3 100

【例47】期末把"资产减值损失"结转"本年利润"账户（（34）8 000＋（36）2 000）会计分录如下：

借：本年利润　　　　10 000

　　贷：资产减值损失　　　10 000

【例48】期末把"公允价值变动损益"结转"本年利润"账户。会计分录如下：

借：公允价值变动损益　18 000

　　贷：本年利润　　　　　18 000

5. 利润总额的计算

如前所述，企业利润总额是由营业利润、投资净收益和营业外收支净额资产减值损失、公允价值变动损益五部分组成。为简化，投资收益、公允价值变动损益等具体内容留待专业会计课程中介绍，这里从略。

经过一段时期，企业所实现的利润总额可以在"本年利润"账户中表示，根据例26，28，31，33，38，40，43，46，47，48所作的会计分录登记，"本年利润"T字账列示如表6-13所示。

表6-13　本年利润

借方		贷方	
(28)	70 000	(26)	255 000
(31)	2 500	(43)	1 500
(33)	7 650	(48)	18 000
(38)	13 259		
(40)	300		
(46)	3 100		
(47)	10 000		
本期发生额：	106 809	本期发生额：	274 500
		期末余额 （税前利润）	167 691

扣除"所得税"前"本年利润"账户的期末余额在贷方，表示企业利润总额为167 691元。

以上所举例子，各收支账户（主营业务收入、主营业务成本、销售费用、营业税金及附加、管理费用、财务费用、营业外收入、营业外支出）的结转，即转入"本年利润"账户是分项结转的。在实际工作中，也可在期末集中一次结转。如本例：

(i) 结转收入类账户时：

借：主营业务收入　　　　　　　　255 000

借：营业外收入　　　　　　　　　　1 500

借：公允价值变动损益　　　　　　 18 000

　　贷：本年利润　　　　　　　　274 500

(ii) 结转成本、费用、支出类账户时：

借：本年利润　　　　　　　　　　106 809

　　贷：主营业务成本　　　　　　 70 000

　　贷：销售费用　　　　　　　　 2 500

　　贷：营业税金及附加　　　　　 7 650

　　贷：管理费用　　　　　　　　 13 259

　　贷：财务费用　　　　　　　　　 300

　　贷：营业外支出　　　　　　　 3 100

　　贷：资产减值损失　　　　　　 10 000　（8 000 + 2 000）

上述销售阶段及利润总额构成总分类核算如图6-3所示。

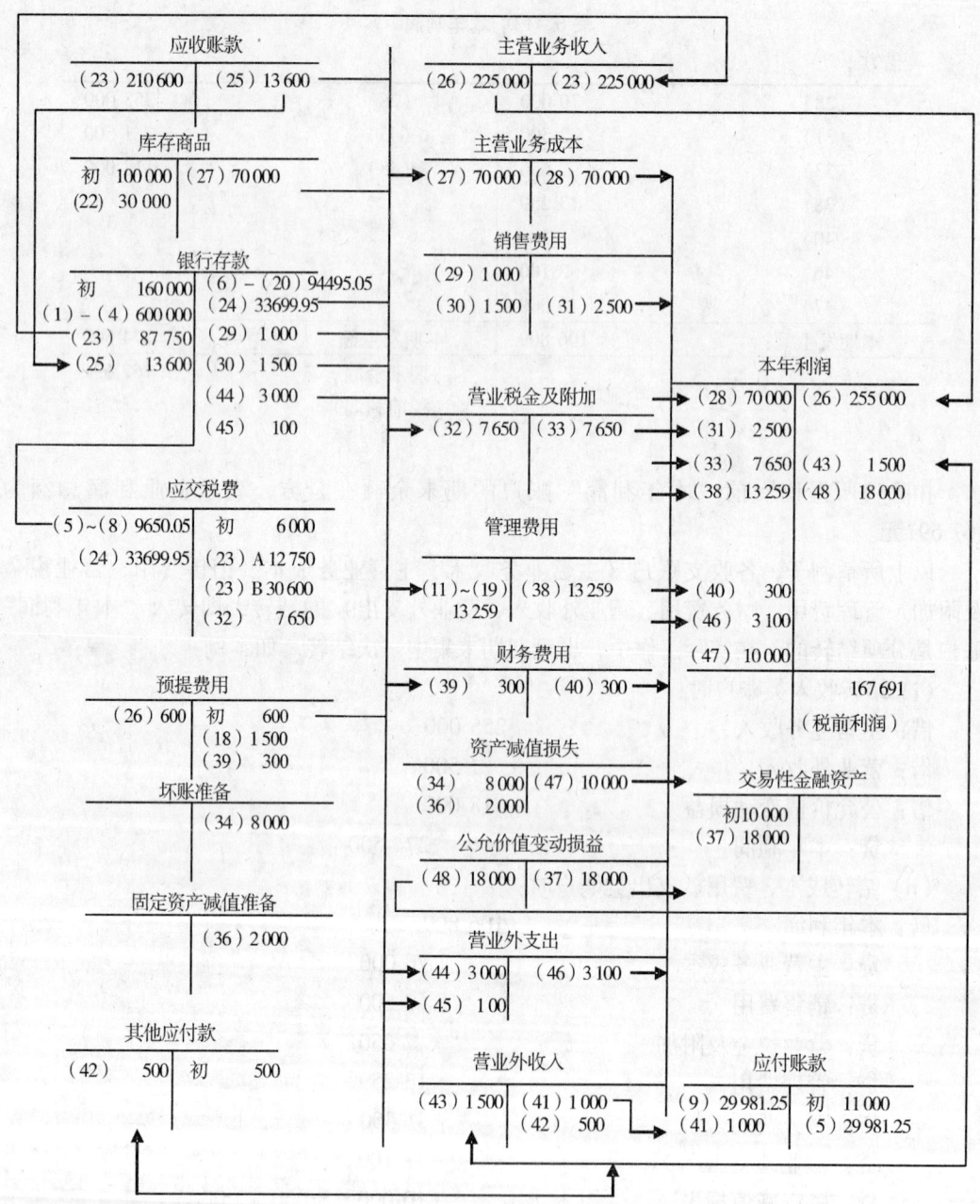

图 6-3 销售阶段及利润总额构成总分类核算

6. 所得税及净利润的计算和结转

所得税是根据企业"所得"征收的一种税,即以企业的"收入"扣除"费用"后的余额为基数计算的。在实际工作中,会出现税收确认"收入"和"费用"与会计规定不同的情况,这时应按税收规定将会计利润调整为应纳税所得额,按应纳税所得额乘上适用税率计算应交所得税。一般地,本期计提的所得税应在下期缴纳。

【例49】该企业不存在纳税差异,即会计与税收确认相同,按实现利润的33%计提所得税。

$$应交所得税 = 167\ 691 \times 33\% = 55\ 338.03(元)$$

会计分录如下:

借:所得税　　　　　　　　　55 338.03
　　贷:应交税费——应交所得税　　　　55 338.03

所得税作为一种期间费用,应于期末转入"本期利润"。结转后"所得税"账户的余额为0。从"本年利润"账户扣除所得税后的余额为净利润。

本例中,净利润 = 167 691 − 55 338.03 = 112 352.97(元)

"本年利润"账户扣除"所得税"后的净利润应于期末结转到"利润分配——未分配利润"中,结转后,"本年利润"账户余额为0。

【例50】期末结转"所得税"账户余额至"本年利润",并将"本年利润"账户扣除"所得税"后的余额即净利润结转至"利润分配——未分配利润"。会计分录如下:

借:本年利润　　　　　　　　55 338.03
　　贷:所得税　　　　　　　　　　55 338.03
同时,借:本年利润　　　　　　112 352.97
　　　　贷:利润分配——未分配利润　　112 352.97

结转后,"所得税"及"本年利润"账户的余额均为0。

"应交税费"、"所得税"、"本年利润"、"利润分配——未分配利润"账户之间的关系如图6-4所示。

应交税费	所得税	本年利润	利润分配—未分配利润
(5)~(24)43 350　初　　6 000	(50)55 338.03	利润总额	初　　22 582
(23)・(32)51 000	(49)55 338.03	(50)55 338.03　167 691	(50)112 352.97
(49)　55 338.03		(50)112 352.97　净利润	
		112 352.97	

图6-4　所得税与净利润的结转

7. 利润分配的核算

从理论上说，扣除所得税后的净利润应归属企业投资者所有，可以用作分红或追加投资，即转增资本。但为了约束企业过量分配，我国《公司法》规定企业应留有一部分积累，保证企业能持续经营，维护债权人的利益，改善职工工作条件等。这部分指定用途的留存收益，在会计上称为"盈余公积"。从净利润提取盈余公积后的余额加上以前期间未分配利润为可供分配利润，经董事会或股东会批准可用作分红。值得注意的是，若以前期间发生亏损，则应用本期利润弥补亏损后才能提取盈余公积和分红。

【例51】按税后净利润10%计提盈余公积，5%计提公益金

应计提盈余公积 = 112 352.97 × 10% = 11 235.30（元）

应计提公积金 = 112 352.97 × 5% = 5 617.65（元）

会计分录如下：

借：利润分配——提取盈余公积　　16852.95
　　贷：盈余公积——法定盈余公积　　　　11235.30
　　　　　　　　——公益金　　　　　　　　5617.65

【例52】经董事会决定，股东会通过，按可供分配利润的60%计提应分配给投资者的利润。

可供分配投资者利润 = 净利润 + 期初未分配利润 − 提取盈余公积

= 112352.97 + 22582 − 16852.95

= 118082.02（元）

应分配给投资者利润 = 118082.02 × 60%

= 70849.21（元）

期末未分配利润 = 118 082.02 − 70 849.21

= 47232.81（元）

会计分录如下：

借：利润分配——应付股利　　70849.21
　　贷：应付股利　　　　　　　　70849.21

期末，还应将"利润分配"的各个明细账结转到"未分配利润"明细账。会计分录如下：

借：利润分配——未分配利润　　87702.16
　　贷：利润分配——提取盈余公积　　　16 852.95
　　　　　　　　——应付股利　　　　　70 849.21

"利润分配"及其明细账核算如图6-5所示。

第六章 借贷记账法的应用

```
        盈余公积              利润分配——提取盈余公积         利润分配——未分配利润
                    |                                |                                |
            初 33874   |    (51)16 852.95 | (52)16 852.95   |    (52)16 852.95  | 初 22 582
            (51)16 852.95 |                |                |    (52)70 849.21  | (50)112 352.97
                    |                                |                                |
                                                                              期末未分配利润
                                                                                  47232.81

        应付股利              利润分配——应付股利
                    |                                |
            (52)70849.21 |  (52)70849.21 | (52)70849.21
                    |                                |
```

图 6 – 5　利润分配核算

现根据本章例 1 至例 52 的经济业务，把该企业 200×年的总分类核算全过程列示于表 6 – 14（有关账户的期初余额已列示在账中）。

表 6 – 14　科宏轮胎公司总分类核算

200×年

总分类账

现金

期初余额	600	(16)	285
本期发生额	0	本期发生额	285
期末余额	315		

银行存款

期初余额	160 000	(6)	438.75
(1)	30 000	(7)	35 889.75
(3)	70 000	(8)	105.30
(4)	500 000	(9)	29 981.25
(23)	87 750	(11)	25 000
(25)	13 600	(14)	2 000
		(17)	480
		(20)	600
		(24)	33 699.95
		(29)	1 000
		(30)	1 500
		(44)	3 000
		(45)	100
本期发生额	701 350	本期发生额	133 795
期末余额	727 555		

应收账款

(23)	210 600	(25)	13 600
本期发生额	210 600	本期发生额	13 600
期末余额	197 000		

坏账准备

		(34)	8 000
本期发生额		本期发生额	8 000
		期末余额	8 000

资产减值损失

(34)	8 000	(47)	10 000
(36)	2 000		
本期发生额	10 000	本期发生额	10 000
期末余额	0		

原材料

期初余额	8 556	(10)	44 980
(5)	25 625		
(6)	375		
(7)	30 675		
(8)	90		
本期发生额	56 765	本期发生额	44 980
期末余额	20 341		

交易性金融资产

期初余额	10 000		
(37)	18 000		
本期发生额	18 000	本期发生额	0
期末余额	28 000		

公允价值变动损益

(48)	18 000	(37)	18 000
本期发生额	18 000	本期发生额	18 000
		期末余额	0

库存商品

期初余额	100 000		
(22)	30 000	(27)	70 000
本期发生额	30 000	本期发生额	70 000
期末余额	60 000		

生产成本

(10)	37 576	(22)	30 000
(12)	18 000		
(13)	2 520		
(21)	9 900		
本期发生额	67 996	本期发生额	30 000
期末余额	37 996		

待摊费用

期初余额	400	(17)	40
(17)	480	(19)	150
本期发生额	480	本期发生额	190
期末余额	690		

制造费用

(10)	3 085	(21)	9 900
(12)	2 000		
(13)	280		
(14)	1 200		
(15)	2 200		
(16)	285		
(18)	800		
(19)	50		
本期发生额	9 900	本期发生额	9 900
期末余额	0		

管理费用

(10)	4 319	(38)	13 259
(12)	5 000		
(13)	700		
(14)	800		
(15)	1 600		
(17)	40		
(18)	700		
(19)	100		
本期发生额	13 259	本期发生额	13 259
期末余额	0		

固定资产

期初余额	500 000		
(2)	20 000		
本期发生额	20 000	本期发生额	0
期末余额	520 000		

累计折旧

		期初余额	100 000
		(15)	3 800
本期发生额	0	本期发生额	3 800
		期末余额	103 800

固定资产减值准备

		(36)	2 000
本期发生额	0	本期发生额	2 000
		期末余额	2 000

应付账款

(9)	29 981.25	期初余额	11 000
(41)	1 000	(5)	29 981.25
本期发生额	30 981.25	本期发生额	29 981.25
		期末余额	10 000

第六章 借贷记账法的应用

短期借款

		(4)	200 000
本期发生额	0	本期发生额	200 000
		期末余额	200 000

应付职工薪酬

(11)	25 000	期初余额	5 000
		(12)	25 000
		(13)	3 500
本期发生额	25 000	本期发生额	28 500
		期末余额	8 500

长期借款

		(4)	300 000
本期发生额	0	本期发生额	300 000
		期末余额	300 000

预提费用

		期初余额	600
(26)	600	(18)	1 500
		(39)	300
本期发生额	600	本期发生额	1 800
		期末余额	1 800

实收资本

		期初余额	600 000
		(1)甲	30 000
		(2)乙	20 000
		(3)丙	70 000
本期发生额	0	本期发生额	120 000
		期末余额	720 000

应交税费

(5)	4 356.25	期初余额	6 000
(6)	63.75	(23) A	12 750
(7)	5 214.75	(23) B	30 600
(8)	15.30	(32)	7 650
(24)	33 699.95	(49)	55 338.03
本期发生额	43 350	本期发生额	106 338.03
		期末余额	68 988.03

主营业务成本

(27)	70 000	(28)	70 000
本期发生额	70 000	本期发生额	70 000
期末余额	0		

销售费用

(29)	1 000	(31)	2 500
(30)	1 500		
本期发生额	2 500	本期发生额	2 500
期末余额	0		

营业税金及附加

(32)	7 650	(33)	7 650
本期发生额	7 650	本期发生额	7 650
期末余额	0		

主营业务收入

(26)	255 000	(23)	255 000
本期发生额	255 000	本期发生额	255 000
		期末余额	0

财务费用

(39)	300	(40)	300
本期发生额	300	本期发生额	300
期末余额	0		

营业外收入

(43)	1 500	(41)	1 000
		(42)	500
本期发生额	1 500	本期发生额	1 500
		期末余额	0

营业外支出

(44)	3 000	(46)	3 100
(45)	100		
本期发生额	3 100	本期发生额	3 100
期末余额	0		

其他应付款

		期初余额	500
(42)	500		
本期发生额	500	本期发生额	500
		期末余额	0

本年利润

(28)	70 000	(26)	255 000
(31)	2 500	(43)	1 500
(33)	7 650	(48)	18 000
(38)	13 259		
(40)	300		
(46)	3 100		
(47)	10 000		
(50)	55 338.03		
(50)	112 352.97		
本期发生额	274 500	本期发生额	274 500
		期末余额	0

<table>
<tr><td colspan="4" align="center">所得税</td></tr>
<tr><td>(49)</td><td>55 338.03</td><td>(50)</td><td>55 338.03</td></tr>
<tr><td>本期发生额</td><td>55 338.03</td><td>本期发生额</td><td>55 338.03</td></tr>
<tr><td>期末余额 0</td><td></td><td></td><td></td></tr>
</table>

<table>
<tr><td colspan="4" align="center">利润分配</td></tr>
<tr><td>(51)</td><td>16 852.95</td><td>期初余额</td><td>22 582</td></tr>
<tr><td>(52)</td><td>70 849.21</td><td>(50)</td><td>112 352.97</td></tr>
<tr><td>本期发生额</td><td>87 702.16</td><td>本期发生额</td><td>112 352.97</td></tr>
<tr><td>期末余额</td><td></td><td>期末余额</td><td>47 232.81</td></tr>
</table>

<table>
<tr><td colspan="4" align="center">盈余公积</td></tr>
<tr><td></td><td></td><td>期初余额</td><td>33 874</td></tr>
<tr><td></td><td></td><td>(51)</td><td>16 852.95</td></tr>
<tr><td>本期发生额</td><td>0</td><td>本期发生额</td><td>16 852.95</td></tr>
<tr><td></td><td></td><td>期末余额</td><td>50 726.95</td></tr>
</table>

<table>
<tr><td colspan="4" align="center">应付股利</td></tr>
<tr><td></td><td></td><td>(52)</td><td>70 849.21</td></tr>
<tr><td>本期发生额</td><td>0</td><td>本期发生额</td><td>70 849.21</td></tr>
<tr><td></td><td></td><td>期末余额</td><td>70 849.21</td></tr>
</table>

根据以上总类账编制本期发生额及余额计算表，如表 6-15 所示。

表 6-15 试算平衡表

序号	科目	期初余额 借方	期初余额 贷方	本期发生额 借方	本期发生额 贷方	期末余额 借方	期末余额 贷方
1	现金	600.00			285.00	315.00	—
2	银行存款	160 000.00		701 350.00	133 795.00	727 555.00	—
3	应收账款			210 600.00	13 600.00	197 000.00	—
4	坏账准备				8 000.00	—	8 000.00
5	原材料	8 556.00		56 765.00	44 980.00	20 341.00	—
6	交易性金融资产	10 000.00		18 000.00		28 000.00	—

续表 6-15

7	公允价值变动损益			18 000.00	18 000.00	—	—
8	库存商品	100 000.00		30 000.00	70 000.00	60 000.00	—
9	生产成本			67 996.00	30 000.00	37 996.00	—
10	待摊费用	400.00		480.00	190.00	690.00	
11	制造费用			9 900.00	9 900.00	—	—
12	管理费用			13 259.00	13 259.00	—	—
13	固定资产	500 000.00		20 000.00		520 000.00	—
14	累计折旧		100 000.00		3 800.00	—	103 800.00
15	固定资产减值准备				2 000	—	2 000.00
16	应付账款		11 000.00	30 981.25	29 981.25	—	10 000.00
17	其他应付款		500.00	500.00			
18	短期借款				200 000.00	—	200 000.00
19	应付职工薪酬		5 000.00	25 000.00	28 500.00		8 500.00
20	长期借款				300 000.00	—	300 000.00
21	预提费用		600.00	600.00	1 800.00		1 800.00
22	实收资本		600 000.00		120 000.00		720 000.00
23	应交税费		6 000.00	43 350.00	106 338.03	—	68 988.03
24	主营业务成本			70 000.00	70 000.00	—	—
25	销售费用			2 500.00	2 500.00	—	—
26	营业税金及附加			7 650.00	7 650.00	—	—
27	主营业务收入			255 000.00	255 000.00	—	—
28	财务费用			300.00	300.00	—	—
29	营业外收入			1 500.00	1 500.00	—	—
30	资产减值损失			10 000.00	10 000.00	—	—
31	营业外支出			3 100.00	3 100.00	—	—
32	本年利润			274 500.00	274 500.00	—	—
33	所得税			55 338.03	55 338.03	—	—
34	利润分配		22 582.00	87 702.16	112 352.97	—	47 232.81
35	盈余公积		33 874.00		16 852.95	—	50 726.95
36	应付股利				70 849.21	—	70 849.21
	合 计	779 556.00	779 556.00	2 014 371.44	2 014 371.44	1 591 897.00	1 591 897.00

习题六

一、判断题（如不对，请说明理由。）

1. "原材料"账户的期末余额一般出现在借方，表示尚未办好购进手续的材料的价值。（　　）
2. 在登记各项生产费用时，凡可直接认定用于某种产品的费用，可直接记入"制造费用"。（　　）
3. 把"固定资产"账户期末余额减去"累计折旧"账户期末余额，可以得出固定资产实际价值。（　　）
4. 计提固定资产折旧时，应借记"制造费用"或"管理费用"，贷记"固定资产"。（　　）
5. 待摊费用是指预付费用。（　　）
6. "营业税金及附加"账户包括增值税、消费税等流转税。（　　）
7. 向银行借入短期借款支付的利息应计入"财务费用"。（　　）
8. "管理费用"和"制造费用"一样，都是于期末转到"生产成本"账户，结转后一般没有余额。（　　）
9. "应付福利费"核算特点是先提后用。（　　）
10. 会计上，不设置"在产品"账户，在产品是体现为"生产成本"账户的余额。（　　）

二、选择题（单项或多项）

1. 构成材料采购成本的项目有（　　）。
   A. 买价　　B. 运输费　　C. 采购人员差旅费　　D. 包装费
2. 产品成本是由（　　）项目组成的。
   A. 直接材料　　　　　　　　　　B. 直接人工
   C. 厂部技术、管理人员工资、福利费　　D. 制造费用
3. 支付厂部办公大楼修理费，应计入（　　）账户。
   A. 生产成本　　B. 制造费用　　C. 管理费用　　D. 财务费用
4. 支付下一年度全企业财产保险费，支付时应计入（　　）账户。
   A. 预提费用　　B. 待摊费用　　C. 制造费用　　D. 管理费用
5. 生产工人的工资及其福利费，应计入（　　）账户。
   A. 生产成本　　B. 制造费用　　C. 管理费用　　D. 预提费用
6. 应计入产品成本的费用是（　　）。
   A. 管理费用　　B. 制造费用　　C. 财务费用　　D. 销售费用
7. 某企业生产车间一台设备，预计一年内修理费用 5 000 元，但修理费用将在一年

后支付该企业应（　　）。

　　A. 预付修理费用，然后再予以摊销

　　B. 年末预提修理费用，然后再予以摊销

　　C. 按月预提修理费用，然后再支付

　　D. 待支付修理费时再确认费用

8. 下列费用，无须执行配比原则的是（　　）。

　　A. 主营业务成本　　B. 销售费用　　C. 管理费用

　　D. 财务费用　　　　E. 营业税金及附加

9. "待摊费用"属于（　　）账户。

　　A. 资产类　　B. 负债类　　C. 费用类　　　　D. 损益类

10. 某企业200×年初"利润分配——未分配利润"有期初借方余额100万元，表明（　　）。

　　A. 该企业累积未分配利润

　　B. 该企业累积未弥补亏损

　　C. 该企业本年增加的净利润

　　D. 该企业本年发生的亏损

三、简答题

1. "待摊费用"与"预提费用"都是费用，两者有何不同？
2. "制造费用"和"管理费用"都是在生产阶段发生，但两者有何不同？
3. 营业利润与利润总额两者在构成上有何区别？
4. 为什么要设置"固定资产"和"累计折旧"账？如何计算其净值？
5. 什么是资产的可回收金额，应如何确定？
6. 什么是公允价值？在公允价值计量模式下，发生的变动应怎样处理？
7. 当资产的可回收金额与资产的账面价值不同，应怎样处理？

四、实务题

题一

【目的】练习资金筹集的核算。

【资料】

1. 某企业200×年5月接受某投资者投入现金200万元，已转存银行；全新设备三台，价值300万元，注册资本500万元。

2. 因资金不足，向银行申请贷款100万元，其中20万元为一年期，年利率5%；80万元为三年期，年利率6%。

【要求】根据以上经济业务编制会计分录。

题二

【目的】练习供应阶段的核算。

【资料】某企业200×年6月份发生下列材料采购业务：

1. 2日，向新华工厂购入A材料100吨，每吨20元，增值税340元，材料已验收入库，货款及增值税款尚未支付。

2. 4日，以现金支付2日购入A材料的包装费50元，增值税8.5元。

3. 8日，以银行存款中偿付2日新华工厂购料货款及增值税款。

4. 10日，购入B材料850吨，每吨40元，增值税5 780元，购料费、增值税款均由银行存款支付；材料已验收入库。

5. 15日，向华南工厂购入A材料200吨，每吨20元，B材料800吨，每吨40元，A材料增值税680元，B材料增值税5 440元；A、B材料均已验收入库，但尚未支付货款及增值税。

6. 16日，以银行存款支付15日购入A、B材料的包装费1 000元，按材料重量分配，并付增值税170元。

7. 22日，从银行存款偿还15日向华南工厂购材料货款，共42 120元。

8. 28日，购入A材料200吨，每吨20元，B材料360吨，每吨40元，A材料增值税680元，B材料增值税2 448元，货款、增值税均已从银行存款中付讫。材料已验收入库，运杂费按材料重量分配。

【要求】

1. 设置"原材料"和"应付账款"总分类账户，这些账户均没有期初余额。

2. 根据以上经济业务编制会计分录，并登记所记账户。

3. 编制采购成本计算表。

题三

【目的】练习生产阶段的核算。

【资料】某企业200×年6月份生产甲、乙两种产品，发生如下经济业务：

1. 根据本月发料单汇总：

	A材料（单价21.30）	B材料（单价41元）
甲产品生产投料	100吨	800吨
乙产品生产投料	200吨	1 000吨
车间一般耗用		20吨
车间一般耗用		50吨

2. 以银行存款发放工资50 000元。

3. 结转本月应付工资50 000元。其中：甲产品生产工人工资10 000元；乙产品生产工人工资20 000元，车间管理人员工资8 000元；厂部管理人员工资12 000元。
4. 购买办公用品1 080元，其中车间领用380元，厂部办公部门领用700元。
5. 计提本月固定资产折旧2 500元，其中车间1 000元，厂部办部门1 500元。
6. 根据与职工签订的劳动合同按工资的14%计提应付福利费。
7. 支付本月水电费2 000元，其中车间1 200元，厂部办公部门800元。
8. 从银行存款支付前期已预提、应由本月支出的银行短期借款利息500元。
9. 摊销应由本月承担的，但已在前期支付的办公楼租金4 000元，其中车间2 480元，厂部办公部门1 520元。
10. 按生产工人工资比例分配结转制造费用。
11. 本月甲产品1 000件已全部完工，乙产品全部未完工，甲产品已验收入库。

【要求】
1. 设置"生产成本"、"制造费用"、"管理费用"总分类账户，并设置"生产成本"明细分类账户，均没有期初余额。
2. 根据以上经济业务编制会计分录，并登记所设账户。
3. 编制甲产品的产品生产成本计算表。

题四

【目的】练习销售阶段及财务成果的核算。
【资料】某企业6月份发生下列经济业务：
1. 销售甲产品1 000件，每件售价100元；增值税17 000元，产品已发运，货款及增值税已转存银行。
2. 销售乙产品500件，每件售价130元；增值税11 050元，产品已发运，但货款及增值税款暂欠。
3. 以银行存款支付为销售产品而发生的免费送货运费2 000元，其中甲产品1 500元，乙产品500元。
4. 以银行支付为销售甲、乙产品而发生的广告费用1 650元，按甲、乙产品销售收入比例分配。
5. 结转已售甲、乙产品的实际生产成本，其中甲产品生产每件55元，乙产品生产成本每件80元。
6. 按销售收入的5%计算销售甲、乙产品的消费税金。
7. 月末审核资产的可收回金额，发现存货的可变现净值低于其账面价值2 000元，应收账款中估计有1 000元不能收回（坏账准备中已有500元贷方余额）；固定资产的出售净价及使用价值均高于账面价值。

8. 前期购进的用于交易投资股票账面价值20 000元，月末收盘价值为30 000元。

9. 月末把"主营业务收入"、"主营业务成本"、"销售费用"、"营业税金及附加"账户及"资产减值损失"和"公允价值变动损益"结转到"本年利润"账户。

10. 本月发生管理费用共18 000元，月末结转"本年利润"账户。

11. 预提应由本月承担的银行借款利息500元，并于月末结转"本年利润"账户。

12. 应付账款中有2 000元，因对方单位已撤销而确定无法支付，转入"营业外收入"，并于月末结转"本年利润"账户。

13. 以银行存款支付职工子弟学校经费5 000元，并于月末结转"本年利润"账户。

14. 按利润总额的33%计提应交所得税。

【要求】

1. 根据以上经济业务编制会计分录。
2. 编制主营业务利润计算表。
3. 计算本期利润总额。
4. 计算本期净利润。

题五

【目的】练习应交增值税的计算。

【资料】某企业某月为购进材料等货物以存款共付80 000元，销售产品共获收入130 000元。增值税税率17%。购进材料和销售产品的支出和收入均为含税价。

【要求】

1. 计算该企业月应交增值税额。
2. 编制购进材料的会计分录。
3. 编制销售产品的会计分录。
4. 编制上交增值税分录。

题六

【目的】练习利润分配的核算。

【资料】题四计算的利润总额。

【要求】

1. 按税后利润的10%计提盈余公积，并编制会计分录。
2. 按税后利润扣减盈余公积后余额的80%计算应付投资者利润，并编制会计分录。

题七

【目的】练习其他业务的核算。

【资料】某企业发生如下经济业务：

1. 以现金支付职工医药费 200 元。
2. 以银行存款 4 000 元购入一项生产某产品的专有技术。
3. 从银行提取现金 1 500 元。
4. 以现金 1 500 元支付退休人员退休金。
5. 向银行借入三年期的借款 100 000 元，转存银行。
6. 以银行存款偿还银行期限一年的借款 50 000 元。
7. 接受某单位对企业以现款 200 000 元的投资，现款转存银行。
8. 以银行存款购买进一台新设备，价值 30 000 元。
9. 以银行存款购买某公司发行的两年期债券 40 000 元。
10. 以银行存款购入一台旧设备，原值 50 000 元，已提折旧 10 000 元，实际支付 40 000 元。

【要求】根据以上经济业务编制会计分录。

题八

【目的】综合练习第六章的基本内容。

【资料】

（一）某企业 200×年 1 月初有关账户余额如下：

账户名称	借方余额	账户名称	贷方余额
现金	500	应付账款	1 000
银行存款	100 000	应交税费	2 700
应收账款	2 000	应付职工薪酬	10 000
原材料（C 材料）	45 000	其他应付款	1 500
库存商品	89 300	累计折旧	120 000
待摊费用	1 200	预提费用	700
固定资产	465 700	实收资本	500 000
无形资产	30 000	盈余公积	97 800
合计	733 700	合计	733 700

（二）该企业 1 月份发生的全部经济业务如下：

1. 购进 A 材料 50 吨，每吨进价 100 元，B 材料 80 吨，每吨进价 150 元，A 材料增值税 850 元，B 材料增值税 2 040 元，货款及增值税以支票支付。
2. 以银行存款支付上面购进 A、B 材料的包装费 2 600 元，增值税 442 元（按重量分配包装费）。

3. 发出材料用途如下（设该企业 A、B 材料没有期初库存，全部为本月购进）：

	A 材料（吨）	B 材料（吨）
甲产品	10	50
乙产品	30	20
车间一般耗用	2	
厂部一般耗用		3

提示：先计算 A、B 材料采购成本单价。

4. 以银行存款支付工资 50 000 元。
5. 分配结转工资，其中生产甲产品工人工资 10 000 元，生产乙产品工人工资 20 000 元，车间管理人员工资 8 000 元，厂部管理人员工资 12 000 元。
6. 根据劳动合同按工资的 14 % 计提福利费。
7. 计提本月固定资产折旧，其中车间 1 000 元，厂部 800 元。
8. 支付本月水电费，其中车间 800 元，厂部 500 元。
9. 购买办公用品 900 元，其中车间领用 300 元，厂部领用 600 元。
10. 摊销应由本月承担的财产保险费 120 元。
11. 预提银行短期借款利息 100 元。
12. 按生产工人工资比例分配结转制造费用。
13. 甲产品全部完工 100 件；乙产品完工 300 件，尚有 9 460 元月末在产品，结转完工产品成本。
14. 把甲产品全部出售，单价 500 元，增值税 8 500 元，货款及增值税已转存银行，并结转成本。
15. 支付广告费 400 元。
16. 按销售收入的 5 % 计算消费税金。
17. 计算本月应交增值税。
18. 支付职工子弟学校经费 1 000 元。
19. 期末审核存货的可回收金额，A、B 材料的可回收金额均高于其账面价值，但 C 材料的可回收金额则为 40 000 元。
20. 结转收支账，并按 33 % 计交所得税。
21. 按税后利润的 10 % 计提盈余公积。
22. 按税后利润扣减盈余公积余额的 85 % 分配红利。（期初没有未分配利润）

【要求】
1. 开设所有有关账户，登记期初余额（可增设账户）。
2. 根据经济业务编制会计分录，并据以入账、月末结账。
3. 编制材料采购成本计算表。
4. 编制产品生产成本计算表（甲产品）。
5. 编制主营业务利润计算表（甲产品）。
6. 编制总分类账户本期发生额及余额计算表。

第七章 账户的分类

我们知道，账户是对会计的具体内容进行分类核算和控制的一种核算工具。为了全面、系统、完整地反映一个企业的经济活动内容，就必须要设置和运用账户。因此，了解和掌握每一个账户的特性、用途和结构，对于具体熟悉地运用账户是十分必要的。可是，只会运用每个账户还不够，还必须认识到全部账户在整体上存在着的共性。这些账户虽然用途、结构和内容各不相同，但它们之间却存在着不可分割的内在联系，共同组成一个完整而严密的账户体系，执行会计核算方法体系中的账户整体功能。为了正确地设置和运用账户，建立科学的账户体系，就有必要根据账户的本质特征，对它们进行科学的分类，并研究各种账户的特点，以及它们的区别与联系。对账户进行分类，有以下重要意义：

（1）有利于会计人员了解账户体系中各个账户内容之间的联系与区别，揭示账户在使用中的规律性，不断提高运用账户的技能，做到正确、熟练地使用账户。

（2）能够提示全部账户在反映会计内容上存在着既分工又协作的关系，当会计科目随各个时期经济管理的不同要求变动时，能够尽快适应，并在会计制度许可范围内，根据企业实际需要，增设会计科目。

账户主要有两个分类标志：一是账户的经济内容；二是账户的用途和结构。

第一节 账户按经济内容分类

账户按经济内容分类，可分为资产、负债、所有者权益、成本类、损益类和共同类等六类。

一、资产类账户

资产类账户是反映企业资产增减变动和结余情况的账户。资产类账户具体分为以下几个类别：

（1）反映流动资产的账户，如"现金"、"银行存款"、"原材料"、"应收账款"、"其他应收款"、"待摊费用"、"库存商品"等账户。

（2）反映长期投资的账户，如"长期股权投资"等账户。

（3）反映固定资产的账户，如"固定资产"、"累计折旧"等账户。

（4）反映无形资产和长期待摊费用的账户，如"无形资产"、"长期待摊费用"等账户。

二、负债类账户

负债类账户是反映企业负债增减变化和结余情况的账户。相应地，反映负债的账户也划分为：

（1）反映流动负债的账户，如"短期借款"、"应付账款"、"预收账款"、"应付职工薪酬"、"应交税费"等账户。

（2）反映长期负债的账户，如"长期借款"、"长期应付款"等账户。

三、所有者权益类账户

所有者权益类账户是反映所有者权益增减变动和结余情况的账户。这类账户可以划分为：

（1）反映投入资产的账户，如"实收资本"账户。

（2）反映资本积累的账户，如"资本公积"、"盈余公积"等账户。

四、成本类账户

成本类账户是用来归集生产经营过程中发生的费用并据以计算成本的账户。在制造业中，成本类账户按生产经营的阶段可以分为以下两类：

（1）供应过程中的成本计算账户。此类账户用来归集材料购入时的价款及采购费用，计算材料的采购成本，主要有"物资采购"账户。

（2）生产过程中的成本计算账户。此类账户用来归集产品生产过程中的各种费用，并据以计算产品的生产成本。主要有"生产成本"账户和"制造费用"账户。

成本类账户与资产类账户有着密切联系。从某种意义上讲，成本类账户也是资产类账户，因为其借方期末余额代表的也是企业的资产。例如："物资采购"账户的借方期末余额为已付款而尚未入库的在途材料或商品，"生产成本"账户的借方期末余额为尚未完工的在产品，这些都是企业的流动资产。而另一方面，企业的资产一经耗用也就转化了费用、成本。

五、损益类账户

损益类账户是核算与损益的计算确定直接相关的账户，即主要反映企业收入和费用的账户。该类账户按其与损益组成内容之关系，可分为反映收入的账户和反映支出的账户。

（1）反映收入的账户有"主营业务收入"、"其他业务收入"等账户。

（2）反映支出的账户有"主营业务成本"、"其他业务支出"、"营业税金及附加"、"销售费用"、"管理费用"、"财务费用"、"所得税"等账户。

（3）反映利得的账户有"投资收益"、"公允价值变动损益"、"营业外收入"等账户。

（4）反映损失的账户有"营业外支出"、"资产减值损失"等账户。

六、共同类账户

共同类账户主要有"清算资金往来"、"外汇买卖"、"衍生工具"、"套期工具"、"被套期项目"等账户，这类账户主要是特殊行业使用，如"清算资金往来"是银行专用账户，"外汇买卖"账户是金融企业使用的账户。

账户按经济内容分类如图 7–1 所示。

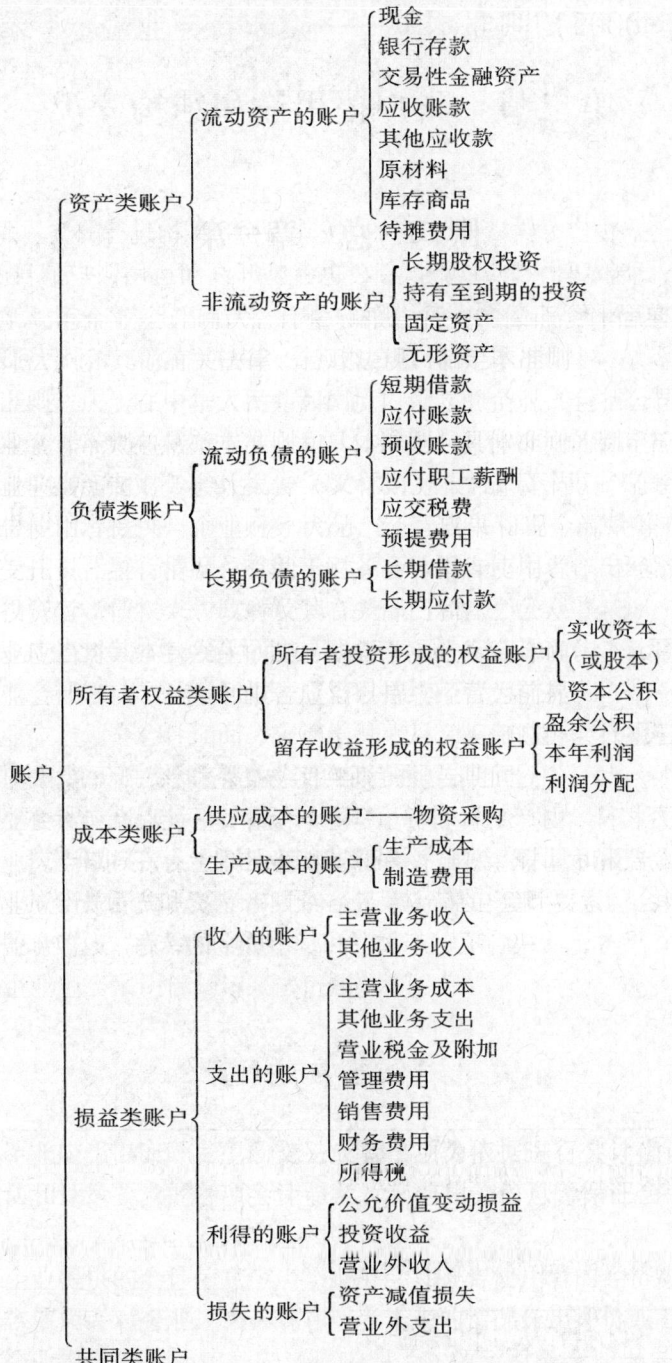

图 7-1 账户按经济内容分类

第二节　账户按用途和结构分类

账户除了按经济内容分类以外,还可以按其用途和结构进行分类。账户的用途,是指通过账户的记录,能够提供哪些核算指标,也就是开设和运用账户的目的。账户的结构,是指在账户中怎样记录经济业务内容,也就是账户借方、贷方登记什么内容,余额在哪一方。账户按用途和结构分类,把握所有在用途上的共同特点,以利于我们掌握账户的规律,正确地使用账户。

账户按其用途和结构可以分为十大类,即盘存账户、资本账户、结算账户、跨期摊配账户、成本计算账户、集合分配账户、收入账户、费用账户、财务成果账户和调整账户。

一、盘存账户

盘存账户是用来核算和控制各项财产物资和货币资金增减变化情况及其实有数额的账户,如"银行存款"、"固定资产"、"原材料"、"库存商品"、"现金"、"交易性金融资产"、"长期股权投资"等账户。

盘存账户的特点是:通过定期或不定期的实物盘点和核对账目,可以检查账户记录是否正确、账实是否相符。财产物资和货币资金的结存,一定是借方余额。如果出现贷方余额,则说明财产物资和货币资金的收发保管或账务处理上存在问题。

在借贷记账法下,盘存账户的借方反映各项财产物资和货币资金的增加;贷方反映它们的减少;余额在借方,反映各项财产物资和货币资金的结存。这类账户的结构如表7-1所示。

表7-1　盘存账户

借方	贷方
期初余额:期初各项财产物资或货币资金结存额	
发生额:本期各项财产物资或货币资金的增加额	发生额:本期各项财产物资或货币资金的减少额
期末余额:期末各项财产物资或货币资金的结存额	

二、资本账户

资本账户是用来核算和控制企业从各种渠道取得的投资、增加的资本以及内部形成的资本的增减变化及其实有数额的账户,如"实收资本"、"资本公积"、"盈余公积"等账户。

资本账户的特点是:由于资本账户反映企业投资人对企业净资产的所有权,所以这类账户的余额一定在贷方,而且总分类核算和明细分类核算都采用统一的货币计量单位,来反映其数额的增减变化和实有数额的情况。资本账户的贷方反映投资和积累的增加额;借方反映投资和积累的减少额;贷方余额反映投资和积累的结余额。这类账户的结构如表7-2所示。

表 7-2 资本账户

借方	贷方
发生额:本期投资人投资和积累的减少	期初余额:期初投资人投资和积累的实有额 发生额:本期投资人投资和累计的增加
	期末余额:期末投资和积累的结存额

三、结算账户

结算账户是用来核算和监督企业同其他单位或个人在经济往来中发生结算关系而产生的应收、应付款项的账户。应收款与应付款是两个性质相反的概念,应收款属于资产,应付款属于负债。因此,结算账户按其性质、用途和结构,又可分为资产结算账户和负债结算账户两类。

1. 资产结算账户

资产结算账户,又称债权结算账户。它是用来核算和控制企业同各个债务单位或个人之间的结算业务的账户,如"应收账款"、"预付账款"、"其他应收款"等账户。

资产结算户的借方反映各种应收款项的增加,表示债权的形成;贷方反映各种应收款项的减少,表示债权的偿清;余额在借方,表示应收而未收回的各种款项。这类账户的结构如表7-3所示。

表 7-3　资产结算账户

借方	贷方
期初余额：期初应收款项和预付款项的实有额	
发生额：本期应收款项和预付款项的增加额	发生额：本期应收款项和预付款项的减少额
期末余额：期末尚未收回的应收款项或尚未报销的预付款项的实有额	

2. 负债结算账户

负债结算账户，也称债务结算账户。它是用来核算和控制企业因购货或其他原因同债权单位或个人之间发生结算业务的账户，如"短期借款"、"应付账款"、"预收账款"、"其他应付款"、"应交税费"、"应付职工薪酬"、"长期借款"、"应付股利"等账户。

这类账户的贷方反映各种应付款项的增加，表示债务的形成；借方反映各种应付款项的减少，表示债务的清偿；余额在贷方，反映尚未偿还的应付款项。其结构如表 7-4 所示。

表 7-4　负债结算账户

借方	贷方
	期初余额：期初结欠的借款和应付款项，或尚未结算的预收款项
发生额：本期偿还的债务额	发生额：本期借入款项，应付款项或预收款项的增加额
	期末余额：期末尚未偿还的应付款和尚未结算的预收款项实有额

四、跨期摊配账户

跨期摊配账户是用来核算和控制应由各个时期共同负担的费用，并将这些费用在各个时期进行摊配的账户。跨期摊配账户的设置和运用，目的在于分清费用的发生期和归属期，以便正确计算成本和费用。该账户包括"待摊费用"和"预提费用"两个账户。

待摊费用账户是用来反映企业经济业务已发生或支付，但应在以后各期摊入费用的账户,从性质和内容看,它是一种资产类的账户。预提费用账户是用来反映企业某项费用已经提取,但尚未实际支付费用的账户,如制造费用,从性质和内容看,它是一种负债类的账户。

跨期摊配账户的特点是,"待摊费用"和"预提费用"两个账户虽然性质和内容完全不同,但在结构上却有相似之处:借方都反映费用的实际发生或支付;贷方反映费用的计提或摊配;借方余额属于资产类跨期摊配账户,贷方余额属于负债类跨期摊配账户。这类账户结构如表7-5所示。

表7-5 跨期摊配账户

借方	贷方
期初余额:期初尚未摊配完的已支出数额	发生额:费用实际支付数额
期初余额:期初尚未支付的预提费用数额	发生额:费用的摊配数额或费用预提数额
期末余额:已支付但尚未摊配的待摊费用数额	期末余额:已预提但尚未支付的预提费用数额

五、成本计算账户

成本计算账户是用来归集企业在生产经营过程中某一阶段所发生的全部费用,并据以确定该过程各个成本计算对象的实际成本的账户,如"物资采购"、"生产成本"等账户。

成本计算账户的特点是:成本计算账户的借方余额既表示尚未结束的某经营阶段上的成本计算对象的实际成本,又表示在这一阶段上尚未结束的成本计算对象的实际占用,如在途材料、在产品等。所以,成本计算账户也具有盘存账户的结构,起着盘存账户的作用。

成本账户的借方登记应计入成本计算对象的全部费用;贷方登记转出已结束某个阶段的成本计算对象的实际成本;余额在借方,表示尚未结束的某个阶段上成本计算对象的实际成本。这类账户的结构如表7-6所示。

表7-6 成本计算账户

借方	贷方
发生额:归集经营过程某个阶段所发生的全部费用额	发生额:结转已结束该阶段的成本计算对象的实际成本额
期末余额:尚未结束该阶段的成本计算对象实际成本额	

六、集合分配账户

集合分配账户是用来归集和分配生产经营中某个阶段所发生的应由多个成本计算对象共同负担的某种费用的账户。此类账户的结构是：借方登记各种费用的发生数；贷方登记按照一定标准分配计入各个成本计算对象的费用分配数；期末一般无余额。该类账户有"制造费用"账户，其结构如表7-7所示。

表7-7 集合分配账户

借方	贷方
发生额：本期各种费用的发生数	发生额：本期各种费用的分配数

七、收入及利得账户

收入及利得账户是用来核算和控制企业取得的各项收入及其累计数额的账户，如"主营业务收入"、"其他业务收入"、"营业外收入"、"投资收益"、"公允价值变动损益"等账户。

收入账户的特点是：贷方登记收入的增加，借方登记收入的减少或结转。由于企业通过收入账户归集的某一会计期间的收入，一般在当期要全部结转完毕，收入结转后，本类账户无期末余额。所以收入账户也是一种过渡性账户。这种账户的结构如表7-8所示。

表7-8 收入账户

借方	贷方
发生额：结转到财务成果账户上的收入数额	发生额：本期形成的各种收入数额

八、费用及损失账户

费用及损失账户是用来反映和控制企业在一定会计期间内所发生的应计入当期损益的

各种费用的账户。其账户结构是：借方登记当期费用发生的增加数；贷方登记当期费用发生的减少额，以及期末转入"本年利润"账户的费用发生数；期末结转后该类账户无余额。

属于费用类账户的有"主营业务成本"、"营业税金及附加"、"销售费用"、"管理费用"、"财务费用"、"营业外支出"、"资产减值损失"和"所得税"账户。这类账户的结构如表7-9所示。

表7-9　费用账户

借方	贷方
发生额：本期费用发生的增加数	发生额：本期费用发生的减少数以及期末转入"本年利润"的费用

九、财务成果账户

财务成果账户是用来计算并反映一定期间企业全部经营活动的最终成果，并确定企业利润或亏损数额的账户，如"本年利润"账户。

财务成果账户的特点是：年度内各期期末都有余额，贷方余额为利润，借方余额为亏损。年度终了，企业应将本年收入和支出相抵后结出的本年利润总额或亏损总额，全部转入"利润分配"账户。所以，本账户年初、年末均无余额。

财务成果账户的结构是：贷方登记各项经济活动的收入额；借方登记各项经营活动的费用和损失；余额为借贷两方发生额对比求得的差额，反映经营活动的最终财务成果。这类账户的结构如表7-10所示。

表7-10　财务成果账户

借方	贷方
发生额：汇集的各项期间费用和成本支出数额	发生额：汇集的各项收入
期末余额：期末累计亏损额	期末余额：期末累计利润额

十、调整账户

调整账户是为表示被调整账户的实际余额而设置的专用账户。将调整账户和被调整账户结合在一起，可以提供管理上所需要的信息资料。

在会计核算中，由于管理的要求或其他原因，既需要有关新的信息资料，又需要把一些账户记录的原始数字在账面上长期保存下来。这样，除原来反映原始数字的账户外，还需要另外设置一个用以调整原始数字的账户，将反映原始数字的账户与反映调整数字的账户相加或相减，以求得管理所需的实有数字。反映原始数字的账户，称为被调整账户；用以调整原始数字的账户，称为调整账户。

调整账户，按调整方式的不同可分为抵减账户、附加账户、抵减附加账户三种。

1. 抵减账户

它是用来抵减被调整账户余额以求得被调整账户的实际余额的账户。其调整方式是，用被调整账户的账面余额，减去抵减账户的账面余额，得出被调整账户的实际余额。因此，被调整账户的余额与抵减账户的余额一定是在相反的方向。按照被调整账户的性质，抵减账户又分为资产抵减账户和利润抵减账户两类。

（1）资产抵减账户。资产抵减账户是用来抵减某一资产账户的账面余额，以求得该资产账户实际余额的账户。例如，"累计折旧"账户就是一个典型的资产抵减账户，它与"固定资产"账户之间的关系，就是调整与被调整的关系。其相互关系和调整方式如表7-11所示。

表7-11 调整账户和被调整账户

固定资产 （被调整账户）		累计折旧 （抵减账户）	
借方	贷方	借方	贷方
余额：固定资产原始价值			余额：固定资产的累计折旧数额

固定资产原始价值 – 固定资产累计折旧 = 固定资产净值

从表7-11可以看出，"固定资产"账户和"累计折旧"账户结合在一起，既提供了固定资产原始价值信息，又提供了固定资产的磨损价值和净值信息，为企业了解掌握固定资产的新旧程度，了解企业的生产规模，以合理组织固定资产的使用和更新提供信息。

（2）利润抵减账户。利润抵减账户是用来抵减利润账户的账户余额，以求得该账户实际余额的账户。例如，"所得税"和"利润分配"账户就是典型的利润抵减账户，它们与"本年利润"账户之间的关系，就是调整与被调整的关系。其相互关系和调整方式如表7-12所示。

表 7-12

本年利润		
借方	（被调整账户）	贷方
	余额：本年利润累计数额	

所得税		
借方	（抵减账户）	贷方
	余额：已计提的所得税	

利润分配		
借方	（抵减账户）	贷方
	余额：已分配的利润数	

$$本年利润累计 - 已计提的所得税 = 净利润$$
$$净利润 - 利润分配 = 未分配利润$$

从表 7-11 可以看出，"所得税"账户和"利润分配"账户配合"本年利润"账户，从不同的角度提示了企业财务成果及分配的情况，既反映了利润总额信息，又反映了净利润的形成和未分配利润情况，为企业制定利润完成计划和考核利润完成情况提供了信息资料。

除上述账户外，用作抵减账户还有"坏账准备"、"存货跌价准备"、"固定资产减值准备"、"无形资产减值准备"等。这些将留待专业会计介绍。

2. 附加账户

附加账户是用来增加调整账户的余额，以求得被调整账户的实际余额的账户。其调整方式，可用下列计算公式表示：

$$被调整账户余额 + 附加账户 = 被调整账户实际余额$$

因此，被调整账户与附加账户一定是相同的方向。被调整账户的余额在借方，附加账户的余额也在借方；被调整账户的余额在贷方，附加账户的余额也在贷方。这类账户在实际运用中不多见，所以不再举例。

3. 抵减附加账户

抵减附加账户是以抵减或附加的方式来调整被调整账户的账面余额，以确定其实有数额的账户。抵减附加账户的余额与被调整账户的余额方向相反时，起抵减作用，其调整方式与抵减账户相同；当抵减附加账户的余额与被调整账户的余额在同一方向时，起附加作用，其调整方式与附加账户相同。工业企业设置的"材料成本差异"账户，就是一典型的抵减附加账户。

账户按用途和结构的分类如图 7-2 所示。

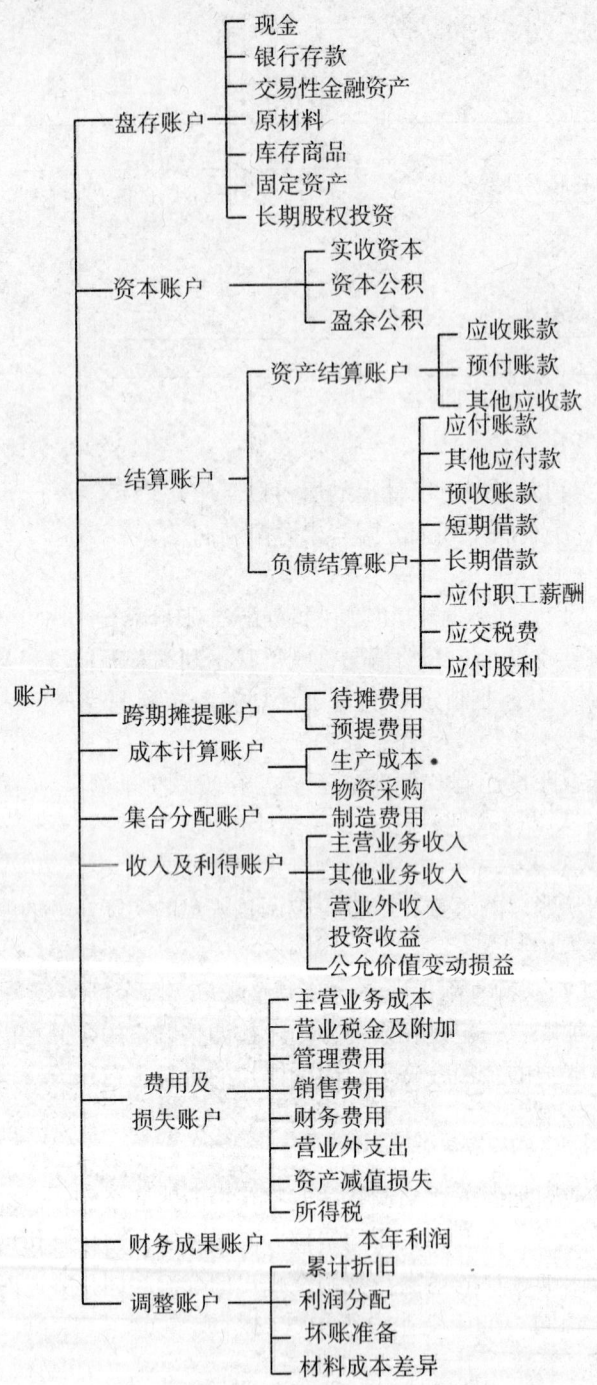

图 7-2 账户按用途和结构分类

为了更好地理解和掌握、运用账户，了解两种分类之间的联系，现将上述两种账户分类进行列表对比，如表7-3所示。

表7-3 两种账户分类的联系

按用途和结构分类 \ 按经济内容分类	资产账户	负债账户	所有者权益账户	成本账户	损益账户
盘存账户	现金 银行存款 原材料 库存商品 固定资产				
资本账户			实收资本 资本公积 盈余公积		
结算账户	应收账款 预付账款 其他应收款	应付账款 预收账款 短期借款 长期借款 应付职工薪酬 应交税费 应付股利			
跨期摊配账户	待摊费用	预提费用			
成本计算账户				物资采购 生产成本	
集合分配账户				制造费用	
收入及利得账户					主营业务收入 其他业务收入 营业外收入 投资收益 公允价值变动损益
费用及损失账户					主营业务成本 其他业务支出 营业税金及附加 管理费用 销售费用 财务费用 营业外支出 所得税 资产减值损失
财务成果账户			本年利润		
调整账户	累计折旧 坏账准备 材料成本差异		利润分配		

习题七

一、判断题（如不对，请说明理由。）

1. 企业大多数收付业务是通过银行结算的，因此"银行存款"账户属于结算账户。
（　　）
2. "待摊费用"与"预提费用"一样，都属于跨期摊配账户。（　　）
3. "应付账款"账户属于调整账户。（　　）

二、选择题（单选或多选）

1. "累计折旧"账户按其经济内容分类，属于（　　）。
   A. 资产账户　　　　　　　　B. 调整账户
   C. 费用成本账户　　　　　　D. 负债账户
2. 调整账户的余额与被调整账户的余额在不同方向时，属于（　　）。
   A. 附加账户　　　　　　　　B. 抵减账户
   C. 结算账户　　　　　　　　D. 抵减附加账户
3. "待摊费用"账户的借方期末余额表示（　　）。
   A. 已经分摊及尚未支付的费用
   B. 已经支付尚未分摊的费用
   C. 已经支付并且已经分摊的费用
   D. 已经预提而尚未支付的费用
4. 下列账户中，属于抵减账户的是（　　）。
   A. 本年利润账户　　　　　　B. 累计折旧账户
   C. 应付职工薪酬账户　　　　D. 固定资产账户
5. 账户按经济内容分类时，（　　）既属于资产类账户，又属于成本类账户。
   A. 财务费用账户　　　　　　B. 应交税费账户
   C. 物资采购账户　　　　　　D. 库存商品账户
6. 下列账户中，属于集合分配账户的是（　　）。
   A. 制造费用　　　　　　　　B. 管理费用
   C. 待摊费用　　　　　　　　D. 预提费用

三、简答题

1. 账户按经济内容的不同可分为哪几大类？
2. 账户按用途和结构的不同可分为哪几大类？
3. 跨期摊配账户有什么特点？
4. 什么是抵减账户？如何分类？每类各有什么特点？

第八章 会计凭证

第一节 会计凭证概述

一、会计凭证的意义

在会计核算中,编制会计分录是一项重要工作,它为登记账户提供依据。那么,编制和确定会计分录又是依据什么呢?简而言之,会计分录是以记录所发生的经济业务事项的原始凭证为依据,并以编制记账凭证的形式来确定的会计分录。根据会计凭证的上述内容、性质和作用,会计凭证的定义是:会计凭证是记录经济事项的发生和完成情况,明确经济责任,并作为记账依据的书面证明。

任何一个企业、单位,对所发生的每一项经济业务事项都必须按照规定的程序和要求,由经办人员填制或取得会计凭证。填制、取得和审核会计凭证,是会计核算工作的开始,也是对经济业务事项进行日常监督的重要环节。做好会计凭证的填制、取得和审核工作,对提高会计核算质量和管理水平,具有十分重要意义。

(1) 通过填制和审核会计凭证,可以及时、正确地反映各项经济业务的发生与完成情况。任何单位的经济业务,如有关负债、所有者权益的增加或减少,有关财产物资的收、支、结存情况,费用的支出、收入,成果的形成及分配情况等等,都可以通过填制会计凭证加以全面记录,并加以系统的分类与汇总。由于日常发生的大量的经济业务是首先通过会计凭证加以如实反映的,从而使会计凭证成为反映各单位经济活动的业务档案,为日后对经济活动进行会计分析和会计检查提供必要的原始资料。

(2) 通过填制和审核会计凭证,可以监督和检查各项经济业务是否合法、合规、合理,有利于保护企业财产的安全与合法使用,任何单位发生财产的收发、现金的收付、款项的结算、费用的开支等,都必须及时填制或取得会计凭证,以反映经济活动的情况。通过审核会计凭证,可以查明所发生的各项经济业务是否符合有关政策、法令、制度、计划和预算的规定,可以检查有无铺张浪费、违法乱纪等行为,从而严肃财经纪律,发挥会计的监督作用。

(3) 通过会计凭证的填制和审核，可以加强经营管理和责任制。由于每一笔经济业务都要由经办人员和有关部门办理填制或者取得凭证手续，使这些经办人员和部门对经济业务的合法性和真实性负有责任。这样，就能促使经办业务的部门人员认真负责，严格按照政策、法令和制度办事。同时，可以及时发现经济管理上存在的问题和各项管理制度上的漏洞，从而加强内部监督、改进工作。

(4) 通过会计凭证的填制审核，可以为登记账簿提供正确的依据，有利于做好登记账簿的工作。由于经济业务复杂多样，为反映这些经济业务而填制的原始凭证也复杂多样。根据经过审核无误的原始凭证，并按一定的标准、方法进行分类，填制记账凭证，有利于记账工作，及保证账簿记录的正确性。

二、会计凭证的种类

会计凭证按其填制的程序和用途不同可以分为原始凭证和记账凭证。

第二节 原始凭证

一、原始凭证的分类

原始凭证是在经济业务发生时取得或填制的，用以记录经济业务的发生或完成情况的最初书面证明。各企业单位发生下列事项时，必须取得或者填制原始凭证，并及时送交会计机构：

(1) 款项和有价证券的收付。
(2) 财物的收发、增减和使用。
(3) 债权债务的发生和结算。
(4) 资本、基金的增减。
(5) 收入、支出、费用、成本的计算。
(6) 财务成果的计算和处理。
(7) 其他需要办理会计手续、进行会计核算的事项。

原始凭证按其取得的来源不同，可以分为自制原始凭证和外来原始凭证。

1. 自制原始凭证

自制原始凭证是指由本单位经济业务的部门或个人，在办理某经济业务时自行填制的凭证。自制原始凭证按其填制手续和反映业务的方法不同，分为一次凭证、累计凭证和汇总凭证。

（1）一次凭证。是指凭证的填制手续是一次完成的，用以记录一项或者若干项同类性质的经济业务的凭证，如现金收据、收料单等。格式如表8-1所示。

表8-1　收　料　单

200×年×月×日

供货单位：××钢厂　　　　　　　　　　　　　　　　　　凭证编号：00038
发票编号：008465　　　　　　　　　　　　　　　　　　　收料仓库：1号仓

材料编号	材料名称	规格	单位	数量		实际成本				计划成本	
				应收	实收	购价		运杂费	合计	单价	金额
						单价	金额				
0205	圆钢	18毫米	公斤	5 000	5 000	4.50	22500	500	23000	4.30	21500

供应部负责人：　　　　仓库员：　　　　收料员：　　　　采购员：

（2）累计凭证。是指一定时期内连续记录若干项同类经济业务的凭证。这类凭证的填制手续不是一次完成的，而是随着经济业务的发生多次进行，如"限额领料单"就是累计凭证。在限额领料单中，注明某种材料在规定日期内的领用限额。每次领料或退料时，在凭证上逐笔登记，并随时结出限额的余额，到期末结算实际领用的数量和金额。限额领料单有利于事先控制材料的使用量，可以减少凭证数量和简化凭证填制手续。格式如表8-2所示。

表 8-2　限额领料单

材料类别：黑色金属　　　　　　　　　　　　　　　发料仓库：1 号仓
领料单位：三车间
用　　途：A　　　　　　　　　　　　　　　　　　产品编号：006

材料编号	材料名称及规格	计量单位	本月领用限额	计划单位成本	备注		
0205	圆钢 18 毫米	公斤	3000	4.30			
日期	实发		发料人签名盖章	领料人签名盖章	限额结余	退库	
	数量	金额				数量	领料单编号
2	1 000	4 300	×××	×××	2 000		
12	900	3 870	×××	×××	1 100		
22	1 000	4 300	×××	×××	100		
合计	2 900	12 470					

供应部负责人：　　　　　生产计划部门负责人：　　　　　仓库：

(3) 汇总凭证。亦称为原始凭证汇总表，是根据一定时期内，若干反映同类经济业务的原始凭证汇总编制而成的原始凭证，如收料凭证汇总表、发料凭证汇总表等。

2. 外来原始凭证

外来原始凭证是指在同外单位发生经济往来关系时，从外单位取得的凭证。外来原始凭证都是一次凭证，如增值税专用发票、银行收账通知等。格式如表 8-3 所示。

第八章 会计凭证

表8-3 增值税专用发票

开票日期：20××年12月10日　　　　　　　　　　　　　　　　　No：3919351

购货单位	名称	大华百货公司			纳税人登记号					111223							第二联记账联购货方记账
	地址、电话	6001000			开户银行及账号					工商银行上地支行55							
商品及劳务名称	计算单位	数量	单价	金　额						税率(%)	税　额						
				百	十	万	千	百	十	元	角	分		百	十	万	千	百	十	元	角	分	
甲商品	件	50	20			1	0	0	0	0	0		17				1	7	0	0	0	
合计				¥		1	0	0	0	0	0			¥			1	7	0	0	0	
价税合计（大写）				零佰零拾零万壹仟壹佰柒拾零元零角零分									¥1170									
销货单位	名称	红光公司			纳税人登记号					012345							
	地址、电话	6666111			开户银行及账户					合作银行四道口支行34							

收款人：×××　　　　　　　　　　　　　　　　　　　开票单位（未盖章无效）

现将原始凭证的分类情况，以图8-1列示如下：

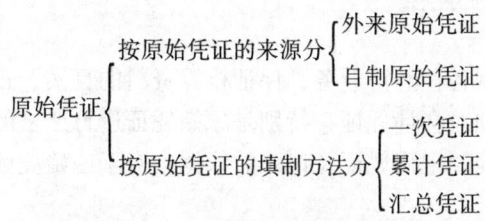

图8-1 原始凭证的分类

二、原始凭证填制的基本要求

各种原始凭证反映的情况和数据是进行会计核算的最原始资料。为了保证整个会计核算资料的真实、正确和及时，原始凭证的填制必须做到记录真实、内容完整、书写清楚、填制及时等要求。具体要做到：

（1）原始凭证的内容必须具备：凭证的名称；填制凭证的日期；填制凭证单位名称或者填制人姓名；经办人员的签名或者盖章；接受凭证单位名称；经济业务内容；数量、

单价和金额。

（2）从外单位取得的原始凭证，必须盖有填制单位的公章；从个人取得的原始凭证，必须有填制人员的签名或者盖章。自制原始凭证必须有经办单位领导人或者其指定的人员签名或者盖章。对外开出的原始凭证，必须加盖本单位公章。

（3）凡填有大写和小写金额的原始凭证，大写与小写金额必须相符。购买实物的原始凭证，必须有验收证明。支付款项的原始凭证，必须有收款单位和收款人的收款证明。

（4）一式几联的原始凭证，应当注明各联的用途，只能以一联作为报销凭证。一式多联的发票和收据，必须用双面复写纸（发票和收据本身具备复写纸功能的除外）填写，并连续编号。作废时应当加盖"作废"戳记，连同存根一起保存，不得撕毁。

（5）发生销货退回的，除填制退货发票外，还必须有退货验收证明；退款时，必须取得对方的收款收据或者汇款银行的凭证，不得以退货发票代替收据。

（6）职工公出借款凭据，必须附在记账凭证之后。收回借款时，应当另开收据或者退还借据副本，不得退还原借款收据。

（7）经上级有关部门批准的经济业务，应当将批准文件作为原始凭证附件。如果批准文件需要单独归档的，应在凭证上注明批准机关名称、日期和文件字号。

（8）原始凭证不得涂改、刮擦挖补。发现原始凭证有错误的，应由开出单位重开或者更正，更正处应当盖开出单位的公章。

三、原始凭证的审核

为了正确核算和控制各种经济业务，保证核算资料的真实、正确和合法，财会部门和经办业务的有关部门必须对会计凭证，特别是原始凭证进行严格的审核。只有经审核无误的原始凭证，才能作为编制记账凭证及记账的依据。对于原始凭证，主要审查以下两方面的内容：

（1）审核原始凭证所反映的经济业务的合理性和合法性。这主要是以有关政策、法令、制度以及计划、合同等为依据，审核凭证所记录的经济业务是否符合有关规定，有无违法乱纪行为，是否符合节约的原则，是否符合计划的要求，是否符合有关费用的开支标准等。

（2）审核原始凭证的内容和填制手续是否符合规定的要求。这主要是审核原始凭证是否具备合法凭证所必须具备的内容。

第三节 记账凭证

一、记账凭证的含义和分类

记账凭证是对经济业务事项按其性质加以归类，确定会计分录，并据以登记会计账簿的凭证。

在实际工作中，由于原始凭证来自不同的单位，种类繁多，数量庞大，格式大小不一，不便于填列应借、应贷的会计科目和金额，不便于记账和查账。为了便于登记账簿，需要将原始凭证加以归类、整理，填制具有统一格式的记账凭证，确定会计分录并将相关的原始凭证附在记账凭证后面。这样不仅简化了记账工作，避免记账发生差错，还有利于原始凭证的保管，便于对账和查账，提高会计工作质量。所以，记账凭证具有分类归纳原始凭证和满足登记会计账簿需要的作用。

在不同类型的企业单位中，因经济业务事项的内容和繁简程度的不同，分别适用不同种类的记证凭证。按照不同的分类标准，大体上有以下几种类型的记账凭证：

记账凭证按其适用的经济业务不同，可以分为专用记账凭证和通用记账凭证两类。

1. 专用记账凭证

专用记账凭证是专门用于记录某一类经济业务的记账凭证。按其所记录的经济业务是否与现金、银行存款收付有关，又分为收款凭证、付款凭证和转账凭证三种。

（1）收款凭证。收款凭证是用来记录现金和银行存款收入业务的记账凭证，是根据有关现金和银行存款收入的原始凭证填制的。收款凭证又可分为现金收款凭证和银行存款收款凭证两种。即根据现金收入业务的原始凭证填制的收款凭证，称为现金收款凭证；根据银行存款收入业务的原始凭证填制的收款凭证，称为银行存款收款凭证。

（2）付款凭证。付款凭证是用来记录现金和银行存款付出业务的记账凭证，是根据有关现金和银行存款付出业务的原始凭证填制的。付款凭证又可分别根据现金和银行存款付出业务的原始凭证，填制现金付款凭证和银行存款付款凭证。

（3）转账凭证。转账凭证是用来记录与现金、银行存款无关的转账业务的凭证，是根据有关转账业务（即在经济业务发生时，不需要收付现金和银行存款的各项业务）的原始凭证填制。

2. 通用记账凭证

通用记账凭证是以一种格式记录全部经济业务的记账凭证，而不再分为收款凭证、付款凭证和转账凭证。

记账凭证按其填制方式的不同，可分为复式记账凭证和单式记账凭证两种。

1. 复式记账凭证

它是指将一项经济业务所涉及的会计科目集中填在一张记账凭证中的凭证。复式记账凭证可以集中反映账户对应关系，便于了解有关经济业务的全貌，同时也可减少凭证的数量，但不便于汇总每一会计科目的发生额。收款凭证、付款凭证和转账凭证都属于复式记账凭证。

2. 单式记账凭证

它是将一项经济业务所涉及的每一个会计科目分别填制记账凭证，每张记账凭证只填列一个会计科目的凭证。单式记账凭证便于汇总每一会计科目的发生额，但填制工作量大，不能在一张凭证上反映经济业务的全貌，不便于查账。

记账凭证的分类情况，如图8-2所示。

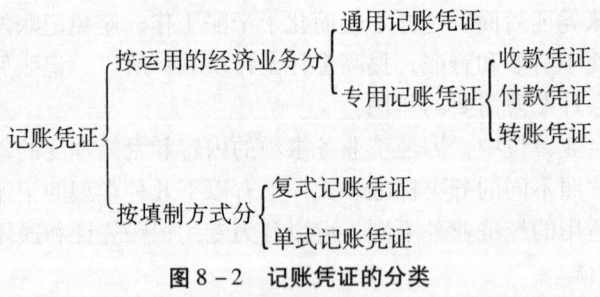

图8-2 记账凭证的分类

二、记账凭证填制的基本要求

记账凭证是登记账簿的依据，填制各种记账凭证都必须符合下列基本要求：

（1）记账凭证的内容必须具备：填制凭证的日期；凭证编号；经济业务摘要；会计科目；金额；所附原始凭证张数；填制凭证人员、稽核人员、记账人员、会计机构负责人、会计主管人员签名或者盖章。收款和付款记账凭证还应当由出纳人员签名或者盖章。以自制的原始凭证或者原始凭证汇总表代替记账凭证的，也必须具备记账凭证应有的项目。

（2）填制记账凭证时，应当对记账凭证进行连续编号。一笔经济业务需要填制两张以上记账凭证的，可以采用分数编号法编号，如$5^1/_2、5^2/_2$。

（3）记账凭证可以根据每张原始凭证填制或者根据若干张同类原始凭证汇总填制，也可以根据原始凭证汇总表填制。但不得将不同内容和类别的原始凭证汇总填制在一张记账凭证上。

(4) 手工操作条件下，除结账和更正错误的记账凭证可以不附原始凭证外，其他记账凭证必须附有原始凭证。如果一张原始凭证涉及几张记账凭证，可以把原始凭证附在一张主要的记账凭证后面，并在其他记账凭证上注明附有该原始凭证的记账凭证的编号或者附原始凭证复印件。

一张原始凭证所列支出需要几个单位共同负担的，应当将其他单位负担的部分，开给对方原始凭证分割单，进行结算。原始凭证分割单必须具备原始凭证的基本内容：凭证名称、填制凭证日期、填制凭证单位名称、经济业务内容、数量、单价、金额和费用分摊情况等。

(5) 如果在填制记账凭证时发生错误，应当重新填制。已经登记入账的记账凭证，在当年内发现填写错误时，可以用红字填写一张与原内容相同的记账凭证，在摘要栏注明"注销某月某日某号凭证"字样，同时再用蓝字重新填制一张正确的记账凭证，注明"订正某月某日某号凭证"字样。如果会计科目没有错误，只是金额错误，也可以将正确数字与错误数字之间的差额，另编一张调整的记账凭证，调增金额用蓝字，调减金额用红字。发现以前年度记账凭证有错误的，应当用蓝字填制一张更正的记账凭证。

(6) 记账凭证填制完经济业务事项后，如有空行，应当自金额栏最后一笔金额数字下的空行处至合计数上的空行处划线注销。

(7) 阿拉伯数字应当一个一个地写，不得连笔写。阿拉伯金额数字前面应书写货币币种符号或者货币名称简写和币种符号。币种符号与阿拉伯金额数字之间不得留有空白。凡阿拉伯数字前写有币种符号的，数字后面写货币单位。

所有以元为单位（其他货币种类为货币基本单位，下同）的阿拉伯数字，除表示单价等情况外，一律填写到角分；无角分的，角位和分位可写"00"，或者符号"——"；有角无分的分位应当写"0"，不得用符号"——"代替。

汉字大写数字金额如零、壹、贰、叁、肆、伍、陆、柒、捌、玖、拾、佰、仟、万、亿等，一律用正楷或者行书体书写，不得用0、一、二、三、四、五、六、七、八、九、十等简化字代替，不得任意自造简化字。大写金额数字到元或者角为止的，在"元"或者"角"字之后应写"整"字或者"正"字；大写金额数字有分的，分字后不写"整"或者"正"字。

大写金额数字前未印有货币名称的，应当加填货币名称；货币名称与金额数字之间不得留空白。

阿拉伯金额数字中间有"0"时，汉字大写金额要写"零"字；阿拉伯数字金额中间连续有几个"0"时，汉字大写金额中可以只写一个"零"字；阿拉伯金额数字元位是"0"，或者数字中间连续有几个"0"、元位也是"0"但角位不是"0"时，汉字大写金额可以只写一个"零"字，也可以不写"零"字。

(8) 实行会计电算化的单位，采用的机制记账凭证应当符合记账凭证一般要求，打印出来的机制记账凭证要加盖有关人员印章或签字,以加强审核、明确责任。

三、记账凭证的填制方法

(一) 专用记账凭证的填制方法

专用记账凭证包括收款凭证、付款凭证和转账凭证,下面分述在借贷记账法下专用凭证的填制方法。

1. 收款凭证的填制方法

收款凭证是用来记录现金和银行存款收款业务的凭证,是会计人员根据审核无误的原始凭证填制的。其格式和填制方法举例如下:

【例1】某公司20××年12月4日销售乙产品5件,增值税专用发票上注明商品价款1800元,增值税销项税款306元。收到购货单位开出金额为2 106元的转账支票一张。填制银行存款收款凭证的格式与内容如表8-4所示:

表8-4 专用记账凭证(一)

收 款 凭 证

借方
科目 银行存款   20××年12月4日   银收字第6号

摘 要	贷方总账科目	明细科目	记账符号	金额							
				千	百	十	万	千	百	十	元	角	分
销售乙产品5件	主营业务收入	乙产品						1	8	0	0	0	0
	应交税金	应交增值税							3	0	6	0	0
合计								¥	2	1	0	6	0	0

附单据×张

财务主管   记账   出纳   审核   制单

收款凭证的填制方法是:凭证左上角"借方科目"处,按照业务内容选填"银行存款"或"现金"科目;凭证上中方的"年、月、日"处,填写财会部门受理经济业务事项凭证的日期;凭证右上角的"字第_____号"处填写"银收"或"收"字和已填制凭证的顺序编号;"摘要"栏填写能反映经济业务性质和特征的简要说明;"贷方总账科目"

和"明细科目"栏填写与银行存款或现金收入相对应的总账科目及其明细科目;"金额"栏填写与同一行科目对应的发生额;"合计栏"填写各发生额的合计数;凭证右边"附单据×张"处需要填写所附原始凭证的张数;凭证下边分别由相关人员签字或盖章;"记账符号"栏则应在已经登记账账簿后划"√"符号,表示已经入账,以免发生漏记或重记错误。

2. 付款凭证的填制方法

付款凭证是用来记录现金、银行存款付款业务的凭证,是会计人员根据审核无误的原始凭证填制的。其格式及填制方法举例如下:

【例2】某公司20××年12月5日支付职工李丁预借差旅费300元。

表8-5 专用记账凭证(二)

付 款 凭 证

贷方科目 现金　　　　　　　20××年12月5日　　　　　　　现付字第2号

摘要	借方总账科目	明细科目	记账符号	金额									附单据×张
				千	百	十	万	千	百	十	元	角	分
李丁借差旅费	其他应收款	李丁						3	0	0	0	0	
合计								¥3	0	0	0	0	

财务主管　　　　记账　　　　　　出纳　　　　　　审核　　　　　制单

付款凭证的格式及填制方法与收款凭证基本相同,只是将凭证的"借方科目"与"贷方科目"栏目交换位置;填制时先填"贷方科目"的"现金"或"银行存款"科目,冉填写作为与付出现金或银行存款相对应的总账科目和明细科目。

使用收款凭证和付款凭证记录涉及收、付款项的业务时,应注意若发生现金与银行存款之间的收付款业务,如从银行提取现金,或将现金存入银行,均只须填制付款凭证,以避免重复作账务处理。

【例3】20××年12月24日从银行提取现金800元备用。只填制银行存款付款凭证,如表8-6所示:

表 8-6 付 款 凭 证

贷方
科目 银行存款　　　　　　　　　20××年12月24日　　　　　　　　银付字第38号

摘 要	借方总账科目	明细科目	记账符号	金额 千 百 十 万 千 百 十 元 角 分	
提现金备用	现金			8 0 0 0 0	附单据1张
合计				¥　　8 0 0 0 0	

财务主管　　　　　记账　　　　　　出纳　　　　　　　审核　　　　　　制单

【例4】20××年12月25日将1200元现金送存银行。只填制现金付款凭证，如表8-7所示：

表 8-7 付 款 凭 证

贷方
科目 现金　　　　　　　　　　　20××年12月25日　　　　　　　　现付字第15号

摘 要	借方总账科目	明细科目	记账符号	金额 千 百 十 万 千 百 十 元 角 分	
将现金存入银行	银行存款			1 2 0 0 0 0	附单据1张
合计				¥　　1 2 0 0 0 0	

财务主管　　　　　记账　　　　　　出纳　　　　　　　审核　　　　　　制单

收款凭证和付款凭证是记账人员登记日记账和有关分类账及明细账的依据，同时又是出纳人员收款、付款的依据。因此，出纳人员必须根据由会计主管人员审定的收款凭证和付款凭证办理收款、付款业务，借以通过会计人员填制、审核收款凭证和付款凭证，监督企业单位的现金、银行存款的收付业务，加强对货币资金的管理。

3. 转账凭证的填制方法

转账凭证是根据不涉及现金和银行存款的转账业务的原始凭证填制的。其格式及填制

方法举例如下:

【例5】某公司20××年12月8日从B工厂购入甲材料一批,增值税专用发票上注明价款5000元,增值税进项税额850元。材料已验收入库,货款尚未支付。会计人员根据审核无误的原始凭证填制转账凭证,其格式及内容如表8-8所示。

表8-8 专用记账凭证(三)

20××月12日8日　　　　　　　　　　　　　　　　转字第3号

摘要	总账科目	明细科目	√	借方金额 千 百 十 万 千 百 十 元 角 分	√	贷方金额 千 百 十 万 千 百 十 元 角 分	
购入甲材料,款未付	原材料	甲材料		5 0 0 0 0 0			附单据X张
	应交税费	应交增值税		8 5 0 0 0			
	应付账款	B工厂				5 8 5 0 0 0	
合　　计				¥ 5 8 5 0 0 0		¥ 5 8 5 0 0 0	

会计主管　　　　记账　　　　出纳　　　　审核　　　　制单

转账凭证的格式与收、付款凭证不同处在于:凭证左上角不设主体科目(或称设证科目),而将经济业务的对应科目按先借后贷的顺序全部填入"总账科目"和"明细科目"栏目,并通过将各科目金额按记账方向填入相应的"借方金额"或"贷方金额"来确定科目间的对应关系。转账凭证其他栏目的填写方法与收、付款凭证相同。

(二)通用记账凭证的填制方法

在实际工作中,规模小、经济业务少的单位,可以使用格式单一的通用凭证,以简化凭证形式。通用记账凭证的格式和填制方法与转账凭证相同。如某小型公司20××年12月18日以现金535元购买办公用品。据审核无误的原始凭证填制通用记账凭证,其格式与内容如表8-9所示。

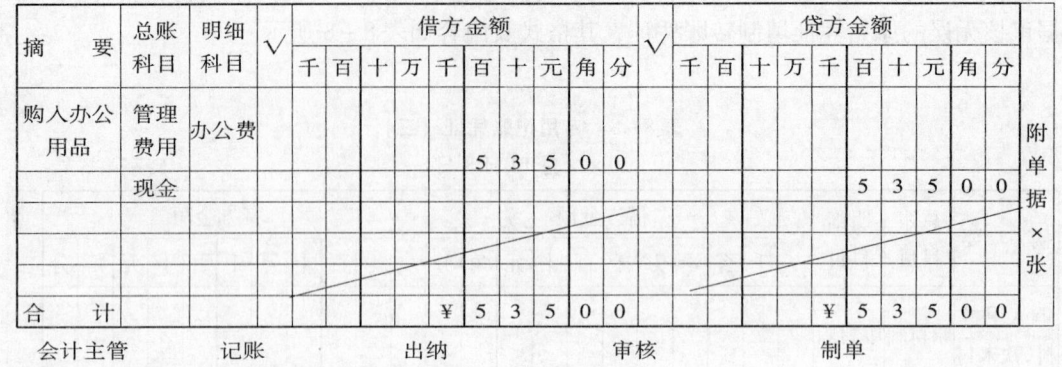

表8-9 通用记账凭证

四、记账凭证的审核

记账凭证是登记账簿的依据。为了确保账簿记录的真实性、正确性，必须对记账凭证进行认真的审核。审核的主要内容包括以下几个方面：

（1）记账凭证是否附有原始凭证，所附原始凭证是否齐全、是否已审核无误、记录的内容是否与所附原始凭证的内容相符。

（2）应借、应贷的会计科目是否与会计制度的规定相符，账户的对应关系是否正确，金额是否正确，摘要填写是否清楚。

（3）记账凭证的各个项目填列是否齐全。

（4）有关人员是否签名盖章。

第四节 会计凭证的传递与保管

一、会计凭证的传递

会计凭证的传递，是指会计凭证从编制时起到归档保管时止在本单位内部各有关部门和人员之间的传递程序和传送时间。各种经济业务的性质不同，经办各项业务的部门和人员以及办理凭证手续所需要的时间也不一样。因此，各单位会计凭证传递的基本方法，可根据会计财务的需要自行规定，力求传递的程序科学、合理、及时。对于经常发生的、需要有关部门共同办理的主要经济业务，明确规定凭证传递的程序时间，不仅可以及时地核算和控制经济业务的完成情况，而且可以促使经办业务的部门和人员及时、正确地完成经济业务和办理凭证手续，从而可以加强经营管理上的责任制。例如，对于材料收入业务的凭证传递，应该明确规定材料运到企业后需要多少时间验收入库，由谁负责填制收料单，在何时将收料单送到会计部门及其他有关部门；会计部门收到的收料单由谁进行审核，由谁编制记账凭证和登记账簿，由谁负责整理和保管凭证，等等。这样，就可以把材料收入业务从验收入库时起到登记入账时止的全部工作，在本单位内部进行分工协作、共同完成。合理组织会计凭证的传递，可以将本单位内部各有关部门和有关人员的活动紧密联系起来，协调各方面的行为，搞好分工协作，使正常的经济活动得以实现，并且还能使经办业务的有关部门和有关人员之间形成一种相互牵制、相互督促的关系，从而督促经办业务的有关部门和人员及时正确地完成各自承办的工作和各项经济业务。

为了正确组织会计凭证的传递，应当注意下述两个问题：

（1）应正确根据每项经济业务的特点、内部机构和人员分工情况以及经营管理的需要，恰当规定会计凭证经过的必要环节，并据以恰当规定会计凭证的分数，做到既要使各有关部门能了解经济业务的情况，及时办理凭证手续，又要避免凭证传递经过不必要的环节，以利于提高工作效率。

（2）要根据各个环节办理经济业务所必需的时间，合理规定凭证在各个环节停留的时间，以确保凭证及时传递。

二、会计凭证的整理

会计凭证的整理是指各种记账凭证在办完各项业务手续，并据以记账以后，须由会计人员定期清点、整理和分类的程序和方法。整理的程序和方法是：

（1）每月记账完毕后，会计人员应将本月各种记账凭证加以整理，检查有无缺号以及附件是否齐全。

（2）在确认记账凭证和所附原始凭证完整无缺后，将凭证折叠整齐，按凭证编号的顺序，加上封面、封底，装订成册，并在装订线上加贴封签。

（3）装订成册的封面上写明单位名称和会计凭证的名称，还要填写此册记账凭证所包含的经济业务事项发生的年、月，凭证的起止号码和起止日期，以及记账凭证和原始凭证的张数等。为慎重起见，在会计凭证的封面上应加盖单位负责人和财务负责人的印章，装订人应在装订线封签处签名或盖章。会计凭证封面格式如表8-10所示。

表 8-10　会计凭证封面

年月份第册	（企业名称） 　　　　年　　　月份　　共　　　册第　　册 收款 　　　付款　　凭证第　　号至第　　号共　　张 转账 　　　　　　附：原始凭证共　　张 会计主管　　（签章）　　保管　　（签章）

如果某些记账凭证所附的原始凭证张数较多，如收、发料单，也可以把这些原始凭证单独保管。在封面上注明记账凭证的日期、编号、种类，同时在有关记账凭证上注明"附件另订"和原始凭证名称及编号。

三、会计凭证的保管

会计凭证是重要的经济资料和会计档案的重要内容。每个单位的会计机构、会计人员要妥善保管会计凭证，做到以下几点：

（1）会计凭证登记完毕后，应按照分类编号顺序保管，不得散乱丢失。

（2）对于数量过多的原始凭证，可以单独装订保管，在封面上注明记账凭证日期、编号、种类，同时在记账凭证上注明"附件另订"和原始凭证名称及编号。

（3）各种经济合同、存出保证金收据以及涉外文件等重要原始凭证，应当另编目录，单独登记保管，并在有关的记账凭证和原始凭证上相互注明日期和编号。

（4）原始凭证不得外借。其他单位如因特殊原因需要使用原始凭证时，经本单位会计机构负责人、会计主管人员批准，可以复制。向外单位提供的原始凭证复制件，应当在专设的登记簿上登记，并由提供人员和收取人员共同签名或者盖章。

（5）从外单位取得的原始凭证如有遗失，应当取得原开出单位盖有公章的证明，并注明原来凭证的号码、金额和内容等，由经办单位会计机构负责人、会计主管人员和单位领导人批准后，才能代作原始凭证。如果确实无法取得证明的，如火车、轮船、飞机票等凭证，由当事人写出详细情况，由经办单位会计机构负责人、会计主管人员和单位领导人批准后，代作原始凭证。

对保管期满的会计凭证，应按照档案管理办理的规定，由财会部门和档案部门共同鉴定，开列清单按照程序办理审批手续，经批准后方可销毁。

习题八

一、判断题

1. 外来原始凭证是指从外单位取得的凭证，包括一次凭证和累计凭证。（ ）
2. 现金与银行存款之间相互划转的业务，既可填制付款凭证，又可填制收款凭证。
（ ）
3. 会计人员可以根据本企业的实际情况，在记账凭证中改变会计科目的名称和核算内容。（ ）
4. 会计凭证一般不得外借；保管期满，可按档案管理方法办理审批手续，经批准后方可销毁。（ ）

二、选择题（单项或多项）

1. 用以办理业务手续，记载业务发生或完成情况，明确经济责任的会计凭证是（ ）。
   A. 原始凭证　　B. 记账凭证　　C. 收款凭证　　D. 付款凭证
2. 收付款凭证适用于（ ）。
   A. 转账业务　　　　　　　　　B. 货币资金的收付款业务联系
   C. 应收、应付款业务　　　　　D. 成本、费用结转业务
3. 下列单据中，属原始凭证的有（ ）。
   A. 收料单　　B. 领料单　　C. 借款单
   D. 发票　　　E. 对账单
4. 下列单据中，属外来原始凭证的有（ ）。
   A. 产品入库单　　B. 现金收据　　C. 产品出库单
   D. 供货单位填制的发票　　　　E. 银行信汇凭证
5. 下列单据中，属一次凭证的原始凭证有（ ）。
   A. 领料单　　B. 限额领料单　　C. 领料汇总表
   D. 发货票　　E. 收料单
6. 记账凭证按其与货币资金有无联系，可分为（ ）。
   A. 一次凭证　　B. 收款凭证　　C. 付款凭证
   D. 转账凭证　　E. 原始凭证
7. 各种原始凭证须具备的基本内容包括（ ）。
   A. 凭证的名称　　B. 填制凭证的日期　　C. 经济业务的具体内容和特征
   D. 应借应贷账户的名称和方向　　E. 经济业务的金额

8. "限额领料单"按其填制方法属于（　　）。
   A. 一次凭证　　B. 累计凭证　　C. 汇总凭证　　D. 计算凭证
9. 只反映经济业务方面的内容，便于分工记账和按会计科目分类汇总的凭证是（　　）。
   A. 复式凭证　　B. 单式凭证　　C. 统一凭证　　D. 专用凭证
10. 只涉及货币资金内部收付业务时，一般只编制（　　）。
    A. 收款凭证　　　　　　B. 付款凭证
    C. 转账凭证　　　　　　D. 收款凭证和付款凭证
11. 将会计凭证分为原始凭证和记账凭证两大类的依据是（　　）。
    A. 凭证填制的时间　　　B. 凭证填制的程序和用途
    C. 凭证填制的方法　　　D. 凭证反映的经济内容
12. "发出材料汇总表"属于（　　）。
    A. 汇总记账凭证　　　　B. 汇总原始凭证
    C. 外来原始凭证　　　　D. 自制记账凭证
13. 销售产品一批，部分货款收回存入银行，部分货款对方暂欠时，应填制的记账凭证是（　　）。
    A. 收款凭证和转账凭证　　B. 付款凭证和转账凭证
    C. 收款凭证和付款凭证　　D. 两张转账凭证
14. 下列单据中，属自制原始凭证的是（　　）。
    A. 供货单位填制的发票　　B. 开户银行转来的银行进账单
    C. 工资计算单　　　　　　D. 运输部门填制的运杂费收据

三、简答题

1. 什么是会计凭证？填制会计凭证有什么意义？
2. 会计凭证按其填制程序和用途的不同可为哪几类？
3. 什么是原始凭证？原始凭证包括哪些基本内容？
4. 如何对原始凭证进行审核？
5. 什么是记账凭证？记账凭证有哪些分类方法？
6. 记账凭证的基本内容是什么？
7. 如何对记账凭证进行审核？

四、实务题

题一

【目的】练习收款、付款、转账凭证的填制。

【资料】红光百货市场20××年4月份发生下列货币资金收付业务：

1. 4月3日开出现金支票，从银行提取现金1 800元。
2. 4月4日采购员王峰预借差旅费900元，以现金支付。

3. 4月5日接银行收款通知，北城公司归还前欠货款6 500元，已存入银行。
4. 4月5日以现金186元购买办公用品，交付有关部门使用。
5. 4月10日开出转账支票，以存款1 900元支付购买商品运费。
6. 4月12日将出售废品收入120元现金，存入银行。
7. 4月16日采购员王峰报销差旅费850元并交回现金50元。
8. 4月25日报销职工市内交通180元，以现金支付。
9. 4月27日向大华公司购货一批，共计2 340元，其中货款2 000元，增值税进项税额340元，已开出转账支票付讫。
10. 4月28日，接银行收款通知，收到红华公司以银行存款100 000元为投资。
【要求】根据以上经济业务资料，按照所附记账凭证格式编制收款凭证和付款凭证。

题二
【目的】练习收款、付款、转账凭证的填制。
【资料】红海商场19××年5月份发生下列转账业务：
1. 5月2日销售给红光工厂A商品100件，每件80元，货款8 000元，增值税1 360元，货款尚未收到。
2. 5月6日向滨海工厂购入甲种商品100件，每件70元，增值税1 190元，款项尚未支付。
3. 5月18日采购员陈海报销差旅费284元。
4. 5月30日将本月发生的管理费用7 600元，转入"本年利润"账户。
5. 5月30日将本月商品销售收入98 000元，转入"本年利润"账户。
【要求】根据以下经济业务资料，按照所附记账凭证格式编制转账凭证。
附：

收 款 凭 证

借方科目：　　　　　　　　　　年　月　日　　　　　　　字第　号

摘要	贷方科目		账页	金额								
	一级科目	二级或明细科目		百	十	万	千	百	十	元	角	分
合计												

会计主管　　　　　出纳　　　　　记账　　　　　审核　　　　　填制

附单据　　张

付 款 凭 证

贷方科目：　　　　　　　　　　　　年　月　日　　　　　　　　字第　　号

摘要	借方科目		账页	金额								
	一级科目	二级或明细科目		百	十	万	千	百	十	元	角	分
合计												

附单据　　张

会计主管　　　　出纳　　　　记账　　　　审核　　　　填制

转 账 凭 证

　　　　　　　　　　　　　　　　　　　年　月　日　　　　　　　　字第　　号

摘要	总账科目	明细科目	借方金额									贷方金额									√
			百	十	万	千	百	十	元	角	分	百	十	万	千	百	十	元	角	分	
合计																					

附单据　　张

会计主管　　　复核　　　记账　　　出纳　　　审校　　　制单　　　签收

第九章 账　　簿

第一节　账簿的意义和种类

各企业单位应当按照国家统一会计制度的规定和会计业务的需要设置会计账簿。账簿是由具有一定格式、相互联结的账页所组成，序时、分类、连续地登记全部经济业务的簿籍。簿籍是账簿的外表形式，账户记录是账簿的内容。

账簿和账户既有区别又有密切联系。账簿和账户所反映的经济内容是一致的；账户只是在账簿中按规定的会计科目设置的户头，而账簿可以连续、系统地记录和反映经济业务，可以积累、储存经济活动信息资料。

在会计核算中，为了把一个单位在一定时期内发生的某类和全部经济业务进行连续、全面、系统地登记，就需要把分散在会计凭证上的大量核算资料，加以集中和归类整理，登记到各类经济业务的账簿中去，以便为经济管理提供系统的核算资料。可见，设置和登记账簿是对经济信息进行分类、加工整理和积累的一种方法，是会计核算工作的重要环节；设置和登记账簿，对于全面反映经济活动情况、加强经济核算、提高经营管理水平有着重要意义。

设置和登记账簿的作用，可以概括如下：

（1）通过设置和登记账簿，可以把记载于会计凭证的大量而分散的会计核算资料，按照账户加以归类、记录、汇总和整理，以便系统、连续、分类地核算和监督一个单位在一定期间发生的经济业务的全部情况，初步形成经营管理所需要的完整、系统、分类的会计资料。

（2）通过设置和登记账簿，可以全面了解各项资产的增减、结存情况，便于监督财产物资的妥善保管和合理使用。例如，将财产物资的账面数，同通过实地盘点确定的实存数进行核对，可以查实财产物资是否得到妥善保管，有利于保护财产物资的安全完整。

（3）利用设置和登记账簿所形成的会计资料，可以正确地计算成本、费用和折旧，便于企业考核其成本、费用和利润计划的完成情况。

(4)通过设置和登记账簿所累积的会计资料,既是编制会计报表的主要依据,又是日后进行分析、会计检查的必要依据。

(5)通过设置与登记账簿,便于保存会计资料和日后查阅使用。

一、设置账簿的原则

(1)账簿的设置要做到能确保全面、系统地核算和控制经济活动的情况,以便能够为经营管理提供全面、系统、分类的核算资料。

(2)账簿的设置要在满足实际需要的前提下,考虑人力、物力的节约,力求避免重复设账。

(3)应根据所记录的经济业务内容和需要提供的核算指标来设计账簿的格式,力求简明实用,避免繁琐复杂。

二、账簿的分类

1. 账簿按用途分类

账簿按其用途进行分类,可分为序时账簿、分类账簿和备查账簿。

(1)序时账簿,亦称日记账,是按照经济业务发生或完成时间的先后顺序逐日逐笔登记经济业务的账簿。它用来记录全部经济业务的完成情况,也可以用来记录某一类经济业务的完成情况。通常各个单位只对现金和银行存款的收付业务,设置现金日记账和银行存款日记账进行登记,以便加强货币资金的管理。

(2)分类账簿,是对全部经济业务按照总分类账户和明细分类账户进行分类登记的账簿。分类账簿可分为总分类账簿和明细分类账簿两种。总分类账簿亦称总分类账或总账,是根据总分类科目开设的账户,用来分类登记全部经济业务、提供总括核算资料的分类账簿。明细分类账簿亦称明细分类账或明细账,是根据总账科目所属的二级科目或明细科目开设的账户,用来分类登记某一类经济业务、提供明细核算指标分类账簿。

(3)备查账簿,亦称备查登记簿,是用来对某些在序时账簿和分类账簿等主要账簿中未能登记的事项或记载不全的经济业务进行补充登记的账簿。它可以对某些经济业务提供必要的参考资料,如租入固定资产登记簿、委托加工材料登记簿等。

2. 账簿按外表形式分类

账簿按外表形式分类,可分为订本式账簿、活页式账簿和卡片式账簿三种。

(1)订本式账簿,亦称订本账,是把一定数量的、印有专门格式的账页预先编好顺序号数,固定地装订在一起的账簿。其优点是能够避免账页散失和防止账页被抽换,比较安全。其缺点是因为账页固定,不能增减,不便于调整各账户,为每一账户预留空白账页时，留少会影响账簿记录的连续登记，留多了又会造成浪费。此外，使用这种账簿，在同一时间内，只能由一人登记，不便于记账人员的分工。

（2）活页式账簿，亦称活页账，是由若干零散的具有专门格式的账页组成的账簿。其特点是在启用之前不能固定装订在一起，年终时才装订成册。活页式账簿的优点是，可以根据实际需要增减账页，不会浪费账页，还便于同时分工记账。其缺点是账页容易散失和被抽换。为了防止散失和抽换，空白账页使用时必须编号，安置在账夹内，到一定时期（如一年）记账告一段落后，将所有账页加以汇总装订，然后才编列账簿号数，以便保存。

（3）卡片式账簿，是一种由具有一定格式的卡片组成、存放在卡片箱中可以随时取出和放入的账簿。卡片账簿的优点是应用灵活、便于分工，数量可多可少。有些卡片的面积并不很大，应用于机械记账。其缺点是如保管不善，易于散失和被抽换，所以平时要加强保管。

3. 账簿按账页的格式分类

账簿按账页的格式分类，可分为三栏式账簿、数量金额式账簿和多栏式账簿三种。

（1）三栏式账簿，是指由设置三个金额栏的账页组成的账簿。

（2）数量金额式账簿，亦称三大栏账簿，是指在三大栏内，由设置有数量、单价、金额等小栏目的账页组成的账簿。

（3）多栏式账簿，是指由三个以上金额栏的账页所组成的账簿。

各单位可以根据具体情况选择使用上述各种账簿。如带有统驭性和比较重要的总分类账、现金日记账和银行存款日记账，应采用订本式账簿；原材料明细账等可采用活页式账簿；固定资产明细账可采用卡片式账簿。

第二节 账簿的设置和登记

一、账簿的基本内容

各种账簿所记录的经济内容不同，其形式和格式也多种多样。但是，各种账簿都具备下述基本内容：

1. 封面

写明账簿名称和记账单位名称。

2. 扉页

填明账簿启用的日期和截止日期、页数、册次、经营账簿人员一览表和签章、会计主管人员签章、账户目录。

3. 账页

账页的格式，因反映经济业务内容的不同，可有不同格式，但是应具备以下基本内容：

(1) 账户的名称（总账科目、二级或明细科目）。
(2) 登记日期栏。
(3) 凭证种类和号数栏。
(4) 摘要栏（记录经济业务的简要说明）。
(5) 金额栏（记录经济业务的增减变动）。
(6) 总页次和分户页次。

二、账簿的启用和交接

会计账簿是重要的经济档案，登记账簿要有专人负责。为了保证账簿资料完整无缺，防止舞弊行为，以及明确经济责任和便于日后查阅，在账簿开始启用时，应在账簿扉页填写"账簿启用表"，一般格式见图9-1。记账人员接管账簿时，应在经管人员交接记录中注明交接日期和交接人员的姓名（见图9-2）。同时，交接时须在会计主管人员监察下进行。

启用订本式账簿，应从第一页到最后一页编定页数，不得跳页、缺号。使用活页式账页，应按账户顺序编号，并须定期装订成册。装订后按实际使用的账页顺序编定页数，另加目录，说明每个账户的名称和页次。

账簿启用表					
用户名称		负责人	职别		盖章
账簿名称	账簿 册	^	姓名		^
账簿号码	第 号	主办单位人员	职别		
账簿页码		^	姓名		
启用日期	年 月 日	^	盖章		

图9-1

经营本账簿人员一览表								
经管人员		盖章	接管			移交		附注
职别	姓名		年	月	日	年	月	日	

图9-2

三、登记账簿的规则

会计人员应当根据审核无误的会计凭证登记会计账簿。登记账簿的基本规则是：

（1）登记账簿时，应当将会计凭证日期、编号、业务内容摘要、金额和其他有关资料逐项记入账内，做到数字准确、摘要清楚、登记及时、字迹工整。

（2）登记完毕后，要在记账凭证上签名或者盖章，并注明已经登账的符号，表示已经记账。

（3）账簿书写的文字和数字上面留有适当空格，不要写满格，一般应占格距的二分之一。

（4）登记账簿要用蓝黑墨水或者碳素墨水书写，不得使用圆珠笔（银行的复写账簿除外）或者铅笔书写。

（5）下列情况，可以用红色墨水记账：

1）按照红字冲账的记账凭证，冲销错误记录；

2）在不设借贷等栏的多栏式账页中登记减少数；

3）在三栏账户的余额栏前，如未印明余额方向的，在余额栏内登记负数余额；

4）根据国家统一会计制度的规定可以用红字登记的其他会计记录。

（6）各种账簿按页次顺序连续登记，不得跳行、隔页。如果发生跳行、隔页，应当将空行、空页划线注销，或者注明"此行空白"、"此页空白"字样，并由记账人员签名或者盖章。

（7）凡需要结出余额的账户，结出余额后，应当在"借或贷"等栏内写明"借"或者"贷"字样。没有余额的账户,应当在"借或贷"等栏内写"平"字,并在余额栏内用"0"表示。

现金日记账和银行存款日记账必须逐日结出余额。

(8) 每一账页登记完毕结转下页时,应当结出本页合计数及余额,写在本页最后一行和下页第一行有关栏内,并在摘要栏内注明"过次页"和"承前页"字样;也可以将本页合计数及余额只写在下页第一行有关栏内,并在摘要栏内注明"承前页"字样。

对需要结计本月发生额的账户,结计"过次页"的本页合计数应当为自本月初起至本页末止的发生额合计数;对需要结计本年累计发生额的账户,结计"过次页"的本页合计数应当为自年初起至本页末止的累计数;对既不需要结计本月发生额也不需要结计本年累计发生额的账户,可以只将每页末的余额结转次页。

(9) 账簿记录发生错误,不准涂改、挖补、刮擦或者用药水消除字迹,不准重新抄写,必须按照规定的方法进行更正。

实行会计电算化的单位应定期打印总账和明细账,如发生收款和付款业务的,在输入收款凭证和付款凭证的当天必须打印出现金日记账和银行存款日记账,并与库存现金核对无误。

四、账簿的设置和登记方法

1. 日记账的设置和登记方法

日记账是按照经济业务发生的时间先后顺序,逐日逐笔登记经济业务的账簿。设置日记账的作用在于及时、系统、全面地反映资金的增减变动情况,保护企业财产的安全完整,以及便于对账查账。各企业、单位通常要设置现金日记账和银行存款日记账,用以逐日核算和控制库存现金与银行存款的收入、付出和结存情况。

现金日记账和银行存款日记账必须采用订本式账簿。不得用银行对账单或者其他方法代替日记账。一般采用三栏式日记账的格式。这种日记账设有"收入"、"付出"和"金额"三栏,一般还设有对方科目栏。如果收付款凭证数量较多,为了简化记账手续,需要通过现金日记账和银行日记账汇总登记总分类账时,也可采用多栏式日记账的格式,即将收入栏和付出栏分别按照对方科目设置若干专栏。采用多栏式日记账格式时,如果会计科目较多,可以分设现金(银行存款)收入日记账和现金(银行存款)支出日记账,以避免内容多、篇幅大的问题。其格式如表9-1,9-2所示。

表9-1 现金(银行存款)收入日记账

存款种类: 　　　　　　　　　　　　　　　　　　　　　　　　　　　第　页

年		收款凭证号数	摘要	贷方科目			收入合计	支出合计	余额
月	日								

表9-2 现金(银行存款)支出日记账

存款种类: 　　　　　　　　　　　　　　　　　　　　　　　　　　　第　页

年		付款凭证号数	摘要	支票		借方科目			支出合计
月	日			种类	号数				

(1)现金日记账。现金日记账是由出纳人员根据审核后的现金收、付款凭证,逐日逐笔顺序登记的,同时由会计人员根据收、付款凭证,汇总登记总分类账。对于从银行提取现金的业务,由于只填制银行付款凭证,不填制现金收款凭证,因而现金的收入数应根据银行存款付款凭证登记,每日终了应分别计算现金收入和支出的合计数及账面的结存额,并将现金日记账的账面余额与库存现金实存数相核对,借以检查每日现金收、支和结存情况。库存现金日记账的格式和登记方法如表9-3所示。

表9-3 现金日记账

　　　　　　　　　　　　　　　　　　　　　　　　　　　　　　　第　页

200×年		凭证	摘要	对方科目	收入	支出	结余
月	日						
?	1		期初余额				300.00
	1	现付001	付材料搬运费	原材料		65.00	235.00
	1	现付003	提取现金	银行存款	30 000.00		30 235.00
	1	现付004	发放工资	应付工资		30 000.00	235.00
	1	现收002	刘平归还暂借款	其他应收款	500.00		735.00
			本期发生额及余额		30 500.00	30 065.00	735.00

（2）银行存款日记账。银行存款日记账也是由出纳人员根据审核后的银行存款收款凭证和付款凭证，逐日逐笔顺序登记的。对于现金存入银行的业务，存款的收入数应根据现金付款凭证登记，每日终了应分别计算银行存款收入、付出的合计数和本日余额，以便检查监督各项收支款项，并便于定期同银行送来的对账单逐笔核对。银行存款日记账的格式和登记方法如表9-4所示。

表9-4 银行存款日记账

第×页

200×年		凭证号数		摘要	结算凭证		对方科目	收入	支出	结余
月	日	收款	付款		种类	号数				
2	1			月初余额						85 000.00
	1		001	付材料款	转	760	原材料		25 000.00	60 000.00
	1	001		收销货款	转	308	主营业务收入	4 768.00		64 768.00
	1		002	交上月税金	转	761	应交税费		1 268.00	63 500.00
	1		003	提取现金	现				30 000.00	33 500.00
				本月发生额及余额				4 768.00	56 268.00	33 500.00

若采用多栏现金日记账和银行存款日记账，用下述两种登记方法：

（1）由出纳人员根据审核后的收、付款凭证逐日逐笔登记现金和银行存款的收入日记账和支出日记账，每日应将支出日记账中当日支出合计数，转记入收入日记账中当日支出合计栏中以结出当日账面结余额。会计人员应对多栏式现金和银行存款日记账的记录加强检查监督，并负责于月末根据多栏式现金和银行存款日记账各专栏的合计数，分别登记总账有关账户。

（2）设置现金和银行存款出纳登记簿，由出纳人员根据审核无误后的收、付款凭证逐日逐笔登记，以便逐笔掌握库存现金收付款情况和同银行核对收付款项，然后将收、付款凭证交由会计人员据以逐日汇总登记多栏式现金和银行存款日记账，并于月末根据多栏式日记账登记总账。出纳登记簿与多栏式现金和银行存款日记账要相互核对。采用该法，由出纳员登记出纳登记簿，由会计人员登记多栏式日记账，符合内部牵制原则，有利于加强内部控制和监督。

2．总分类账的设置与登记方法

总分类账是提供总括资料的账簿，能够全面总括地反映经济活动和财务收支情况，为编制会计报表提供所需要的资料。因此,每一个企业都必须设置总分类账。在总分类账中应按照会计科目编码顺序分设账户(为每个账户预留若干页)。在采用借贷记账法的情况下,总分类账一般采用借、贷、余三栏式的订本账。其具体格式又可分为两种:一种在借方金额栏和贷方金额栏增设"对方科目专栏;一种则不设"对方科目"专栏。格式如表9-5,9-6所示。

表9-5 总分类账

会计科目: 第×页

年		凭证字号	摘要	借方	贷方	借或贷	余额
月	日						

表9-6 总分类账

会计科目: 第×页

年		凭证字号	摘要	借方		贷方		借或贷	金额
月	日			金额	对方科目	金额	对方科目		

总分类账的格式也有采用多栏式的,即把序时记录和总分类记录结合在一起形成所谓的联合账簿。这种格式的总账,叫做日记总账。

根据什么登记总分类账,取决于所采用的会计核算程序。例如,可以直接根据各种记账凭证逐笔进行登记,也可以先把各种记账凭证定期汇总,编制成汇总记账凭证或科目汇总表,再据以登记。不管如何登记总分类账,每月都应将当月发生或完成的经济业务全部登记入账,并于月份终了,结出总账各账户的本期发生额和期末余额,作为编制会计报表的主要依据。有关总分类账的登记方法,将在本书第十二章详细介绍。

3. 明细分类账的设置与登记方法

明细分类账是按照二级科目或明细科目,分类、连续地记录和反映各种会计要素明细情况的账簿。明细分类账是总分类账的明细记录。设置明细分类账,能够详细地反映经济活动和账务收支情况,并可提供编制会计报表所需要的资料。这对加强监督财产的收发和保管、往来款项的结算、收入的取得以及费用的开支等,都有着重要作用。因此,每个单位都应根据经济管理的要求及经济业务的内容,设置财产物质、债权债务、收入、费用等必要的明细账。

明细分类账一般采用活页式账簿,有的要采用卡片式账簿。明细分类账的格式主要有三种:

(1) 三栏式明细分类账。三栏式明细分类账的格式与三栏式总分类账相同,账页中只设有借方、贷方和余额三栏金额栏,不设数量栏。这种格式适用于那些只需要进行金额核算,而不需要进行数量核算的明细分类核算,如"应收账款"、"应付账款"等科目明细核算。其格式如表9-7所示。

表9-7 明 细 分 类 账

会计科目: 第×页

年		凭证字号	摘要	借方	贷方	借或贷	余额
月	日						

(2) 数量金额式明细账。数量金额式明细分类账的账页,分别设有收入、发出和结余的数量和金额栏。这种格式适用于既要进行金额核算,又要进行实物数量核算的各种财产物资科目,如"原材料"、"库存商品"等科目的明细分类核算。其格式如表9-8所示。

表9-8 明 细 分 类 账

类别: 编号:
品名规格: 存放地点:
储备定额: 计量单位 第×页

年		凭证字号	摘要	收入			发出			结存		
月	日			数量	单价	金额	数量	单价	金额	数量	单价	金额

（3）多栏式明细分类账。多栏式明细分类账是根据经济业务的特点和经营管理的需要，在一张账页按有关明细项目分设若干专栏，用以在同一张账页上集中反映各有关明细项目的详细资料。这种格式适用于费用、成本和收入、利润等科目，如生产成本、制造费用、管理费用等科目的明细分类核算。其格式如表9-9、9-10所示。

表9-9 明 细 分 类 账

第×页

年		凭证字号	摘要	借方（项目）				合计
月	日							

表9-10 明 细 分 类 账

第×页

年		凭证字号	摘要	借方（项目）		贷方（项目）		借或贷	余额
月	日				合计		合计		

各种明细分类账的登记方法，应根据各个单位业务量的大小和经营管理上的需要，以及记录的经济业务内容而定，可以根据原始凭证、原始凭证汇总表或记账凭证登记。在登记时，可以根据这些凭证逐笔登记或逐日、定期汇总登记。各种明细分类账在每次登记完毕后，都应结算出余额。为了便于事后检查和核对账目，在明细分类的摘要栏内，必须将有关经济业务的简要内容填写清楚。

4．备查账簿的设置

备查账簿是根据各单位会计核算和经营管理需要而设置的。它可以补足序时账簿和分类账簿提供资料的不足，提供备查性质的资料。它没有固定的格式，各单位可以根据实际需要而设计。备查账簿的记录不列入本单位的会计报表。其格式如表9-11所示。

表 9-11　租入固定资产登记簿

第 × 页

固定资产名称及规格	租约合同编号	租出单位名称	租入日期	租金	使用记录		归还日期	备注
					单位	日期		

第三节　错账的更正方法

当发现账簿记录发生错误时,不得任意刮擦、挖补、涂抹或者用褪色药水更改字迹。应该根据错误的性质和具体情况,按照下列更正错误的方法进行更正。

1. 划线更正法

划线更正法是指写错数字上划一条红线表示注销原有记录,并在注销的数字或文字上面的空白处,再书写正确的数字或文字的一种方法。

在结账前,如果发现账簿中所记文字或数字有笔误或者数字计算上有错误,而记账凭证中应借、应贷的科目与金额没有错误,一般可以运用划线更正法进行更正。更正时,先将错误的文字或数字划一条红线加以注销,但必须使原有字迹仍可辩认,然后在划线上面作更正记录。更正后,应当由记账人员在更正处签字或盖章。必须注意,对于错误的数字应当全部划线更正,不得只划线更正其中的个别数字。

2. 红字更正法

红字更正法(亦称为红字冲账法或红笔订正法),是指用红字冲销错记入账的账户和金额,用蓝字登记正确的账户或金额的一种方法。

记账以后,如果发现记账凭证中应借、应贷科目或金额发生错误时,可运用红字更正。更正时,应先用红字金额填制一张内容与错误的记账凭证完全相同的记账凭证,据以用红字登记入账,以冲销原有的错误记录,然后再用蓝字填制一张正确的记账凭证,据以登记入账。

【例 1】车间生产 A 产品,领用甲材料一批,计 65 000 元。

(i) 填制记账凭证,误记应借科目为"管理费用"并已登记入账:

　　借:管理费用　　　　　　　65 000
　　　　贷:原材料——甲材料　　　　65 000

(ⅱ) 当发现这种错误时，应先用红字金额填制一张记账凭证，并登记入账，以冲销原有错误记录。

借：管理费用　　　　65 000
　　贷：原材料——甲材料　　65 000

(ⅲ) 同时，再用蓝字填制一张正确的记账凭证，并登记入账，以正确记录所发生的经济业务。

借：生产成本　　　　65 000
　　贷：原材料——甲材料　　65 000

以上有关账户的更正记录如图 9-3 所示。

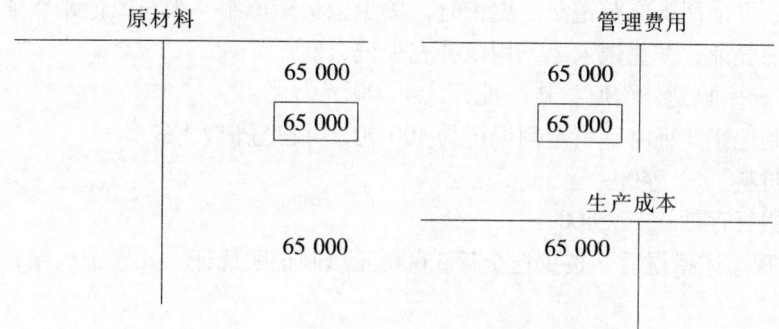

图 9-3　红字更正法核算

记账后，如果发现原填制的记账凭证中应借、应贷科目并无错误，但所填金额大于应填金额时，也可采用红字更正法进行更正。更正时，按多记金额用红字填制一张与原记账凭证中应借、应贷科目相同的凭证，并登记入账，用以冲销多记金额。

【例2】仓库收到外购材料一批，计 2 000 元。

(ⅰ) 填制记账凭证时，将金额误记为 20 000 元，并已登记入账。

借：原材料　　　20 000
　　贷：银行存款　　　20 000

(ⅱ) 发现上述错误时，按多记金额 18 000 元，用红字填制记录凭证，并登记入账，冲销多记金额。

借：原材料　　　18 000
　　贷：银行存款　　　18 000

根据上述记账凭证记账后的账户记录如图 9-4 所示。

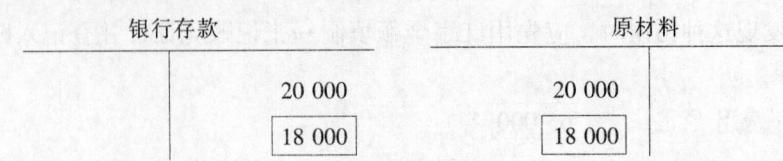

图 9-4 红字更正法核算

3. 补充登记法

补充登记法是指原记账凭证中的应借、应贷会计科目无错误，而所记金额小于应记金额时，采用补充登记的一种方法。

在记账后，如果发现原记账凭证中应借、应贷账户并无错误，只是实际填记金额小于应记金额时，可采用补充登记法。更正时，按少记金额填制一张与原记账凭证中应借、应贷科目相同的凭证，并登记入账，用以补充少记金额。

【例3】仓库收到外购原材料一批，计4 000元。

（i）填制记账凭证时，将金额误记为400元，并已登记入账。

借：原材料　　　　400
　　贷：银行存款　　　　400

（ii）发现上述错误后，按少记金额3 600元填制记账凭证，并登记入账，以补充少记金额。

借：原材料　　　　3 600
　　贷：银行存款　　　　3 600

根据上述记账凭证记账后的账户记录见图9-5。

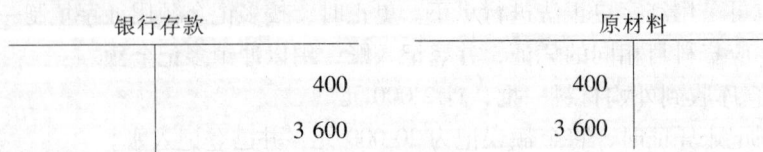

图 9-5 补充登记法核算

账簿是重要的经济档案和历史资料，各单位都必须妥善保管账簿，不得丢失和任意销毁。新年度更换新账后，必须将旧账编号，活页式账簿和卡片式账簿还应装订成册、封扎保管，并由专人负责妥善保存，防止毁损。各种账簿的具体保管年限，都应按照国家的统一规定办理。

第四节 对账和结账

一、对账

对账就是核对有关会计记录的内容、数量与金额。对账的目的是为了保证账簿记录的正确性和完整性，为编制会计报表提供真实可靠的会计核算资料。各单位应定期对会计账簿记录的有关数字与库存实物、货币资金、有价证券、往来单位或者个人等进行相互核对，保证账证相符、账账相符、账实相符。对账工作每年至少进行一次。对账的主要内容包括：

（1）账证核对。核对会计账簿记录与原始凭证、记账凭证的时间、凭证字号、内容、金额是否一致，记账方向是否相符。

（2）账账核对。核对不同会计账簿之间的账簿记录是否相符。包括：总账有关账户的余额核对，总账与明细账核对，总账与日记账核对，会计部门的财产物资明细账与财产物资保管和使用部门的有关明细账核对等。

（3）账实核对。核对会计账簿记录与财产等实有数额是否相符。包括：现金日记账账面余额应每天与现金实际库存数额相核对；银行存款日记账账面余额应定期与银行对账单相核对；各种财物明细账账面余额与财物实存数额相核对；各种应收、应付款明细账账面余额与有关债务、债权单位或者个人核对等。

二、结账

结账就是在一定时期内所发生的全部经济业务登记入账的基础上，计算并记录本期发生额和期末余额，并结转下期。为了计算和总结一定时期的经营成果，为编制会计报表提供资料，各单位都必须在月末、季末、年末进行结账。结账的程序和主要工作内容如下：

1. 结账前的准备

（1）检查本期内日常发生的经济业务是否已全部登记入账，若发现漏账、错账，应及时补记、更正。

（2）根据权责发生制的原则，对需要调整和结转的经济业务，应在本报告期内编制有关账项调整和结转的记账凭证，并据以入账，以正确确定本期的收入、费用和财务成果。

2. 结账时的具体做法

（1）结账时应当结出每个账户的期末余额。需要结出当月发生额的，应当在摘要栏内注明"本月合计"字样，并在下面通栏划单红线。需要结出本年累计发生额的，应当在摘要栏内注明"本年累计"字样，并在下面通栏划单红线；十二月末的"本年累计"就是全年累计发生额。全年累计发生额下面应当通栏划双红线。年度终了结账时，所有总账账户都应当结出全年发生额和年末余额。

（2）年度终了，要把各账户的余额结转到下一会计年度，并在摘要栏注明"结转下年"字样；结转时，在下一会计年度新建有关会计账簿的第一行余额栏内填写上年结转的余额，并在摘要栏内注明"上年结转"字样。

结账时，不同的账户记录应分别采用不同的方法：①月结。每月结账时，应在各账户本月份最后一笔记录下面划一条通栏红线，表示本月结束；然后，在红线下面结出本月发生额和月末余额，如果没有余额，在余额栏内写上"平"或"0"符号。同时，在摘要栏内注明"本月合计"或"×月份发生额及余额"字样；最后，再在下面划一条通栏红线，表示完成月结工作。②季结。季结的结账方法与月结基本相同，但在摘要栏内注明"本季合计"或"第×季度发生额及余额"字样。③年结。办理年结时，应在12月份月下面（需办理季结的，应在第四季度的季结下面）结算填列全年12个月的月结发生额和年末余额，如果没有余额，在余额栏内写上"平"或"0"符号，并在摘要栏内注明"本年合计"或"年度发生额及余额"字样；然后，将年初借（贷）方余额抄列于下一行的借（贷）方栏内，并在摘要栏内注明"年初余额"字样，同时将年末借（贷）方余额再列入下一行的贷（借）方栏内，在摘要栏内注明"结转下年"字样；分别加计借贷方合计数，并在合计数下面划通栏双红线表示封账，完成了年结工作。需要更换新账的，应在新账有关账户的第一行摘要栏内注明"上年结转"或"年初余额"字样，并将上年的年末余额以相同方向记入新账中的余额栏内。

结账的方法如表9-12所示。

表9-12 总　　账

第　页

年		凭证		摘　要	借方	贷方	借或贷	余额
月	日	字	号					
1	1			年初余额			借	8 000
	……			……	……	……		……
				1月份发生额及余额	11 000	9 000	借	10 000
2	1							
	28			2月份发生额及余额	12 000	8 000	借	14 000
〰〰								
12	31			12月份发生额及余额	7 000	6 000	借	9 000
	31			年度发生额及余额	120 000	119 000	借	9 000
				年初余额	8 000			
				结转下年		9 000		
				合计	128 000	128 000		

———————— 表示单红线
　　　　　　　表示双红线

三、账簿的更换

会计账簿的更换是指在会计年度终了，将上年旧账更换为次年新账。

更换新账的程序是：年度终了，在本年有余额的账户"摘要"栏内注明"结转下年"字样。在更换新账时，注明各账户的年份，在第一行"日期"栏内写明1月1日；"记账凭证"栏空置不填；将各账户的年末余额直接抄入新账余额栏内，并注明余额的借贷方向。过入新账的有关账余额的转让事项，不需要编制记账凭证。在新的会计年度建账并不是所有的账簿都更换为新的。

一般来说，现金日记账、银行存款日记账、总分类账、大多数明细分类账应每年更换一次。但是有些财产物资明细账和债权债务明细账，由于材料品种、规格和往来单位较多，更换新账，重抄一遍，工作量较大，因此，可以跨年度使用，不必每年更换一次。第二年使用时，可直接在上年终了的双线下面记账。各种备查账簿也可以连续使用。

四、账簿的保管

会计账簿是各单位重要的经济资料,必须建立管理制度,妥善保管。账簿管理分为平时管理和归档保管两部分。

1. 账簿平时管理的具体要求

各种账簿要分工明确,指定专人管理,账簿经管人员既要负责记账、对账、结账等工作,又要负责保证账簿安全。会计账簿未经领导和会计负责人或有关人员批准,非经管人员不能随意翻阅查看会计账簿。会计账簿除需要与外单位核对外,一般不能携带外出,而应由经营人员或会计主管人指定专人负责。会计账簿不能随意交与其他人员管理,以保证账簿安全和防止任意涂改账簿等问题发生。

2. 旧账归档保管

年度终了更换并启用新账后,对更换下来的旧账要整理装订,造册归档。归档前旧账的整理工作包括:检查和补齐应办的手续,如改错盖章、注销空行及空页、结转余额等。活页账应撤出未使用的空白账页,再装订成册,并注明各账页号数。

旧账装订时应注意:活页账一般按账户分类装订成册,一个账户装订成一册或数册;某些账户账页较少,也可以合并装订成一册。装订时应检查账簿扉页的内容是否填写齐全。装订后应由经办人员及装订人员、会计主管人员在封口处签名或盖章。旧账装订完毕应编制目录和编写移交清单,然后按期移交档案部门保管。各种账簿同会计凭证和会计报表一样,都是重要的经济档案,必须按照制度统一规定的保存年限妥善保管,不得丢失和任意销毁。根据《会计档案管理办法》的规定,总分类账、明细分类账、辅助账、日记账均应保存15年。其中,现金、银行存款日记账要保存25年,涉外和对私改造账簿应永久保存。保管期满后,应按照规定的审批程序经批准后才能销毁。

习题九

一、判断题(如不对,请说明理由。)

1. 现金日记账与银行存款日记账可以采用订本式账簿或者采用活页账簿。(   )
2. 总分类账是提供总括资料的账簿,应采用数量金额式账页。(   )
3. 记账后如发现所记金额大于应记金额时,可采用红字更正法。(   )
4. 账簿是重要的经济档案和历史资料,各种账簿的具体保管年限,由企业按实际情况自行规定。(   )

二、选择题(单项或多项)

1. 登记序时账簿的方式是按经济业务发生时间的先后顺序进行(   )。

A. 逐日汇总登记　　　　B. 逐日逐笔登记
C. 逐笔定期登记　　　　D. 定期汇总登记

2. "生产成本"明细分类账户，一般使用的账簿格式是（　　）。
   A. 多栏式账簿　　　　B. 数量金额式账簿
   C. 二栏式账簿　　　　D. 三栏式账簿

3. "制造费用"明细分类账户一般使用的账簿格式是（　　）。
   A. 三栏式账簿　　　　B. 多栏式账簿
   C. 数量金额式账簿　　D. 二栏式账簿

4. 明细账从账簿的外表上看，一般采用（　　）。
   A. 订本式　　　　　　B. 活页式
   C. 卡片式　　　　　　D. 多栏式

5. 账簿在启用时，单位名称、账簿名称和使用年度应填在账簿的（　　）。
   A. 扉页上　　　　　　B. 封皮上
   C. 账页上　　　　　　D. 封底上

6. 多栏式明细账，适用于（　　）。
   A. 原材料明细分类核算　　B. 库存商品明细分类核算
   C. 制造费用明细分类核算　D. 生产成本明细分类核算

7. 在会计实务中，通常采用订本式的账簿有（　　）。
   A. 总分类账　　　　　B. 明细分类账
   C. 现金日记账　　　　D. 银行存款日记账

8. 在结账以前，如发现账簿记录有文字或数字错误，而记账凭证无错，可采用的更正方法是（　　）。
   A. 划线更正法　　　　B. 红字更正法
   C. 补充登记法　　　　D. 转账更正法

9. 记账以后，如发现记账错误是由于记账凭证所列会计科目有错误引起的，可采用的更正方法是（　　）。
   A. 补充登记法　　　　B. 划线更正法
   C. 红字冲销法　　　　D. 三种方法均可

10. 应选择红字更正法的错误有（　　）。
    A. 记账以后，发现记账凭证所列会计科目有错
    B. 记账以后，发现记账凭证金额大于正确金额
    C. 记账以后，发现记账凭证金额小于正确金额
    D. 结账之前，发现账簿记录有文字错误，而记账凭证无错
    E. 结账之后，发现账簿记录有数字错误，而记账凭证无错

三、简答题

1. 什么是会计账簿？设置与登记会计账簿有何作用？
2. 什么是日记账？试述日记账的格式及登记方法。
3. 什么是总分类账？试述总分类账的格式及登记方法。
4. 什么是明细分类账？试述明细分类账的格式及登记方法。
5. 什么是对账？对账包括哪些内容？
6. 什么是结账？怎样进行月度结账和年度结账？
7. 更正错账有哪几种方法？各种更正方法的适用范围如何？

四、实务题

题一

【目的】练习总账与明细账的登记方法。

【资料】

（一）某工业企业 10 月初有关账户余额如下：

1. "应付账款"总账账户余额 10 500 元。

   其中：宏达工厂 4 500 元

   华昌工厂 6 000 元

2. "应收账款"总账账户余额 12 000 元。

   其中：盛丰公司 3 500 元

   德胜公司 8 500 元

3. "原材料"总账账户余额 36 000 元。

   其中：甲材料 12 000 公斤，单价 2 元，金额 24 000 元

   乙材料 400 件，单价 30 元，金额 12 000 元

4. "库存商品"总账账户余额 750 000 元。

   其中：A 产品 1 300 件，单价 380 元，金额 494 000 元

   B 产品 1 000 件，单价 256 元，金额 256 000 元

（二）该企业 10 月份发生下列经济业务。

1. 10 月 3 日，上月末购进的 600 件在途乙材料如数到达，即验收入库，每件单价 30 元。
2. 10 月 5 日，从宏达工厂购进甲材料 5 000 公斤，每公斤 2 元，计 10 000 元，增值税 1 700 元，货款及增值税未付。
3. 10 月 5 日以银行存款偿还前欠华昌工厂货款 6 000 元。
4. 10 月 7 日，德胜公司汇来前欠货款 8 500 元，已收存银行。
5. 10 月 10 日，生产车间生产 A 产品领用甲材料 3 000 公斤，每公斤 2 元。
6. 10 月 12 日，生产车间生产 A 产品领用甲材料 4 000 公斤，每公斤 2 元，领用乙材

料 200 件，每件 30 元。

7. 10 月 16 日以银行存款 8 000 元，偿还前欠宏达工厂货款。

8. 10 月 20 日，售给德胜公司 A 产品 500 件，每件货价 475 元，计 237 500 元，增值税 40 375 元，货款及增值税未收。

9. 10 月 20 日，售给盛丰公司 B 产品 400 件，每件货价 352 元，计 140 800 元，增值税 23 936 元，货款及增值税未收。

10. 10 月 25 日，德胜公司汇来前欠货款 200 000 元，已存入银行。

11. 10 月 28 日，盛丰公司汇来前欠货款 14 000 元，已存入银行。

12. 10 月 30 日，结转已销售 500 件 A 产品，生产成本每件 380 元，计 190 000 元，结转已销售 400 件 B 产品生产成本，每件 256 元，计 102 400 元。

【要求】

1. 根据资料（一）开设"应付账款"、"应收账款"、"原材料"、"库存商品"总账和明细账并记入期初余额。

2. 根据资料（二）编制记账凭证，并据以登记"应付账款"、"应收账款"、"原材料"、"库存商品"明细账。

3. 根据记账凭证编制科目汇总表，并据登记"应付账款"、"应收账款"、"原材料"、"库存商品"总账。

4. 核对"应付账款"、"应收账款"、"原材料"、"库存商品"总账余额及其明细账账户余额之和是否相等。

记 账 凭 证

年　　月　　日　　　　　　　　　　　　字第　　号

摘　要	科目	子目	借方金额								√	贷方金额								√	
			百	十	万	千	百	十	元	角	分		百	十	万	千	百	十	元	角	分	附件
合　计																						张

会计主管　　　　　　记账　　　　　　复核　　　　　　制单

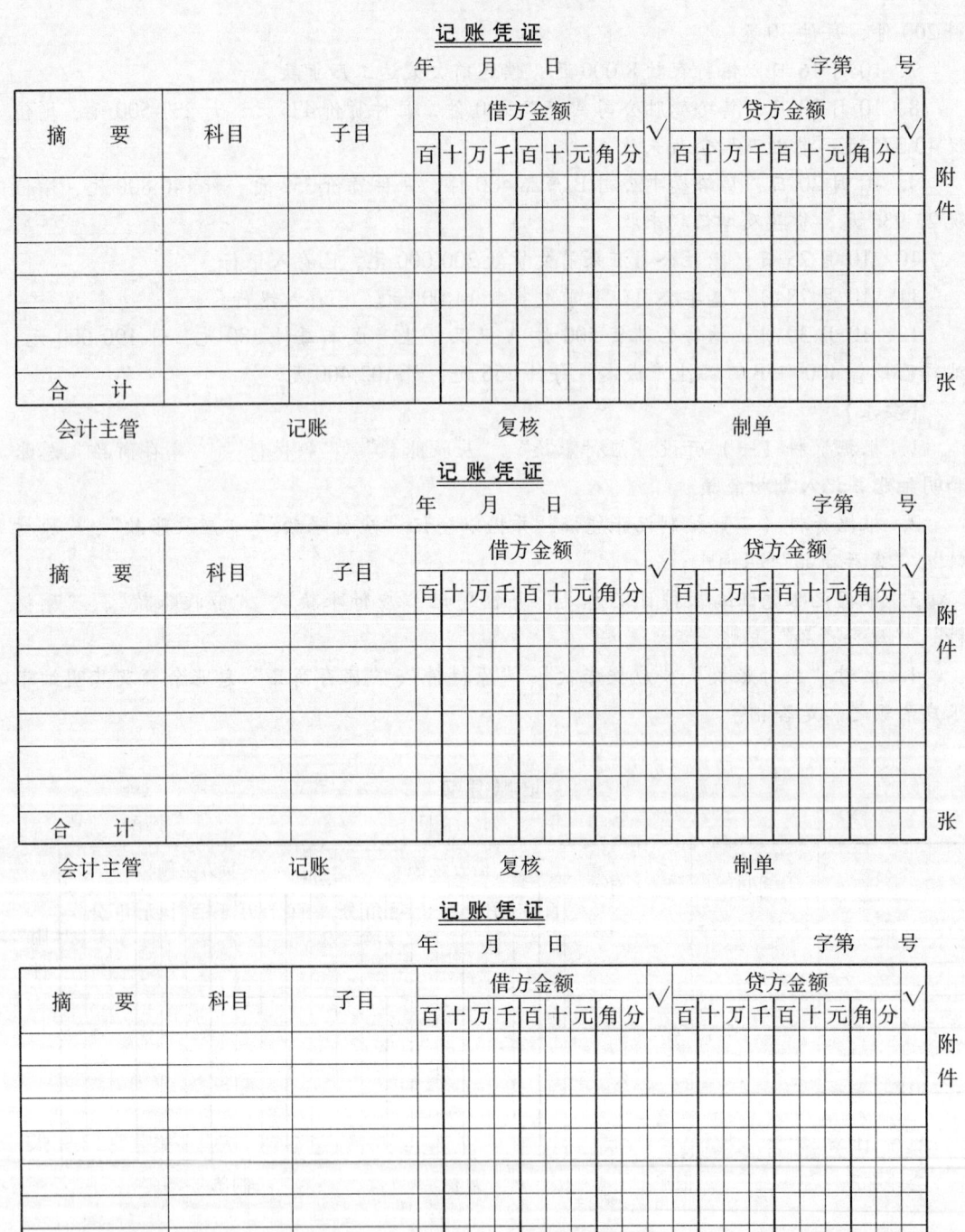

第九章 账 簿

记 账 凭 证
年　月　日　　　　　　　　　　　　　　字第　号

摘　要	科目	子目	借方金额 百十万千百十元角分	√	贷方金额 百十万千百十元角分	√	
							附件
合　计							张

会计主管　　　　　记账　　　　复核　　　　　制单

记 账 凭 证
年　月　日　　　　　　　　　　　　　　字第　号

摘　要	科目	子目	借方金额 百十万千百十元角分	√	贷方金额 百十万千百十元角分	√	
							附件
合　计							张

会计主管　　　　　记账　　　　复核　　　　　制单

记 账 凭 证
年　月　日　　　　　　　　　　　　　　字第　号

摘　要	科目	子目	借方金额 百十万千百十元角分	√	贷方金额 百十万千百十元角分	√	
							附件
合　计							张

会计主管　　　　　记账　　　　复核　　　　　制单

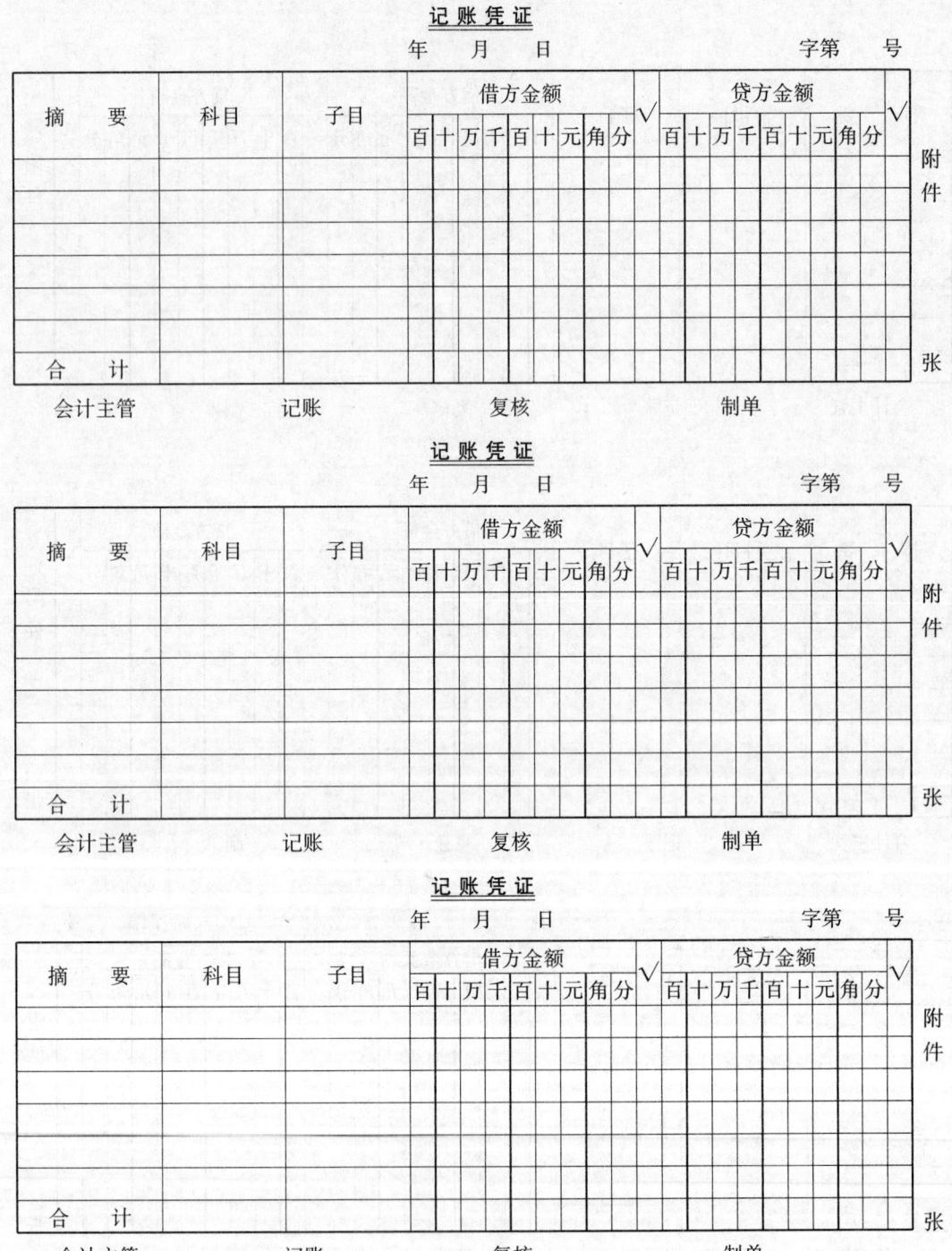

记 账 凭 证

年　　月　　日　　　　　　　　　　　　　　　字第　　号

摘要	科目	子目	借方金额 百十万千百十元角分	√	贷方金额 百十万千百十元角分	√	
							附件
合计							张

会计主管　　　　　　记账　　　　　　复核　　　　　　制单

记 账 凭 证

年　　月　　日　　　　　　　　　　　　　　　字第　　号

摘要	科目	子目	借方金额 百十万千百十元角分	√	贷方金额 百十万千百十元角分	√	
							附件
合计							张

会计主管　　　　　　记账　　　　　　复核　　　　　　制单

总　账

会计科目名称及编号 _____

年		凭证编号	摘要	借方									贷方									借或贷	余额									总页码
月	日			百	十	万	千	百	十	元	角	分	百	十	万	千	百	十	元	角	分		百	十	万	千	百	十	元	角	分	核对号

本户页次 _____

总　账

会计科目名称及编号 _____

年		凭证编号	摘要	借方									贷方									借或贷	余额									总页码
月	日			百	十	万	千	百	十	元	角	分	百	十	万	千	百	十	元	角	分		百	十	万	千	百	十	元	角	分	核对号

本户页次 _____

总 账

会计科目名称及编号 _____																						总页码	
																						本户页次	
年		凭证编号	摘要	借方									贷方								借或贷	余额									核对号
月	日			百	十	万	千	百	十	元	角	分	百	十	万	千	百	十	元	角	分		百	十	万	千	百	十	元	角	分	

总 账

会计科目名称及编号 _____																						总页码	
																						本户页次	
年		凭证编号	摘要	借方									贷方								借或贷	余额									核对号
月	日			百	十	万	千	百	十	元	角	分	百	十	万	千	百	十	元	角	分		百	十	万	千	百	十	元	角	分	

明 细 分 类 账

账户名称：

年		凭证		摘要	借方									贷方									借或贷	余额									核对
月	日	号数			百	十	万	千	百	十	元	角	分	百	十	万	千	百	十	元	角	分	√	百	十	万	千	百	十	元	角	分	

账号 _____ 总页数 _____
页数 _____

明 细 分 类 账

账户名称：

年		凭证		摘要	借方									贷方									借或贷	余额									核对
月	日	号数			百	十	万	千	百	十	元	角	分	百	十	万	千	百	十	元	角	分	√	百	十	万	千	百	十	元	角	分	

账号 _____ 总页数 _____
页数 _____

第九章 账 簿

明 细 分 类 账

账户名称：																											账号			
																											总页数			
年		凭证号数	摘要	借方									贷方									借或贷	余额							核对
月	日			百	十	万	千	百	十	元	角	分	百	十	万	千	百	十	元	角	分		百	十	万	千	百	十	元	角	分	
																						√										

明 细 分 类 账

账户名称：																											账号			
																											总页数			
年		凭证号数	摘要	借方									贷方									借或贷	余额							核对
月	日			百	十	万	千	百	十	元	角	分	百	十	万	千	百	十	元	角	分		百	十	万	千	百	十	元	角	分	
																						√										

明 细 分 类 账

账号	总页数
页数	

最高存量：
最低存量：

编号：　　类别：　　规格：　　单位：　　存放地点：　　计划单价：

年		凭证号数	摘要	收入			发出			结存			核对号
月	日			数量	单价	金额 百十万千百十元角分	数量	单价	金额 百十万千百十元角分	数量	均价	金额 百十万千百十元角分	

明 细 分 类 账

账号	总页数
页数	

最高存量：
最低存量：

编号：　　类别：　　规格：　　单位：　　存放地点：　　计划单价：

年		凭证号数	摘要	收入			发出			结存			核对号
月	日			数量	单价	金额 百十万千百十元角分	数量	单价	金额 百十万千百十元角分	数量	均价	金额 百十万千百十元角分	

第九章 账 簿

题二

【目的】练习现金日记账和银行存款日记账的登记方法。

【资料】

(一) 三星公司200×年9月30日现金日记账的期末余额为800元,银行存款日记账的期末余额为5 000元。

(二) 10月份发生下列现金和银行存款收支业务:

1. 10月2日,销售甲产品4 000元,增值税680元,货款及增值税款已收存银行。
2. 10月3日,以现金支付刘某出差预借款500元。
3. 10月5日,以银行存款购进A材料6 000元,及支付增值税款1 020元,材料尚未验收。
4. 10月6日,以现金购买厂部办公用品230元,已由有关部门领用。
5. 10月6日,开出现金支票取现金500元备用。
6. 10月7日,以银行存款交纳上月所得税金4 200元。
7. 10月8日,从银行提取现金12 000元,备发工资。
8. 10月8日,以现金发放职工工资12 000元。
9. 10月13日,收回某单位欠款1 600元,已存入银行。
10. 10月20日,以银行存款支付短期借款利息328元。
11. 10月25日,开出转账支票归还前欠工厂货款1 050元。
12. 10月26日,职工刘某出差归来,报销旅差费480元,交回现金20元。
13. 10月26日,职工冯某以现金归还前欠款150元。
14. 10月27日,以现金82元支付车间办公费用。
15. 10月28日,以现金归还前欠某公司款项260元。
16. 10月29日,以现金200元支付采购员李某暂借款。
17. 10月30日,销售乙产品8 640元,增值税1 462元,货款及增值税款已存入银行。

【要求】

1. 根据资料(一)期初余额分别登记现金日记账和银行存款日记账。
2. 根据资料(二)填制收款凭证和付款凭证。并据以登记现金日记账和银行存款日记账。
3. 结算出现金日记账和银行存款日记账的本期发生额及期末余额。

第九章 账　簿

收 款 凭 证

借方科目：　　　　　　　　　　　　　　年　　月　　日　　　　字第　　号

摘　要	贷 方 科 目		账页	金额								
	一级科目	二级或明细科目		百	十	万	千	百	十	元	角	分
合　　计												

附件　　　　张

会计主管　　　　　出纳　　　　　记账　　　　　审核　　　　　填制

付 款 凭 证

贷方科目：　　　　　　　　　　　　　　年　　月　　日　　　　字第　　号

摘　要	借 方 科 目		账页	金额								
	一级科目	二级或明细科目		百	十	万	千	百	十	元	角	分
合　　计												

附件　　　　张

会计主管　　　　　出纳　　　　　记账　　　　　审核　　　　　填制

付 款 凭 证

贷方科目：　　　　　　　　　　　　　年　月　日　　　字第　号

摘要	借方科目		账页	金额								
	一级科目	二级或明细科目		百	十	万	千	百	十	元	角	分
合　计												

附件　　　张

会计主管　　　　出纳　　　　记账　　　　审核　　　　填制

付 款 凭 证

贷方科目：　　　　　　　　　　　　　年　月　日　　　字第　号

摘要	借方科目		账页	金额								
	一级科目	二级或明细科目		百	十	万	千	百	十	元	角	分
合　计												

附件　　　张

会计主管　　　　出纳　　　　记账　　　　审核　　　　填制

第九章 账 簿

付款凭证

贷方科目：　　　　　　　　　　　　　　　年　月　日　　　字第　号

摘　要	借方科目		账页	金额								
	一级科目	二级或明细科目		百	十	万	千	百	十	元	角	分
合　计												

附件　　张

会计主管　　　　出纳　　　　记账　　　　审核　　　　填制

付款凭证

贷方科目：　　　　　　　　　　　　　　　年　月　日　　　字第　号

摘　要	借方科目		账页	金额								
	一级科目	二级或明细科目		百	十	万	千	百	十	元	角	分
合　计												

附件　　张

会计主管　　　　出纳　　　　记账　　　　审核　　　　填制

付 款 凭 证

贷方科目：　　　　　　　　　　　　　年　月　日　　　字第　　号

摘　要	借方科目		账页	金额								
	一级科目	二级或明细科目		百	十	万	千	百	十	元	角	分
合　计												

附件　　张

会计主管　　　　出纳　　　　记账　　　　审核　　　　填制

付 款 凭 证

贷方科目：　　　　　　　　　　　　　年　月　日　　　字第　　号

摘　要	借方科目		账页	金额								
	一级科目	二级或明细科目		百	十	万	千	百	十	元	角	分
合　计												

附件　　张

会计主管　　　　出纳　　　　记账　　　　审核　　　　填制

收 款 凭 证

借方科目：　　　　　　　　　　　　　　　　年　月　日　　　字第　号

摘要	贷方科目		账页	金额								
	一级科目	二级或明细科目		百	十	万	千	百	十	元	角	分
合　计												

附件　　　张

会计主管　　　　　出纳　　　　　记账　　　　　审核　　　　　填制

付 款 凭 证

贷方科目：　　　　　　　　　　　　　　　　年　月　日　　　字第　号

摘要	借方科目		账页	金额								
	一级科目	二级或明细科目		百	十	万	千	百	十	元	角	分
合　计												

附件　　　张

会计主管　　　　　出纳　　　　　记账　　　　　审核　　　　　填制

付 款 凭 证

贷方科目：　　　　　　　　　　　　　　　　年　　月　　日　　　　　字第　　号

摘要	借方科目		账页	金额								
	一级科目	二级或明细科目		百	十	万	千	百	十	元	角	分
合　计												

附件　　　张

会计主管　　　出纳　　　记账　　　审核　　　填制

转 账 凭 证

　　　　　　　　　　　　　　　　　　　　　　年　　月　　日　　　　　字第　　号

摘要	总账科目	明细科目	借方金额										贷方金额										√
			亿	千	百	十	万	千	百	十	元	角	分	亿	千	百	十	万	千	百	十	元	角	分	
合计																									

附件　　　张

会计主管　　　复核　　　记账　　　出纳　　　审核　　　制单　　　签收

收 款 凭 证

借方科目：　　　　　　　　　　　　　　年　　月　　日　　　　字第　　号

摘　要	贷方科目		账页	金额								
	一级科目	二级或明细科目		百	十	万	千	百	十	元	角	分
合　计												

附件　　　张

会计主管　　　　出纳　　　　记账　　　　审核　　　　填制

收 款 凭 证

借方科目：　　　　　　　　　　　　　　年　　月　　日　　　　字第　　号

摘　要	贷方科目		账页	金额								
	一级科目	二级或明细科目		百	十	万	千	百	十	元	角	分
合　计												

附件　　　张

会计主管　　　　出纳　　　　记账　　　　审核　　　　填制

付 款 凭 证

贷方科目：　　　　　　　　　　　　　　　　　　年　月　日　　　字第　　号

摘　要	借方科目		账页	金额								
	一级科目	二级或明细科目		百	十	万	千	百	十	元	角	分
合　计												

附件　　张

会计主管　　　　出纳　　　　记账　　　　审核　　　　填制

付 款 凭 证

贷方科目：　　　　　　　　　　　　　　　　　　年　月　日　　　字第　　号

摘　要	借方科目		账页	金额								
	一级科目	二级或明细科目		百	十	万	千	百	十	元	角	分
合　计												

附件　　张

会计主管　　　　出纳　　　　记账　　　　审核　　　　填制

付 款 凭 证

贷方科目：　　　　　　　　　　　　　　　年　月　日　　　字第　　号

摘　要	借方科目		账页	金额								
	一级科目	二级或明细科目		百	十	万	千	百	十	元	角	分
合　计												

附件　　　张

会计主管　　　　　出纳　　　　记账　　　　审核　　　　填制

收 款 凭 证

借方科目：　　　　　　　　　　　　　　　年　月　日　　　字第　　号

摘　要	贷方科目		账页	金额								
	一级科目	二级或明细科目		百	十	万	千	百	十	元	角	分
合　计												

附件　　　张

会计主管　　　　　出纳　　　　记账　　　　审核　　　　填制

现金日记账

第　　　页

年		凭证编号	摘要	对方科目	借方									贷方									借或贷	余额									核对号
月	日				千	百	十	万	千	百	十	元	角	分	千	百	十	万	千	百	十	元	角	分		千	百	十	万	千	百	十	元	角	分	

银行存款日记账

年		凭证编号	摘要	对方科目	支票		借方								贷方								借或贷	余额								核对号
月	日				种类	号数	千	百	十	万	千	百	十	元	角	分	千	百	十	万	千	百	十	元	角	分	千	百	十	万	千	百	十	元	角	分	

第 页

题三

【目的】练习错账更正方法。

【资料】某企业在对账时,发现如下几笔错账:

1. 管理部门领用材料700元,编制记账凭证如下,并登记入账:

借:生产成本　　　　700
　　贷:原材料　　　　　700

2. 销售甲产品5 700.65元,增值税969.11,货款及增值税款已存入银行,编制记账凭证如下,并登记入账:

借:银行存款　　　　6 669.76
　　贷:主营业务收入　　　6 669.76

3. 结转已售乙产品销售成本1 210元,编制记账凭证如下,并登记入账:

借:主营业务成本　　　1 120
　　贷:库存商品　　　　　1 120

4. 客户汇入前货款5 000元。所编制的记账凭证已审核无误,在登记"应收账款"账户时,当即发现误记为:

千	百	十	万	千	百	十	元	角	分
					5	0	0	0	0

【要求】找出上述账、证错误,并用适当的方法进行更正。

第十章 财产清查

第一节 财产清查的意义和种类

一、财产清查的概念

财产清查是指通过对各项财产物资、往来款项的实地盘点或查核,借以确认其账面结存数额与实存数额是否相符的一种会计核算方法。

会计核算的客观性原则要求必须准确反映财产物资和债权债务的真实情况。但是在实际工作中,即使通过加强会计凭证的日常审核,定期进行账证和账账核对,保证账簿记录正确,也不能绝对保证账面余额与财产物资的实存数额相等。造成账实不符的原因既有客观的又有人为的,主要表现为以下几点:

(1) 由于自然灾害发生财产物资的损毁。
(2) 由于财产物资的物理或者化学性能变化引起的自然溢损。
(3) 由于收发计量、检验不准确而发生品种、数量或质量的差错。
(4) 由于计算或账证记录的错误发生的差异。
(5) 由于管理不善或工作人员失职而发生的财产霉变损毁。
(6) 由于不法分子营私舞弊、贪污盗窃而发生财产损失。

为了保证会计资料的真实性,必须运用财产清查这一专门方法,定期或不定期地进行清查与核对,使会计资料能够满足经济管理的需要。

二、财产清查的作用

(1) 保证会计资料的真实性。通过财产清查,可以查明各种财产物资的实有数量,确定账实是否相符。如果不相符,则查明原因,以便及时调整账面数字,做到账实相符,保证会计资料的准确可靠。

(2) 挖掘财产物资的潜力,加速资金周转。通过财产清查,可以查明财产物资的储备和利用情况,对于储备不足的,应设法补充,保证生产需要;对于积压、呆滞和不配套的,应及时进行处理,避免损失。

(3) 保护企业、事业单位财产的安全和完整。通过财产清查,可以查明各项财产物资的保管情况,有无因管理不善造成财产霉烂变质、损失浪费或者被非法挪用、贪污盗窃的情况,以便采取措施,改善管理,保护企业、事业单位财产的安全完整。

(4) 促进企业、事业单位遵守财经纪律和信贷结算制度。通过财产清查,可以查明各单位是否遵守财经纪律和结算制度,有无不合理占用资金和不按规定与财政或其他单位进行债权、债务结算的情况,从而促使各单位严格按规定用途使用资金及时进行债权、债务的结算,自觉遵守财经制度,维护财经纪律。

三、财产清查的分类

1. 按照清查对象的范围分类

可分为全面清查和局部清查。

(1) 全面清查。全面清查是指对于属于本单位或存放在本单位的全部财产物资、货币资金和各项债权债务进行盘点和核对。全面清查的对象一般包括:①货币资金,包括现金、银行存款等。②财产物资,包括在本单位的所有固定资产、库存商品、材料物资、包装物、低值易耗品;属于本单位但在途中的各种商品、材料物资;存放在单位的代销商品、材料物资等。③债权债务,包括各项应收款项、应付和应交款项以及银行借款等。

全面清查范围广,内容多,花费的时间长。一般在以下几种情况下,才需进行全面清查:①年终决算前,需进行一次全面清查。②单位撤消、合并或改变隶属关系时,需进行全面清查,以明确经济责任。③中外合资、国内联营,需进行全面清查。④开展清产核资,需进行全面清查,摸清家底,准确地核定资金。

(2) 局部清查。局部清查是指根据需要对一部分财产进行的清查。其清查对象主要是流动性较大的财产,如现金、库存商品、材料物资、包装物等。

局部清查范围小,涉及人员少,但专业性较强,一般有:①现金,出纳人员应于每日业务终了时清点核对。②银行存款,出纳人员每月至少同银行核对一次。③库存商品、材料物资、包装物等,年内应轮流盘点或重点抽查;对各种贵重物资,每月都应清查盘点一次。④债权债务,每年至少应同对方核对一至二次。

2. 按财产清查时间分类

可分为定期清查和不定期清查。

(1) 定期清查。就是按照预先计划安排的时间对财产物资、往来款项进行的清查。这种清查通常是年末、季末或月末结账时进行。清查的范围根据管理的需要而定。

(2) 不定期清查。是预先无确定清查时间，而是根据管理的需要而进行的临时性清查。它一般在更换财产保管员、发生自然灾害和意外灾害，需要确定损失情况，进行临时财务审查或者清产核资时进行。

3. 按清查的对象分类

可以分为实物清查、货币资金清查、往来款项清查和其他财产清查。

(1) 实物清查是指对各种具有实物形态的资产进行的清查。
(2) 货币资金清查是指对现金、银行存款的清查。
(3) 往来款项清查是指对各种应收、应付款的清查。
(4) 其他财产清查是指对各种债券、无形资产、代保管物资等的清查。

第二节 财产清查的方法

财产清查是一项涉及面广、工作量大的工作，为了保证财产清查工作的质量，提高工作效率，达到财产清查的目的，确定各项财产清查的方法是很有必要的。

一、实物的清查方法

财产清查的重要环节是盘点财产物资的实存数量，为使盘点工作顺利进行，应建立一定的盘存制度。一般来说，财产物资的盘存制度有两种，即永续盘存制和实地盘存制。

1. 确定财产物资账面结存的方法

(1) 永续盘存制。永续盘存制亦称账面盘存制。采用这种方法，平时对各项财产物资的增加数和减少数，都要根据会计凭证连续记入有关账簿，并且随时结出账面余额，即：

账面期末余额 = 账面期初余额 + 本期增加额 − 本期减少额

这种盘存制度要求财产物资的进出都有严密的手续，便于加强会计监督。在有关账簿中对财产物资的进出进行连续登记，且随时结出账面结存数，便于随时掌握财产物资的占用情况及其动态，有利于加强对财产物资的管理。其不足之处在于账簿中记录的财产物资的增、减变动及结存情况都是根据有关会计凭证登记的，可能发生账实不符的情况。因此，采用永续盘存制，需要对各项财产物资定期进行财产清查，以查明账实是否相符，以及账实不符的原因。

本书以前各章有关财产物资的增减及结存都是按永续盘存制来处理的。

(2) 实地盘存制。不同于永续盘存制，采用这种方法，平时只根据会计凭证在账簿中登记财产物资的增加数，不登记减少数，到月末，对各项财产物资进行盘点，根据实地盘点所确定的实存数，倒挤出本月各项财产物资的减少数，即：

本期减少数 = 账面期初余额 + 本期增加数 - 期末实际结存数

根据以上的计算倒挤出的本期减少数，再登记有关账簿，所以每月末，对各项财产物资进行实地盘点的结果，是计算、确定本月财产物资减少数的依据。

采用这种方法，工作简单、工作量小，但是各项财产物资的减少数没有严密的手续，不便于施行会计监督，倒挤出的各项财产物资的减少数中成份复杂，除了正常耗用的外，可能还有毁损的和丢失的，所以非特殊原因，一般情况不宜采用。

财产清查所采用的方法，依清查对象不同而不同，有财产物资、货币资金和债权债务清查方法。

2. 实物资产的方法

实物资产的清查，是指对低值易耗品、原材料、在产品、包装物、库存商品等存货及固定资产，在数量上和质量上所进行的清查。清查时，应将各项财产物资的实物结存数逐一在盘点表中登记，然后与账面结存数逐一核对。对于在盘点中发现盘盈、盘亏或毁损物资，应填制财产盈亏报告表，报有关职能部门查明原因后处理。除了清点财产物资的实存数量外，还要检查财产物资的质量，了解财产物资的利用情况，并查明财产物资在收、发、保管上所有存在的问题。确定实物资产盘盈或盘亏的数额。"实存账存对比表"是财产清查的重要报表，是调整账面记录的原始凭证，也是分析盈亏原因、明确经济责任的重要依据，应严肃认真地填报。"实存账存对比表"一般格式如表10-2所示。

表10-2 实存账存对比表

单位名称　　　　　　　　　　　年　月　日

序号	名称	规格型号	计量单位	单价	实存		账存		实存与账存对比				备注
									盘盈		盘亏		
					数量	金额	数量	金额	数量	金额	数量	金额	
	金额合计												

盘点人签章：　　　　　　　会计签章：

二、货币资金的清查方法

1. 现金的清查

现金的清查,是通过实地盘点的方法,确定库存现金的实存数,再与现金日记账的账面余额核对,以查明盈亏情况。在进行现金清查时,为了明确经济责任,出纳员必须在场,在清查过程中不能有白条抵库,也就是不能用不具有法律效力的借条、收据等抵充库存现金。现金盘点后,应根据盘点的结果及与现金日记账核对的情况,填制"现金盘点报告表"。现金盘点报告表也是重要的原始凭证,它既起"盘存单"的作用,又起"实存账存对比表"的作用,应严肃认真地填写。"现金盘点报告表"应由盘点人和出纳员共同签章才能生效。"现金盘点报告表"的一般格式如表10-3所示。

表10-3 现金清查报告表

单位名称:

现金实存金额	现金账面余额	对比结果		备注
		长款金额	短款金额	

主管人:　　　　　　盘点人:　　　　　　出纳员:

2. 银行存款的清查

银行存款的清查在于确认企业银行存款的实存数,同时查明企业在银行的存款账目有否差错;银行存款的清查方法是通过与银行核对账目来进行的。

由于企业的银行存款收付频繁,以及与银行登账的时间不一致,往往会发生双方账面记录不一致的情况。企业必须及时与银行核对账目,才能保证会计核算正确性。在与银行核对账目前,应先将本单位的银行存款账目登记齐全,并结出余额,然后根据银行送来的对账单,与企业银行存款日记账逐笔核对。如果在核对中发现记账错误,应立即更正。属于银行的记账差错,应主动通知银行更正。即使双方记账错误都已更正,或者双方记账都没有错误,也可能会出现本单位的银行存款日记账余额与银行对账单的余额不一致的情况,这是因为双方之间的未达账项所致。

所谓未达账项,是指单位与银行之间一方已取得有关凭证登记入账,而另一方因尚未接到有关凭证而暂未入账的款项。企业与银行之间的未达账项,表现以下四种情况:

（1）企业已收款入账，银行尚未入账。即企业收取了款项，并已根据有关凭证入账，银行因尚未接到凭证而未入账。

（2）企业已付款入账，银行尚未入账。即企业支付了款项，并已根据有关凭证入账，银行因尚未接到凭证而未入账。

（3）银行已收款入账，企业尚未入账。即银行代企业收取了款项，并已根据有关凭证入账，企业因尚未接到凭证而未入账。

（4）银行已付款入账，企业尚未入账。即银行代企业支付了款项，并已根据有关凭证入账，企业因尚未接到有关凭证而未入账。

上述任何一种情况发生，都会导致企业与银行之间产生未达账项，并使得双方账面余额不一致。为了弄清未达账项情况，消除未达账项的影响，应根据双方账面余额和发生未达账项的情况，编制"银行存款余额调节表"，以便检查双方的账面余额是否一致。即在企业与银行双方账面余额的基础上，各自加上对方已收、本单位未收的款项，减去对方已付、本单位未付的款项。通过调节，核对双方账面余额是否一致。如果双方账面余额相符，一般表明双方记账没有错误；如果双方账面余额不符，表明账目中仍有错误，需要进一步查明原因，加以更正，最终达到双方余额完全相符为止。

关于"银行存款余额调节表"的格式与编制方法，举例说明如下。

【例1】某企业 2000 年 11 月 30 日银行存款日记账账面余额为 57 000 元；银行对账单余额 58 630 元。经查对发现有以下未达账项：

（i）11 月 28 日企业送存银行一张转账支票，金额 7 000 元，银行尚未入账；

（ii）11 月 29 日企业开出的转账支票 6 000 元，现金支票 260 元，持票人尚未到银行办理转账和取款手续，企业尚未入账；

（iii）11 月 30 日企业委托银行待收的外埠货款 3 000 元，银行已入账，企业尚未收到收款通知；

（iv）11 月 30 日电力局委托银行代收电费，企业应付电费 630 元，银行已从企业存款中扣除，但转账通知但尚未送达企业，企业尚未入账。

根据以上未达账项，编制调节表如表 10-4 所示。

表 10-4 银行存款余额调节表
2000 年 11 月 30 日

项 目	金 额	项 目	金 额
企业账面的存款余额	57 000	银行对账单的存款余额	58 630
加：银行已收企业未收款	3 000	加：企业已收银行未收款	7 000
减：银行已付企业未付款	630	减：企业已付银行未付款	6 260
调节后余额	59 370	调节后余额	59 370

经过调节后，上例企业存款面余额与银行存款账面余额完全相符，均为 59 370 元。

银行存款双方账面余额调节相符合，对于银行已经入账，而企业尚未入账的各项经济业务，不能根据上述调节表进行记账，要在接到正式的原始凭证后，再编制记账凭证记账。

上述银行存款的清查方法，也适用于银行借款。但银行借款的清查，除核对借款金额外，还应查明借款是否按规定用途使用和按期限归还。

三、往来款项的清查

往来款项的清查是指对企业与其他企业或个人之间的各种往来款项的清查。清查的主要内容包括各种应收款、暂付款、应付款、暂收款等往来业务。对于各项往来款项的清查，采用与对方核对账目的方法。每一个单位，应当在保证自己所记账目正确完整的基础上，编制对账单，寄交或派人送交对方单位进行核对。对账单可采取一式两联，其中一联作为回单。如对方单位经核对无误，应在回单上盖章后退还；如对方单位发现账目不符，应将不符情况在回单上注明，或者另抄对账单退回企业，以便进一步清查核对。如发现未达账项，双方均可编制"应收账款（应付账款）余额调节表"，其编制方法与"银行存款余额调节表"相同。

往来款项清查以后，应将清查结果编制"往来款项清查报告表"，填列各项债权、债务的余额。对于有争议的款项以及无法收回或者无法支付的款项，应当将清查情况在报告单上详细注明原因和金额。"往来款项清查报告表"的一般格式如表 10-5 所示。

表 10-5　往来款项清查报告表

编制单位：　　　　　　　　　　　　年　月　日

总分类账户		明细分类账户		清查结果		不同意原因分析			备注
名称	金额	名称	金额	同意	不同意	待处理金额	无法收回（或偿还）金额	其他	

清查人员：　　　　　　会计：　　　　　　制表人：

四、其他财产的清查

其他财产的清查，是指对各种债券、无形资产、代保管物等的清查。主要通过实地盘法、查核法进行清查，以查明这些财产的实有数额与账面数额是否相符。

第三节　财产清查结果的处理

一、财产清查结果的处理程序

通过财产清查，如果发现财产管理和会计核算方面存在的问题，必须以有关法令、制度为依据，做好以下几个方面工作：

（1）认真查明财产清查中所发现的账实不符的性质和原因，明确责任，提出处理意见，并按规定程序，报请有关部门领导审批。

（2）积极处理积压呆滞物资和长期不清的债权、债务。

（3）认真总结经验教训，建立和健全财产管理制度，进一步加强财产管理，保证财产的安全和完整。

（4）将账实不符的差异以及对差异的处理及时在账簿上予以反映，通过对账簿记录的调整，做到账实相符。

由于对财产清查中发现的盘盈、盘亏和毁损等，必须按规定的程序上报审批后，会计部门才能进行处理。所以对于财产清查中所发现的各种差异以及对这些差异的处理，会计核算应分两个程序进行：

（1）在审批前，根据有关实存与账存对比差异的原始凭证中列明的财产盘盈、盘亏和毁损的数额，编制记账凭证，并据以登记有关账簿，以使其账实相符。如果财产清查是办理年终决算进行的，这些差异数字必须在结账前记入有关账簿，以保证会计报表能够如实反映各项财产的实际结存数额。

（2）审批后，根据发生差异的原因和批复意见编制记账凭证，并据以登记入账。

二、财产清查的财务处理

1. 账户设置

为了核算企业在财产清查中查明的各种财产物资盘盈、盘亏和毁损,应设置"待处理财产损溢"账户。该账户开设"待处理固定资产损溢"和"待处理流动资产损溢"两个明细账。账户的结构及核算内容见表10-6。

表10-6 待处理财产损溢

借方	贷方
发生额:(1)发生的待处理财产盘亏和毁损数额 (2)结转已批准处理的财产盘盈数额	发生额:(1)发生的待处理财产盘盈数额 (2)结转已批准处理的财产盘亏和毁损数额
余额:尚待批准处理的财产盘亏和毁损数额大于尚待批准处理的财产盘盈数额的差额	余额:尚待批准处理的财产盘盈数额大于尚待批准处理的财产盘亏和毁损数额的差额

2. 账务处理

(1) 财产物资盘盈的账务处理。

发生原材料、产成品等流动资产盘盈时,应按盘盈数额借记"原材料"、"库存商品"等账户;贷记"待处理财产损溢——待处理流动资产损溢"账户。

【例2】某企业在财产清查中发现材料盘盈600元。

(i) 审批前,根据"财产盘盈、盘亏报告表"作会计分录如下:

借:原材料　　　　　　　600
　　贷:待处理财产损溢
　　　　——待处理流动资产损溢　　600

(ii) 经查明,上述材料盘盈的原因是计量不准确造成,经上级批准,冲减本月管理费用,作会计分录如下:

借:待处理财产损溢
　　　——待处理流动资产损溢　　600
　　贷:管理费用　　　　　　　　600

发生固定资产盘盈时,应按固定资产估计净值借记"固定资产"账户,并按净值贷记"待处理财产损溢——待处理固定资产损溢"账户。

【例3】某企业在财产清查中发现账外机器一台,重置价值(估计原值)为1 800元,估计七成新,折旧额为540元,净值1 260元。

（i）审批前,根据"财产盘盈、盘亏报告表"作会计分录如下:

借:固定资产　　　　　　　1 260
　　贷:待处理财产损溢
　　　　——待处理固定资产损溢　1 260

（ii）经批准,上项盘盈固定资产作营业外收入处理,作会计分录如下:

借:待处理财产损溢
　　——待处理固定资产损溢　1 260
　　贷:营业外收入　　　　　　1 260

(2) 财产物资盘亏、毁损的账务处理。

发生有关原材料、产成品等流动资产盘亏毁损时,应按短少数额贷记"原材料"、"库存商品"等到账户;借记"待处理财产损溢——待处理流动资产损溢"账户。待查明原因后,根据各种不同的情况及有关审批意见作不同的账务处理。

【例4】某企业在财产清查发现盘亏原材料2 300元。

（i）审批时,根据"财产盘盈、盘亏报告表"作会计分录如下:

借:待处理财产损溢
　　——待处理流动资产损溢　2 300
　　贷:原材料　　　　　　　　2 300

（ii）上项盘亏材料经批准处理,其中2 000元为自然损耗,作管理费用处理,其中300元为保管员李某失职所造成,应由其赔偿。作会计分录如下:

借:管理费用　　　　　　　2 000
　　其他应收款——李某　　　300
　　贷:待处理财产损溢
　　　　——待处理流动资产损溢　2 300

发生固定资产盘亏时,应按固定资产的账面原值贷记"固定资产"账户,按已提折旧额借记"累计折旧"账户,按原值减已提折旧额后的净值借记"待处理财产损溢——待处理固定资产损溢"账户。

【例5】某企业在财产清查中发现盘亏仪器一台,账面原值为3 200元。已提折旧1 280元,净值1 920元。

（i）审批前,根据"财产盘盈、盘亏报告表"作会计分录如下:

借:待处理财产损溢
　　——待处理固定资产损溢　1 920

累计折旧　　　　　　　　　　　　1 280
　　贷：固定资产　　　　　　　　　　　　3 200
（ii）经批准，上项固定资产盘亏作营业外支出处理，作会计分录如下：
借：营业外支出　　　　　　　　　1 920
　　贷：待处理财产损溢
　　　　——待处理固定资产损溢　　1 920

习题十

一、判断题（如不对，请说明理由。）

1. 在永续盘存制下，平时只登记增加数，不登记减少数。　　　　　　　　（　）
2. 未达账项指银行已入账，企业未入账的款项。　　　　　　　　　　　　（　）
3. 造成账实不符的原因，既有客观的，又有人为的。　　　　　　　　　　（　）

二、选择题（单项或多项）

1. 不属于财产清查的技术方法是（　　）。
   A. 实地盘存法　　B. 永续盘存法　　C. 查核法　　D. 技术推算法
2. 企业于月末存入银行转账支票，但银行对账单没有列示，这属于（　　）。
   A. 银行未收　　B. 企业未收　　C. 银行未付　　D. 企业未付
3. 财产物资的永续盘存制是指平时各项财产物资的增加数和减少数，都要根据（　　）连续记入有关账簿，并随时结出账面结存数额。
   A. 收款凭证　　B. 付款凭证　　C. 转账凭证　　D. 会计凭证
4. 单位撤销、合并或变更隶属关系时，对财产物资一般进行（　　）。
   A. 全面清查　　B. 局部清查　　C. 定期清查　　D. 不定期清查
5. 对现金清查所采用的基本方法是（　　）。
   A. 实地盘点法　　B. 局部清查　　C. 估算法　　D. 推算法
6. 对银行存款所采用的清查方法一般是（　　）。
   A. 推算法　　B. 测量计算法　　C. 实地盘点法　　D. 对账单法
7. 实地盘存制，平时对财产物资的记录（　　）。
   A. 只登记收入数，不登发出数　　　B. 只登发出数，不登收入数
   C. 先登发出数，后登收入数　　　　D. 先登发入数，后登收入数
8. "未达账项"是指在双方办理结算手续和凭证时间上（　　）。
   A. 一方已登记入账，另一方未登记入账造成不一致的账项
   B. 发生错误，使双方登账出现错误的账项
   C. 完全一致，造成一方重复登记入账的账项

D. 均未入账的账项
9. 往来款项的清查一般采用（　　）。
   A. 实地盘点法　　B. 估算法　　C. 对账单法　　D. 推算法
10. 对清查中已查明的盘亏财产物资，属于定额的自然损耗，按规定应转作（　　）。
    A. 管理费用　　　　　　　　B. 营业外支出
    C. 生产成本　　　　　　　　D. 其他应收款
11. "待处理财产损溢"是一个（　　）。
    A. 资产类账户　　　　　　　B. 负债类账户
    C. 备抵附加调整账户　　　　D. 其他应收款
12. 发现某种材料盘亏时，在报经批准前，所作会计分录应为（　　）。
    A. 借：管理费用　　贷：待处理财产损溢
    B. 借：原材料　　贷：待处理财产损溢
    C. 借：待处理财产损溢　　贷：管理费用
    D. 借：待处理财产损溢　　贷：原材料
13. 在财产清查中，采用实地盘点方法清查的资产主要有（　　）。
    A. 库存商品　　　　　　　　B. 固定资产
    C. 现金　　　　　　　　　　D. 银行存款
14. 下列清查事项中，属于不定期清查的有（　　）。
    A. 单位更换财产保管人员时　　B. 发生非常损失时
    C. 上级对企业财产抽查时　　　D. 年终决算财产盘点时
    E. 月末银行存款的清查
15. 在财产清查中如果发现财产盘盈，应当（　　）。
    A. 保持财产账面记录不变　　　B. 减少财产账面记录
    C. 增加财产账面记录　　　　　D. 查明原因后再调整账面记录
16. 银行存款清查应根据（　　）。
    A. 银行存款日记账　　　　　　B. 银行对账单
    C. 银行存款余额调节表　　　　D. 银行存款实有数
    E. 银行存款总账
17. 未达账项使银行对账单的账面余额与单位的银行存款账面余额之间发生差异，这有（　　）等几种情况。
    A. 开户银行已记存款增加，本单位尚未记账
    B. 开户银行已记存款减少，本单位尚未记账
    C. 本单位已记账存款增加，开户银行尚未记账
    D. 本单位已记存款减少，开户银行尚未记账

E. 双方都未记账

三、简答题
1. 什么是财产清查？为什么要进行财产清查？
2. 什么是永续盘存制？它有哪些优缺点？
3. 什么是实地盘存制？它有哪些优缺点？
4. 为什么会产生未达账项？产生后应如何处理？
5. 财产清查的结果如何处理？

四、实务题
题一

【目的】练习银行存款余额调节表的编制方法。

【资料】某企业200×年10月31日银行存款日记账的余额为37 600元，银行对账单余额为40 800元，经逐笔核对，查明有以下几笔未达账项：

1. 企业于月末存入银行的转账支票2 000元，银行尚未入账。
2. 企业于月末开出的转账支票1 600元，银行尚未入账。
3. 委托银行代收的货款4 800元，银行已收到入账，但尚未通知企业入账。
4. 银行代付电费1 200元，但企业尚未收到银行付款通知，尚未入账。

【要求】根据上述资料，编制银行存款余额调节表。

银行存款余额调节表

项目	金额	项目	金额
调节后余额		调节后余额	

题二

【目的】练习财产清查结果的账务处理。

【资料】

1. 某企业在财产清查中发现盘亏原材料800元，短少库存现金70元，原因尚待查明。
2. 上述盘亏材料、短少现金批准处理：盘亏材料属自然损耗，短少库存现金为出纳员责任，由其如数赔偿。

3. 某企业在财产清查中发现盘亏机器一台，原值2 400元，已提折旧480元，原因尚待查明。

4. 上项盘亏机器经批准作营业外支出处理。

5. 某企业在财产清查中发现盘盈原材料200元，原因尚待查明。

6. 上项盘盈原材料属自然升溢，经批准冲减管理费用。

第十一章　会计报表的编制

　　财务会计报告是会计主体对外公布的、反映企业财务状况和经营成果的报告文件。它是根据账簿记录和其他日常核算资料，运用货币计量指标对企业一定时期内的经济活动和财务收支情况进行的综合反映。编制财务会计报告，既是会计工作的一项重要内容，同时又是会计核算过程的终结阶段。财务会计报告是由会计报表、会计报表附注两部分组成的。向不同的使用者提供的财务会计报告，其编制依据应当一致。

　　会计报表是财务会计报告的基本部分和核心内容。财务报表附注是为帮助理解会计报表的内容而对报表的有关项目所作的解释。其内容主要包括：所采用的主要会计处理方法；会计处理方法的变更情况、变更原因以及对财务状况和经营成果的影响；非常性项目的说明；会计报表中有关重要项目明细资料；其他有助于理解和分析报表需要说明的事项。财务情况说明书是指为了方便报表使用者而对企业的一些财务状况所作的具体说明，以文字为主，结合数字指标进行分析。本章主要阐述会计报表的有关内容，会计报表附注的内容将在会计后续课程加以阐述。

第一节　会计报表概述

一、会计报表的概念和意义

　　会计报表是在会计日常核算基础上，根据账簿记录定期编制的，它是总括地反映企业在某一会计期间的财务状况和经营成果的书面报告文件。编制会计报表是会计核算程序中的一个重要环节，也是会计核算工作程序中的最后一个环节，每个企业和行政、事业单位都要定期编制会计报表。

　　通过前面各章的论述，我们已经知道会计核算的最初环节，是根据原始凭证，采用复式记账法编制记账凭证。但是，由于记账凭证所记载的经济业务是分散的、孤立的，不能综合、系统地反映经济业务的全貌，因此，就有必要设置账簿，把记账凭证上经济业务内容经过加工整理后，分别登记到各种账簿中去，从而使得分散、孤立的经济业务能够系统化。所以，账簿的作用是能够分门别类地连续反映业务的发生变化。但是，账簿所提供的资料，仍不能充分集中地反映业务的发生变化，也不能充分集中地反映经济业务的全貌。这是因为，经济管理所需要的各种信息资料，仍分散在各个账簿当中，从而使各种数据之间的相互关系被割裂开了，不能清晰、总括地反映出各项经济指标之间的内在联系，更不便于信息使用者阅读。因此，就有必要对账簿资料作进一步的加工、整理、分析和汇总，并以此为依据编制会计报表，使之形成一个有机的经济指标体系，全面、综合地反映企业的财务状况和经营成果，为企业内部的管理决策和外部的有关人士提供所需的经济信息。由此可见，编制会计报表在会计核算中占有十分重要的地位。财务报表的作用主要表现在以下几个方面：

（1）会计报表可以向企业的经营者和管理人员提供生产经营状况和财务状况的信息。他们通过审阅、分析会计报表，可以了解企业经营的业绩及财务状况的好坏，从而促使企业经营者和管理人员改善经营管理，进一步提高企业经济效益。同时，通过报表数据还可以预测未来经营趋势，为编制下一期计划和决策提供依据。

（2）会计报表可以向企业投资者提供投资与经营决策的信息。投资者通过审阅和分析会计报表，可以了解和掌握企业资本的保全和增值情况。投资者向企业投资的目的，是为了获得投资收益。由于现代企业实行所有权与经营权的分离，投资者一般不直接参与企业的经营，他们只是通过会计报表来取得所需要的信息，掌握资金的运用情况，并以此为依据，作出是否继续投资的决策。

（3）会计报表可以向政府有关部门提供他们所需要的会计信息资料。例如，税务部门通过审阅、分析会计报表，可以了解企业的收入、费用计算是否合理合法，应纳税金额的计算是否正确，有没有偷税漏税的现象，从而对企业遵守税法的情况作出评价。

（4）会计报表可以向银行、债权人提供信贷决策的资料。银行、债权人通过审阅、分析会计报表，可以了解企业的资产、负债的构成情况，了解企业的偿债能力，从而避免盲目贷款，避免投资风险。

（5）会计报表可以向企业主管部门提供评价企业经营管理水平高低的资料。主管部门通过审阅、分析会计报表，可以总结所属企业的经济工作，从而在全系统范围内推广先进企业的经验，促进后进转化，提高全系统的经营管理水平。

二、会计报表的种类

会计报表按照不同的标准，可以划分为不同的种类。

1. 按照会计报表反映的经济内容分类

按照会计报表所反映的经济内容来分类，可以分为资产负债表、利润表、现金流量表和所有者权益变动表等。

（1）资产负债表，用来反映企业在某一特定日期财务状况的报表，如反映企业拥有的资产、负债和所有者权益等。

（2）利润表，用来反映企业在一定期间的经营成果及其分配情况的报表，也反映企业在一定时期内的经营业绩。

（3）现金流量表，用来反映企业一定期间现金流入和现金流出信息的会计报表。

（4）所有者权益变动表，它是反映构成所有者权益的各组成部分当期的增减变动情况。

2. 按会计报表的编制时间分类

会计报表按编制时间的不同分为月度报表、季度报表和年度报表。

（1）月度报表，也称月报，是按月份反映企业的财务状况和经营情况的会计报表，如资产负债表、利润表等。

（2）季度报表，也称季报，是按季度反映企业财务状况和经营情况的会计报表，如资产负债表、利润表等。

（3）年度报表，也称年度或年终决算会计报表，是对企业全年经营成果和财务收支情况的总结。年度报表全面、总括地提供企业年度内的经营情况和年终的财务状况信息，因而要求的报表种类和揭示的会计信息最为完整齐全，包括全部报表、报表附注。

3. 按会计报表所反映的资金运动形态分类

会计报表按其反映资金运动的形态可以分为静态报表和动态报表。

（1）静态报表，是反映企业资金运动处于相对静止状态的报表。它是从某一"时点"上反映企业财务状况的会计报表，如资产负债表等。

（2）动态报表，是反映企业报告期内现金的流入和流出以及企业报告期经营业绩的会计报表，如现金流量表、利润表等。

4. 按会计报表的报送对象分类

会计报表按报送对象的不同可分为对外会计报表和对内会计报表。

（1）对外会计报表，是指企业定期向企业主管部门、投资者、债权人以及政府有关部门报送的会计报表，如资产负债表、利润表、现金流量表等。

（2）对内财务报表，是指企业为满足本身经营管理和经营决策的需要自行设计、自行编制的会计报表。随着现代企业生产技术的科学化和经营管理的日益复杂化，对内会计报表越来越显示它在经营预测和决策中所起的重要作用，如现金收支日报表、成本计算表等。

5. 按会计报表的编制单位分类

按会计报表编制单位的不同可分为单位会计报表和汇总会计报表等。

（1）单位会计报表，也称为基层会计报表，是由基层会计主体，根据账簿记录及有关资料编制的会计报表。

（2）汇总会计报表，是指总公司根据下属单位的报表和汇总单位本身的报表汇总编制而成的综合性报表。汇总报表，通常都是按照隶属关系，采取逐级汇总的方法编制而成。这样，既有利于总公司掌握下属单位的经济活动情况，以便于上一级管理部门进一步汇总。

6. 按会计报表反映的会计主体分类

按会计报表反映的会计主体的不同可分为个别会计报表和合并会计报表。

（1）个别会计报表，是指以单一会计主体为编报单位的会计报表。本书介绍的会计报表属于个别会计报表。

（2）合并会计报表，是指以母公司和子公司组成的企业集团为一会计主体，以母公司和子公司的个别会计报表为基础，由母公司编制的会计报表。

三、会计报表的编制要求

根据我国最新《企业会计准则第 30 号——财务报表列报》的要求。企业应以持续经营为基础，根据实际发生的交易和事项，按规定进行确认和计量，在此基础上编制会计报表。

（一）基本要求

1. 按项目重要性分类

重要性，是指会计报表某项目的省略或错报会影响使用者据此作出经济决策的，该项目具有重要性。一个项目是否具备重要性，应根据企业所处环境，从项目的性质和余额大小两方面来判断。

对于具有重要性的项目，如所有者权益等，性质或功能不同的项目，应当在会计报表中单独列报；但对于不具备重要性的项目，可按性质或功能来进行分类，如存货，可将原材料、包装物、库存商品等合并作为一个类别。

2. 不得抵消原则

会计报表中的资产项目和负债项目的金额、收入项目与费用项目的金额不能相互抵消。例如，应收账款的明细账中，有些明细账为借方余额，表明企业的应收债权；有些明细账为贷方余额，表明企业的预收账款（债务）。故在编制报表时应将其分别列示为应收账款（债权）和预收账款（债务），而不能将其相互抵消。

3. 提供可比较数据

为使信息使用者充分了解企业财务状况和经营业绩的变动,准则要求企业至少应提供上一期可比会计期间的比较数据,以及理解当期会计报表相关的说明。例如某企业编制2007年的会计报表,应同时提供2006年的财务报表以供使用者了解相同项目的变化。

(二)具体要求

1. 做好编报前的准备工作

编报前的准备工作,是搞好报表编制工作的第一环节,一般包括以下几个方面:

(1)入账。将编报期所有的经济业务全部登记入账,不能积压账目,也不能为赶编报表而提前结账。

(2)做好财产清查工作。在编制年终决算会计报表以前,应以该会计期间的全部经济业务为基础,清查各项财产物资、货币资金和往来款项。对于财产清查中发现的长短、盈亏,要及时入账,以保证账实相符。

(3)核对账目。主要分为外部核对和内部核对两个方面。

1)外部核对。要核对企业与其他单位的往来款项,主要是应收、应付款项;要核对银行存款是否与银行对账单相符。

2)内部核对。总账各科目余额应同有关日记账余额和明细账余额进行核对;明细账和有关明细账之间的数字要进行核对,以做到账账相符。

(4)调整账项。按权责发生制要求,对各项收入、成本和费用应及时计算和转账;对各种待摊费用、预提费用应及时列账、办理结转;对财产清查中发现的各项财产物资的盈亏,应按规定调整账目;对账目核对中发现的差异,应按规定加以更正。

(5)结账和试算平衡。在账目调整的基础之上,结束该会计期间的账目,同时进行试算平衡。

2. 编制会计报表,必须做到数字真实、内容完整、编报及时

(1)数字真实。会计报表必须真实客观地反映企业的经济活动。其数字必须真实准确,应严格按照账簿资料填列,不许用估计数代替实际数,更不许为了不正当的目的而人为地改动报表数字,弄虚作假。

(2)内容完整。报送的报表,必须按照统一规定的报表种类、格式和内容编制。对于应当填列的报表指标,无论是表内项目,或是补充资料,都要全部填列齐全,做到内容完整。

(3)编报及时。会计报表必须按照规定的时间,及时编制、及时报送,以满足各有关部门和人员对经济信息资料的需要。

(三) 会计报表的报送、审批和汇总

1. 会计报表的报送

企业的会计报表编制完成后，应由单位负责人、总会计师、会计主管人员分别审核，审核无误后，应对会计报表编定页数，加上封面，装订成册，签上有关人员的名并盖章以示负责，并加盖单位公章，分别报送。企业会计报表应按月或按年报送当地财税部门、开户银行、企业主管部门等。

2. 会计报表的审批

企业会计报表上报后，接受报表的有关部门应对报表进行审核。主管部门应着重审核企业是否有违反财经法纪的现象，如发现应及时查明原因，及时纠正，严肃处理；会计报表审核之后，要进行批复，企业对主管部门的批复意见，应认真研究执行；经过批复的会计报表是重要的经济档案，应妥善保存；财政、税务、银行等部门也应对企业报送的报表进行审核，以加强财政、税务和信贷监督，促使企业遵守各项工作财经法规和政策。

3. 会计报表的汇总

汇总报表是指由企业主管部门或上级机关，根据所属单位报送的会计报表；连同本单位会计报表汇总编制的综合性会计报表。

汇总会计报表是一项复杂的工作，为保证汇总会计报表的质量，可以采用先审核后汇总的办法。比如有的部门采用"会审会编"的形式，上级单位将所属单位的会计人员集中在一起，先相互审核各单位会计报表，然后再汇编汇总会计报表，这样做既保证了会计报表的质量，又提高会计人员的专业水平和能力。

第二节　资产负债表

一、资产负债表的概念和作用

资产负债表是反映企业某一特定日期的资产、负债、所有者权益的报表。实际上，资金运动是川流不息、周而复始地运动着的，并不会在某个时点突然停止。但资产负债表是假设资金运动至某一时点，即某一日资金运动暂时停止运动时，该企业的资产（拥有或控制）的经济资源有多少，具体分布怎样。另一方面反映这些资产的来源（从债权人中借入或投资者投入或企业经营增值）。因此资产负债表又称为静态报表或时点报表。其特点是该报表表头时间只能为某年某月某日，不同时期的资产负债表不能相加，故该报表一般没有本年累计数而列期初数和期末数。

资产负债表与企业理财活动的关系如表 11-1 所示。

表 11-1　资产负债表与企业理财活动的关系

资产	投资活动结果（经营占用的资源）	负债及所有者权益	筹资活动的结果
现金	投资剩余（满足经营意外支付）	短期借款	银行信用筹资
应收账款	应收账款投资（促进销售）	应付账款	商业信用筹资
存货	存货投资（保证销售、生产、经营）	长期负债	长期负债筹资
长期投资	对外长期投资（控制子公司经营）	股本	权益筹资
固定资产	对内长期投资（经营的基本条件）	留存利润	内部筹资

资产负债表的左方列示资产。资产是投资活动的结果，也是可供经营活动使用的物质资源，代表未来经营活动收益的潜在来源。公司为了从事经营活动，必须将获得的现金投资于各类实物资产。但是，资产规模不是企业成败的标志。有的企业需要巨额的资产，如航空航天、石油开采、核能发电等；有的企业只需要有限的资产，如自行车修理店，或小零售店等。能否为股东增加财富的关键是运用这些资产的效率和效益，而不是资产的多少。不同的经营活动需要不同的资产，资产的总量与结构应当适合经营活动的规模和类型，以求资产能发挥最大效用。

资产负债表的右方列示公司的资金来源即负债和所有者权益项目，它们是筹资活动的结果，代表企业的义务。负债是来自债权人的资金，代表企业对债权人的义务，它是债权人的索偿权。所有者权益是股东缴入资本和留存收益之和，代表企业对股东的义务，在持续经营状态下它是所有者要求收益的权力，在进入清算后它是所有者对企业的索偿权。由于债务到期时必须偿还，债务越多则不能偿债的概率越大，因此债务占整个资金来源的比重可以反映企业的破产风险。

资产负债表的会计等式是"资产＝负债＋所有者权益"，从企业基本活动看是"投资＝筹资"。投资和筹资是平衡的，筹资总是以投资（包括现金）的形式出现，投资额不能超过筹资额。如果投资需求增加，企业就要扩大筹资。通常，首先是加大收益留存的比例，内部筹资；其次是在合理的负债率内增加借款，用负债筹资；最后是要股东缴入，用股权筹资。如果投资需求萎缩，找不到可以增加股东财富的机会，就应把钱还给资金的提供者。

资产负债表不但要列出期末的资产、负债和所有者权益，还要列出各项目的期初金额，以提示会计期间的资金来源和资金占用的变化。

资产负债表能够提供企业资产、负债和所有者权益的全貌。通过资产负债表，可以了解下述情况：

（1）企业拥有或控制的经济资源及其分布情况。
（2）企业所负担的债务。
（3）企业偿还债务的能力。
（4）所有者在企业应享有的权益。
（5）企业将来的财务趋势。

由于资产负债表代表企业净资产价值反映企业真实的价值，近年来资产负债表被称为最重要的财务报表，利润表只是期末资产负债表与期初资产负债表的变化体现。资产负债表能够满足企业投资者、债权人、经营者、政府管理部门及财政、税务、银行、审计等有关各方对企业会计信息的需要。

二、资产负债表的结构和内容

资产负债表分为基本结构部分和补充资料两部分，该表的主体是它的基本结构部分。

资产负债表的基本结构是按照"资产 = 负债 + 所有者权益"这一会计平衡式设置的。其基本格式有两种：账户式和报告式。账户式资产负债表是左右结构，左边列示企业各项资产，右边列示企业的各项负债和所有者权益；报告式资产负债表是上下结构，报表的上半部列示企业的资产，下半部列示企业的负债和所有者权益。我国编制的资产负债表通常采用账户式的结构。

资产负债表的内容，按资产、负债和所有者权益三类项目排列。

1. 资产类

一般分为流动资产和非流动资产。

（1）流动资产。主要包括货币资金、交易性投资、应收票据、应收账款、其他应收款、预付账款、存货、待摊费用等。

（2）非流动资产。①长期投资，包括长期股权投资。②固定资产，主要包括固定资产（减：累计折旧）、工程物资、在建工程、固定资产清理等。③无形资产。

在我国资产负债表中，按照资产和负债的流动性由强至弱的顺序排列。流动性是指由一种资产形态转为另一种形态的难易程度。例如，出售存货从而转化为货币或债权会比出售固定资产容易得多，所以存货的流动性要比固定资产强。资产满足下列条件之一的，应归类为流动资产，其余应归类为非流动资产：

（1）预计在一个正常营业周期中变现、出售或耗用。
（2）主要为交易目的而持有。
（3）预计在资产负债表日起一年内变现。
（4）自资产负债表起一年内，交换其他资产或清偿负债的能力不受限制的现金和现金等价物。

例如，某企业购进50辆汽车，其中10辆汽车用于本企业运输，10辆汽车用于接受职业上下班，其余用于出售。那么，这些汽车用于企业使用的20辆应列为非流动资产、而用于出售的汽车则应列为流动资产。

2. 负债类

负债满足下列条件之一的，应归类为流动负债，其余则归类为非流动负债。

（1）预计在一个正常营业周期中清偿。

（2）主要为交易目的而持有。

（3）自资产负债表日起一年内到期应予以清偿。

（4）企业无权自主地将清偿推迟至资产负债表日后一年以上。

例如，某企业两年前取得银行5年期贷款500万元，约定每年6月偿还100万元。该企业在贷款到期前的每个资产负债表日都应分析在未来一年中应偿还的贷款。即将100万列为流动负债，余下的则列为非流动负债。

流动负债，包括短期借款、应付账款、预收账款、应付职工薪酬、应付股利、应交税费、其他应付款、预提费用等。

长期负债，包括长期借款、应付债券、长期应付款、专项应付款等。

3. 所有者权益类

包括实收资本（股本）、资本公积、盈余公积、未分配利润等。

三、资产负债表的编制方法

资产负债表中"年初数"栏内各项数字，应根据上年末资产负债表"期末数"栏内所列数字填列。

资产负债表"期末数"栏内各项指标的填列方法，主要有直接填列法和分析计算填列法两种。直接填列法是将总分类账或明细分类账的期末余额直接填列在报表中的相应项目内。报表中的绝大多数项目都采用这种填列方法。分析计算填列法是对账户记录进行分析、调整计算后，填列在报表的有关项目中。具体编制方法如下：

1. 根据有关账户的期末余额直接填列的项目

根据有关总分类账、明细分类账期末余额直接填列的项目有：应收票据、应收股利、应收利息、交易性金融资产、交易性金融负债、固定资产原价、累计折旧、固定资产减值准备、工程物资、固定资产清理、递延所得税资产、短期借款、应付票据、应付职工薪酬、应付股利、应交税费、其他应付款、预计负债、长期借款、持有至到期的投资、专项应付款、递延所得税负债、实收资本、资本公积、盈余公积等。

2. 根据有关账户期末余额分析计算后填列的项目

（1）"货币资金"项目，反映企业库存现金、银行存款和其他货币资金的合计数。本项目应根据"现金"、"银行存款"、"其他货币资金"科目的期末余额合计填列。

(2)"应收账款"项目,应根据"应收账款"科目所属各明细科目的期末借方余额合计,减去"坏账准备"科目中有关应收账款计提的坏账准备期末余额后的金额填列。如"应收账款"科目所属明细科目期末有贷方余额,应在"预收账款"项目内填列。

(3)"其他应收款"项目,应根据"其他应收款"科目的期末余额减去"坏账准备"科目中有关其他应收款计提的坏账准备期末余额后的金额填列。

(4)"预付账款"项目,应根据"预付账款"科目所属各明细科目的期末借方余额合计填列。如本科目期末出现贷方余额,应在"应付账款"项目中填列。

(5)"存货"项目,反映企业期末在库、在途和在加工中的各项存货的可变现净值。本项目应根据"原材料"、"低值易耗品"、"自制半成品"、"库存商品"、"包装物"、"委托加工物资"、"分期收款发出商品"、"委托代销商品"、"生产成本"等科目的期末余额合计减去"代销商品款"、"存货跌价准备"科目期末余额后的金额填列。

(6)"待摊费用"项目,应根据"待摊费用"科目的期末余额填列。"预提费用"科目期末如有借方余额,也在本项目内反映。

(7)"长期股权投资"项目,应根据"长期股权投资"科目的期末余额减去"长期投资减值准备"科目中有关股权投资减值准备期末余额后的余额填列。

(8)"持有至到期投资"项目,应根据"持有至到期投资"科目的期末余额减去"持有到期投资减值准备"期末余额和一年内到期的债权投资的期末余额后的金额填列。

(9)"在建工程"项目,应根据"在建工程"科目的期末余额减去在"在建工程减值准备"科目期末余额后的金额填列。

(10)"无形资产"项目,应根据"无形资产"科目的期末余额减去"累计摊销"和"无形资产减值准备"科目期末余额后的金额填列。

(11)"长期待摊费用"项目,应根据"长期待摊费用"科目的期末余额减去一年内摊销的数额后的金额填列。

(12)"应付账款"项目,应根据"应付账款"科目所属各有关明细科目的期末贷方余额合计填列。如本科目期末有借方余额,应在"预付账款"项目内填列。

(13)"预收账款"项目,应根据"预收账款"科目所属各有关科目的期末贷方余额合计填列。如本科目期末有借方余额,应在"应收账款"项目内填列。

(14)"预提费用"项目,应根据"预提费用"科目的期末贷方余额填列。如"预提费用"科目期末为借方余额,在"待摊费用"项目内填列。

(15)"长期应付款"项目,应根据"长期应付款"科目的期末余额减去"未确认融资费用"科目期末余额后的金额填列。

(16)"未分配利润"项目,应根据"本年利润"科目和"利润分配"科目的余额计算填列。未弥补的亏损,以"—"号填列。

第十一章 会计报表的编制

【例1】 根据第六章表6-15科宏轮胎公司资料编制资产负债表。有关本期发生额及余额计算表如表11-1所示,资产负债表的编制如表11-2所示。

表11-1 本期发生额及余额计算表
200×年12月31日

序号	会计科目	期初余额		本期发生额		期末余额	
		借方	贷方	借方	贷方	借方	贷方
1	现金	600.00			285.00	315.00	
2	银行存款	160 000.00		701 350.00	133 795.00	727 555.00	
3	应收账款			210 600.00	13 600.00	197 000.00	
4	坏账准备				8 000.00		8 000.00
5	原材料	8 556.00		56 765.00	44 980.00	20 341.00	
6	交易性金融资产	10 000.00		18 000.00		28 000.00	
7	公允价值变动损益			18 000.00	18 000.00		
8	库存商品	100 000.00		30 000.00	70 000.00	60 000.00	
9	生产成本			67 996.00	30 000.00	37 996.00	
10	待摊费用	400.00		480.00	190.00	690.00	
11	制造费用			9 900.00	9 900.00		
12	管理费用			13 259.00	13 259.00		
13	固定资产	500 000.00		20 000.00		520 000.00	
14	累计折旧		100 000.00		3 800.00		103 800.00
15	固定资产减值准备				2 000.00		2 000.00
16	应付账款		11 000.00	30 981.25	29 981.25		10 000.00
17	其他应付款		500.00	500.00			
18	短期借款				200 000.00		200 000.00
19	应付职工薪酬		5 000.00	25 000.00	28 500.00		8 500.00
20	长期借款				300 000.00		300 000.00

续表 11-1

序号	会计科目	期初余额 借方	期初余额 贷方	本期发生额 借方	本期发生额 贷方	期末余额 借方	期末余额 贷方
21	预提费用		600.00	600.00	1 800.00		1 800.00
22	实收资本		600 000.00		120 000.00		720 000.00
23	应交税费		6 000.00	43 350.00	106 338.03		68 988.03
24	主营业务成本			70 000.00	70 000.00		
25	销售费用			2 500.00	2 500.00		
26	营业税金及附加			7 650.00	7 650.00		
27	主营业务收入			255 000.00	255 000.00		
28	财务费用			300.00	300.00		
29	营业外收入			1 500.00	1 500.00		
30	资产减值损失			10 000.00	10 000.00		
31	营业外支出			3 100.00	3 100.00		
32	本年利润			274 500.00	274 500.00		
33	所得税			55 338.03	55 338.03		
34	利润分配		22 582.00	87 702.16	112 352.97		47 232.81
35	盈余公积		33 874.00		16 852.95		50 726.95
36	应付股利				70 849.21		70 849.21
	合 计	779 556.00	779 556.00	2 014 371.44	2 014 371.44	1 591 897.00	1 591 897.00

表 11-2 资产负债表

编制单位：科宏轮胎公司　　　200×年12月31日　　　会企01表　单位：元

资产	行次	期末余额	年初余额	负债及所有者权益	行次	期末余额	年初余额
流动资产：	略			流动负债：	略		
货币资金		727 870	160 600	短期借款		200 000	
交易性金融资产		28 000	10 000	交易性金融负债			
应收票据				应付票据			
应收账款		189 000		应付账款		10 000	11 000
预付账款				预收账款			
应收股利				应付职工薪酬		8 500	5 000
应收利息				应交税费		68 988.03	6 000
其他应收款				应付利息			
存货		118 337	108 556	应付股利		70 849.21	
（原材料+库存商品+生产成本）				其他应付款			500
				预提费用		1 800	600
待摊费用		690	400	预计费用			
一年内到期的非流动资产				一年内到期的非流动负债			
其他流动资产				其他流动负债			
流动资产合计		1 063 897	279 556	流动负债合计		360 137.24	23 100
非流动资产：				非流动负债：			
可供出售金融资产				长期借款		300 000	
持有至到期投资				长期应付款			
投资性房地产				专项应付款			
长期股权投资				预计负债			
长期应收款				递延所得税负债			
固定资产		414 200	400 000	其他非流动负债			
在建工程				非流动负债合计		300 000	
工程物资				负债合计		660 137.24	23 000

续表 11-2

资产	行次	期末余额	年初余额	负债及所有者权益	行次	期末余额	年初余额
固定资产清理				所有者权益			
生产性生物资产				（或股东权益）：			
油气资产				实收资本（或股本）		720 000	600 000
无形资产				资本公积			
开发支出				减：库存股		50 726.95	33 874
商誉				盈余公积		47 232.81	22 582
长摊待摊费用				未分配利润			
递延所得税资产							
其他非流动资产							
非流动资产合计：		414 200	400 000	所有者权益（或股东权益）合计		817 959.76	656 456
资产总计		1 478 097	679 556	负债和所有者（或股东权益）合计		1 478 097	679 556

第三节 利 润 表

一、利润表的概念和作用

利润表，又称损益表或收益表，是反映企业在一定会计期间经营成果的会计报表。它是一张动态报表，是根据"收入－费用＝利润"这一公式编制的。它反映企业一定时期的经营成果及经营成果的各项构成情况。通过利润表，可以评价企业的资本在经营过程中是否得到了保全，考核企业的经营管理水平及经营业绩，预测企业的获利能力，帮助企业经营者进行经营决策，帮助所有者和债权人进行投资决策。当然，要使利润表自身孤立地发挥上述作用是困难的，它往往需要通过整个财务报告和大量的非财务信息及信息使用者的职业判断来进行。

二、利润表的结构

利润表有单步式和多步式两种结构。单步式结构是将所有收入和所有费用分别加以汇总，用收入合计减去费用合计，从而得出本期利润。由于它只有一个相减的步骤，因而称为单步式利润表。单步式利润表编制方法简单，收入、支出归类清楚，但缺点是反映不出企业利润的构成内容，而是把企业所有的收入和费用等内容掺合在一起，不分层次和步骤，因而不利于报表分析。因此，单步式利润表只适用于业务比较简单的服务咨询行业。

多步式的利润表是按照利润的构成内容分层次、分步骤地逐步逐项计算编制而成的报表，它根据经营活动的主次和经营活动对企业利润的贡献情况排列编制。多步式利润表能够科学地提示企业利润及构成内容的形成过程，从而便于对企业生产经营情况进行分析，有利于不同企业之间进行比较，有利于预测企业今后的盈利能力。因此，世界大多数国家采用多步式利润表。其列示经营成果的步骤为：

$$营业利润 = 营业收入 - 营业成本 - 营业税金及附加 - 销售费用 - 管理费用 - 财务费用$$
$$- 资产减值损失 \pm 公允价值变动损益 \pm 投资收益$$
$$利润总额 = 营业利润 + 营业外收入 - 营业外支出$$
$$净利润 = 利润总额 - 所得税$$

多步式利润表格式如表 11 - 4 所示。

三、利润表的编制方法

利润表中"本月数"栏反映各项目的本月实际发生数，在编制年度报表时，应将"本月数"改为"上年数"，填列上年度的全年累计实际发生数。利润表中"本年累计数"栏反映各项目自年初起至本年末止的累计实际发生数。利润表各项目的内容，主要是根据有关损益类账户转入本年利润的发生额进行分析计算填列。填列方法如下：

（1）本表反映企业在一定期间内利润（亏损）的实现情况。

（2）本表"上年金额"栏内各项数字，应根据上年度利润表"本年金额"栏内所列数字填列。如果年度利润表规定的各个项目的名称和内容本年度不相一致，应对上年度利润表各项目的名称和数字按本年度的规定进行调整，填入本表"上年金额"栏内。

（3）本表"本年金额"栏内各项数字一般应当反映以下内容：

1）"营业收入"项目，反映企业经营主要业务和其他业务所确认的收入总额。"营业成本"项目，反映企业经营主要业务和其他业务发生的实际成本总额。

2）"营业税金及附加"项目，反映企业经营业务应负担的营业税、消费税、城市维护建设税、资源税、土地增值税和教育费附加等。

3）"销售费用"项目，反映企业的销售商品过程中发生的包装费、广告费等费用和为销售本企业商品而专设的销售机构的职工薪酬、业务费等经营费用。"管理费用"项目，反映企业为组织和管理生产经营发生的管理费用。"财务费用"项目，反映企业筹集生产经营所需资金等而发生的筹资费用。企业发生勘探费用的，应在"管理费用"和

"财务费用"项目之间,增设"勘探费用"项目反映。

4)"资产减值损失"项目,反映企业各项资产发生的减值损失。

5)"公允价值变动净收益"项目,反映企业按照相关准则规定应当计入当期损益的资产或负债公允价值变动净收益,如交易性金融资产当期公允价值的变动额。如为净损失,以"—"号填列。

6)"投资净收益"项目,反映企业以各种方式对外投资所取得的收益。如为净损失,以"—"号填列。企业持有的交易性金融资产处置和出售时,处置收益部分应当自"公允价值变动损益"项目转出,列入本项目。

7)"营业外收入"、"营业外支出"项目,反映企业发生的与其经营活动无直接关系的各项收入和支出。其中,处置非流动资产净损失,应当单独列示。

8)"利润总额"项目,反映企业实现的利润总额。如为亏损总额,以"—"号填列。

9)"所得税"项目,反映企业根据所得税准则确认的应从当期利润总额中扣除的所得税费用。

10)"基本每股收益"应当根据归属于普通股股东的收益除以总股东(流通在外)来计算的金额填列。实际工作中,还需计算"稀释每股收益",这将在有关专业课程中介绍。

【例2】根据第六章例1至例52科宏轮胎公司有关资料编制利润表,有关科目发生额如表11-3所示,利润表的编制如表11-4所示。

表11-3 科宏轮胎公司200×年损益类科目发生额

科目名称	借方发生额	贷方发生额
主营业务收入		255 000.00
主营业务成本	70 000.00	
营业税金及附加	7 650.00	
销售费用	2 500.00	
管理费用	13 259.00	
财务费用	300.00	
资产减值损失	10 000.00	
公允价值变动损益		18 000.00
营业外收入		1 500.00
营业外支出	3 100.00	
所得税	55 338.03	

表 11-4 利润表

编制单位：科宏轮胎公司　　　200×年12月　　　　　　　　会企02表
单位：元

项　　目	行次	本年金额	上年金额
一、营业收入		255 000.00	
减：营业成本		70 000	
营业税金及附加		7 650	
管理费用		13 259	
销售费用		2 500	略
财务费用（收益以"—"号填列）		300	
资产减值损失		10 000	
加：公允价值变动净收益（净损失以"—"号填列）		18 000	
投资净收益（净损失以"—"号填列）			
二、营业利润（亏损以"—"号填列）		169 291	
加：营业外收入		1 500	
减：营业外支出		3 100	
其中：非流动资产处置净损失（净收益以"—"号填列）			
三、利润总额（亏损总额以"—"号填列）		167 691	
减：所得税		55 338.03	
四、净利润（净亏损以"—"号填列）		112 352.97	
五、每股收益			
（一）基本每股收益			
（二）稀释每股收益			

备注：每股收益留待有关专业课程介绍。

第四节　现金流量表

一、现金流量表的作用

现金流量表是以现金为基础编制的财务状况变动表。它是以现金的流入和流出反映企业一定期间内的经营活动、投资活动和筹资活动的动态情况，反映企业现金流入和流出的全貌，表明企业获得和现金等价物的能力。

现金流量表的作用如下：

(1) 现金流量表是在以营运资金为基础编制的财务状况变动表的基础上发展起来的。以营运资金为基础编制的财务状况变动表有一定的局限性。营运资金是流动资产和流动负债的差额，流动资产中不但包括现金、银行存款，还包括存货、应收账款等其他流动资产。假定一个企业的现金大幅减少的而应收账款和存货却大量增加，这时企业的营运资金不一定会减少，反而可能会增加，这给人一种印象，似乎企业的财务状况不错。如果应收账款和存货的质量有问题，就会误导会计信息使用者。而现金流量表则可以避免这种缺陷，它克服了营运资金概念内涵过广、模糊的缺点，消除了应收账款、存货、待摊费用等非现金流动资产的增加而掩盖现金减少，从而造成企业财务状况良好的假象。所以，报表使用者通过阅读现金流量表，可以对企业的支付能力和偿债能力以及对外部的需求情况作出较为可靠的判断。

(2) 现金流量表有助于预测企业未来的现金流量。通过现金流量表所反映的企业过去一定期间的现金流量以及其他生产经营指标，可以预测企业未来的现金量，为企业编制现金流量计划，组织现金调度、合理节约地使用现金创造条件，为投资者和债权人评价未来的现金流量表，作出投资和信贷决策提供必要的信息。

(3) 现金流量表有助于分析企业收益质量及影响现金净流量的因素。利润表中列示的净利润指标，反映了一个企业的经营成果，但利润表是按权责发生制原则编的，它不反映企业经营活动产生了多少现金。通过编制现金流量表，可以掌握经营活动产生了多少现金，并与净利润相比较，就可以从现金流量的角度了解净利润的质量，进一步判断影响现金流入量的因素，判断企业的财务前景。

(4) 编制现金流量表符合国际惯例。目前世界许多国家都要求企业编制现金流量表，我国企业编制现金流量表后，将对开展跨国经营、境外筹资、加强国际经济合作起到积极作用。

二、现金流量表的概念及其分类

1. 现金流量表的概念

现金流量表中包括"现金"、"现金等价物"和"现金流量"三个概念。

(1) 现金。现金是指企业的库存现金及可以随时用于支付的存款。包括"现金"账户核算的库存现金，"银行存款"账户核算的存入金融企业随时可以用于支付的存款，"其他货币资金"账户核算的外埠存款、银行汇票存款、银行本票存款和在途货币资金等其他货币资金。

(2) 现金等价物。现金等价物是指企业持有的期限短、流动性强、易于转换为已知金额现金、价值变动风险很小的投资。现金等价物虽然不是现金，但其支付能力与现金的差别不大，可视为现金，一般在"交易性金融资产"等账户核算，如企业拥有的、可在证券市场上流通的三个月内到期的短期债券投资等。

在现金流量表中，将以上两个概念统称为现金，即现金是由"现金"和"现金等价物"两部分组成的。

(3) 现金流量。现金流量是某一段时间内企业现金流入和流出的数量。如企业销售商品、提供劳务、出售固定资产、向银行借款等取得现金，形成企业的现金流入；购买原材料、接受劳务、购建固定资产、对外投资、偿还债务等而支付现金，形成企业的现金流出。现金流量信息能够说明企业经营状况是否良好、资金是否紧缺、偿付能力如何等，从而为投资者、债权人、企业管理者提供非常有用的信息。

应该注意的是，企业现金形式之间的转换不会产生现金流入和流出，如企业从银行提取现金，是企业现金存放形式的转换，并未流出企业，不构成现金流量；同样，现金与现金等价物之间的转换也不属于现金流量，比如，企业用现金购买将于三个月内到期的国库券等。

2. 现金流量的分类

企业的现金流量可分为三类：

(1) 经营活动产生的现金流量。经营活动是指企业投资活动和筹资活动以外的所有交易和事项。由经营活动而取得的现金收入和发生的现金支出构成经营活动产生的现金流量。由于行业特点不同，不同类别的企业，对经营活动范围的认定不尽相同。就工业企业而言，经营活动主要包括：销售产品、提供劳务、购买原材料、接受劳务、广告宣传、交纳税款等等。

(2) 投资活动产生的现金流量。投资活动是指企业长期资产的购建和不包括在现金等价物范围内的投资及其处置活动。由投资活动而取得的现金收入或发生的现金支出构成投资活动产生的现金流量，主要包括：取得和收回投资、购建和处置固定资产、无形资产和其他长期资产,以及由此而产生的股利、利润、债券利息等收入。

(3) 筹资活动产生的现金流量。筹资活动是指导致企业资本及债务规模和构成发生变化的活动。由筹资活动所取得的现金收入和发生的现金支出构成筹资活动产生的现金流量,主要包括吸收投资、发行股票和债券、借款及偿还债务、分配利润、支付利息等业务。

三、现金流量表的结构和编制方法

1. 现金流量表的结构

现金流量表包括正表和补充资料两部分。正表包括五项内容:①经营活动产生的现金流量;②投资活动产生的现金流量;③筹资活动产生的现金流量;④汇率变动对现金的影响额;⑤现金及现金等价物的净增加额。补充资料包括三部分内容:①净利润调节为经营活动的现金流量;②不涉及现金收支的投资和筹资活动;③现金及现金等价物净增加情况。

2. 现金流量表编制基础

现金流量表与资产负债表和利润表不同,后者的编制基础为权责发生制,即应根据经济业务的发生,风险和报酬的控制来确认会计要素,而现金流量表的编制基础为收付实现制,即以货币资金的收付为确认收入、费用的依据。权责发生制与收付实现制的区别如表11-5所示。

表11-5 权责发生制与收付实现制的区别

经济业务	权责发生制	收付实现制
1. 销售产品一批,价值100万元。收到对方交来支票50万元	应确认银行存款50万,应收账款50万,营业收入100万	只确认银行存款和收入50万
2. 支付下一年度财产保险费1 200元	不能确认为本期费用,列入待摊费用1 200元	确认为费用1 200元
3. 计提固定资产折旧30 000元	应确认为制造费用或管理费用	不确认为费用,因现金无流出
4. 收到购方交来预订产品款项50 000元	不确认收入,只能确认预收账款,待产品完工发运后才能确认收入	确认收入50 000元
5. 本月购进商品1 000件,每件进价100元,本月出售600件,每件售价150元	确认收入 $600 \times 150 = 90\,000$ 确认成本 $600 \times 100 = 60\,000$ 确认利润 $30\,000$	确认收入 $600 \times 150 = 90\,000$ 确认费用 $1000 \times 100 = 100\,000$ 现金净流量 $-10\,000$

3. 现金流量表的编制方法

（1）经营活动产生的现金流量的编制。经营活动产生的现金流量通常可以采用直接法和间接法两种方法反映。即在正表中采用直接法，在补充资料部分采用间接法。两种方法计算的经营活动产生的现金流量净额应相等。

直接法是通过现金收入和现金支出的主要类别直接反映来自企业经营活动的现金流量。采用直接法编制的现金流量表，便于分析企业经营活动现金流量的来源和用途，预测企业未来现金流量的前景。间接法是以本期净利润为基础，调整不涉及现金的收入、费用以及其他有关项目，据此计算出经营活动的现金流量。采用间接法编制的现金流量表，便于对净利润与经营活动现金净流量进行比较，了解净利润与经营活动现金流量差异的原因，从现金流量的角度分析净利润的质量。经营活动产生的现金流量，各项目的内容如下：

1）销售商品、提供劳务收到的现金。该项目反映企业销售商品、提供劳务实际收到的现金，包括本期销售商品、提供劳务收到的现金，前期销售和提供劳务本期收到的现金以及本期预收的账款，扣除本期退回本期销售的商品和前期销售本期退回的商品支付的现金。企业销售材料和代购代销业务收到的现金，也在本项目反映。

2）收到的税费返还。该项目反映企业收到返还的各项税费，如收到的增值税、消费税、营业税、所得税、教育费附加返还等。

3）收到的其他与经营活动有关的现金。该项目反映企业除了上述各项目外收到的其他与经营活动有关的现金流入，如罚款收入、流动资产损失中由个人赔偿的现金收入等。

4）购买商品、接受劳务支付的现金。该项目反映企业购买材料、商品、接受劳务实际支付的现金，包括本期购入材料、商品、接受劳务支付的现金以及本期支付前期购入材料、商品、接受劳务的应付款项和本期预付的现金等。

5）支付给职工以及为职工支付的现金。该项目反映本期企业实际支付给职工以及为职工支付的现金，包括支付给职工的工资、奖金、各种津贴和补贴等，以及为职工支付的其他费用。

6）支付的各项税费。该项目反映企业按国家有关规定于当期实际支付的各项税费，包括本期发生并支付的税费，以及本期支付以前各期发生的税费和预交的税金，如支付的教育附加、矿产资源补偿、印花税、房产税、土地增值税、车船使用税、预交的营业税等。不包括计入固定资产价值、实际支付的耕地占用税等。

7）支付的其他与经营活动有关的现金。该项目反映企业除上述各项目外支付的其他与经营活动有关的现金流出，如罚款支出、支付的差旅费、业务招待费、支付的保险费等。

（2）投资活动产生的现金流量的编制。

1）收回投资所收到的现金。该项目反映企业出售、转让或到期收回现金等价物以外的交易性投资、长期股权投资而收到的现金,以及收回长期债权投资本金而收到的现金。

2)取得投资收益所收到的现金。该项目反映企业因股权性投资和债权性投资而取得的现金股利、利息,以及从子公司、联营企业和合资企业收到的现金,不包括股票股利。

3)处置固定资产、无形资产和其他长期资产而收到的现金净额。该项目反映企业处置固定资产、无形资产和其他长期资产所取得的现金,扣除为出售这些资产而支付的有关费用后的净额。由于自然灾害所造成的固定资产等长期资产损失而收到的保险赔偿收入,也在本项目反映。

4)收到的其他与投资活动有关的现金。该项目反映企业除了上述各项以外收到的其他与投资活动有关的现金流入。

5)购建固定资产、无形资产和其他长期资产所支付的现金。该项目反映企业为购买、建造固定资产,取得无形资产和其他长期资产支付的现金。

6)投资所支付的现金。该项目反映企业进行权益性投资和债权性投资所支付的现金,包括企业取得的除现金等价物以外的交易性投资、长期股权投资、持有至到期投资支付的现金以及支付的佣金、手续费等附加费用。

7)支付的其他与投资活动有关的现金。该项目反映企业除上述各项以外支付的其他与投资活动有关的现金流出。

(3)筹资活动产生的现金流量的编制。

1)吸收投资所收到的现金。该项目反映企业收到的投资者投入的现金,包括以发行股票、债券方式筹集的资金实际收到的款项净额(发行收入减去支付的佣金等发生费用后的净额)。

2)借款所收到的现金。该项目反映企业举借各种短期、长期借款所收到的现金。

3)收到的其他与筹资活动有关的现金。该项目反映企业除上述各项目外收到的其他与筹资活动有关的现金流入,如接受现金捐赠等。

4)偿还债务所支付的现金。该项目反映企业以现金偿还债务的本金,包括偿还金融企业的借款本金、债券本金等。

5)分配股利、利润或偿付利息所支付的现金。该项目反映企业当期实际支付的现金股利、支付给其他投资单位的利润,以及支付的借款利息、债券利息等。

6)支付的其他与筹资活动有关的现金。该项目反映企业除上述各项外支付的其他与筹资活动有关的现金流出,如捐赠现金支出、融资租入固定资产支付的租赁费等。

(4)汇率变动对现金的影响额。该项目反映企业外币现金流量及境外公司的现金流量折算为人民币时,所采用的现金流量发生日的汇率或平均汇率折算的人民币金额与"现金及现金等价物净增加额"中外币现金净增加额按期末汇率折算的人民币金额之间的差额。

(5)现金及现金等价物净增加额。该项目反映企业本期现金的净增加或净减少,是上述各类现金流量净额与汇率变动对现金影响的合计数,也等于期末现金会计与期初现金会计之差。

现金流量表可根据本年度的资产负债表、利润表及其他会计资料编制而成,该表的具体编制方法将在会计后续课程中阐述,如业务不多的企业也可采用简化的方法,即对现金、银行存款等涉及现金流量的账户进行分析,直接填制现金流量表。

【例4】根据第六章例1至例52科宏轮胎公司资料,采用简化办法填制现金流量表,如表11-7所示。

由于科宏轮胎公司200×年涉及现金流量业务不多,可采用简化的方法。步骤如下:

(i) 分析涉及现金流量的账户,如现金和银行存款中的现金变化原因。

(ii) 对现金流量进行分析和汇总。

(iii) 把分析汇总结果直接填列到现金流量表的主表中。

(iv) 对净利润进行调整,调整为经营活动现金流量。

∵ 期初余额 + 本期增加 = 本期减少 + 期末余额

→本期增加 - 本期减少 = 期末余额 - 期初余额

∴ 现金净流量的计算可用两种方法:①本期增加 - 本期减少。②期末余额 - 期初余额。

表 11-6

分析	现金	分析
期初	600	(16) 支付水电费 285→属经营活动(购进商品)现金流出
本期发生额	0	本期发生额 285
期末余额	315	

分析	银行存款	分析	
期初余额	160 000	(6) 购进材料 →属经营活动(购进商品)现金流出	438.75
(1) 收到投资者投入 →属投资活动(吸收投资)	30 000	(7) 购进材料 →属经营活动(购进商品)现金流出	35 889.75
(3) 收到投资者投入 →属投资活动(吸收投资)	70 000	(8) 支付购料包装费 →属经营活动(购进商品)现金流出	105.30
(4) 向银行借款 →属筹资活动(借贷)	500 000	(9) 偿还欠款 →属经营活动(购进商品)现金流出	29 981.25

(23) 销售产品	87 750	(11) 发放职工工资	25 000
→属经营活动（销售商品）		→属经营活动（支付职工）现金流出	
(25) 销售产品	13 600	(14) 支付办公费	2 000
→属经营活动（销售商品）		→属经营活动（其他）现金流出	
		(17) 支付财产保险费	480
		→属经营活动（其他）现金流出	
		(20) 支付预提保险费	600
		→属经营活动（其他）现金流出	
		(24) 缴纳税金	33 699.95
		→属经营活动（支付税费）现金流出	
		(29) 支付免费送货费用	1 000
		→属经营活动（其他）现金流出	
		(30) 支付销售运费	1 500
		→属经营活动（其他）现金流出	
		(44) 支付职工子弟支取经费	3 000
		→属经营活动（其他）现金流出	
		(45) 支付大大违约金	100
		→属经营活动（其他）现金流出	
本期发生额	701 350	本期发生额	133 795
期末余额	727 555		

（i）从上述分析可见，科宏轮胎公司的本期现金净流通量的计算可由两种方法取得。

i）（"现金"账户借方发生额 + "银行存款"账户借方发生额） - （"现金"账户贷方发生额 + "银行存款"账户贷方发生额） = （0 + 701 350） - （285 + 133 795） = 567 270（元）

ii）（"现金"账户期末余额 + "银行存款"账户期末余额） - （"现金"账户期初余额 + "银行存款"账户期初余额） = （315 + 727 555） - （600 + 160 000） = 567 270（元）

（ii）归类汇总直接填入现金流量表主表，见表11-6。

（iii）以净利润为起点，将净利润调整为经营活动现金净流量。

i）由于净利润是根据权责发生制编制的，而现金流量是根据收付实现制确认的，故应将影响净利润，但却不涉及现金流量的项目进行调整。

ii）由于净利润是一个综合指标，不仅包括经营活动，而且包括投资活动、筹资活动的变动，因此应将影响净利润，但却不属于经营活动的项目剔除。关于这部分的具体内容，留待有关专业课程详细介绍。

表 11-7 现金流量表

编制单位：科宏轮胎公司　　　　200×年　　　　　　　　　　　　　　　　单位：元

项　目	行次	金　额
一、经营活动产生的现金流量		
销售商品、提供劳务收到的现金		101 350
收到的税费返还		
收到的其他与经营活动有关的现金		
现金流入小计		101 350
购买商品、接受劳务支付的现金		66 700.05
支付给职工以及为职工支付的现金		25 000
支付的各项税费		33 699.95
支付的其他与经营活动有关的现金		8 680
现金流出小计		134 080
经营活动产生的现金流量净额		-32 730
二、投资活动产生的现金流量净额		
收回投资所收到的现金		
取得投资收益所收到的现金		
处置固定资产、无形资产和其他长期资产而收到的现金净额		
收到的其他与投资活动有关的现金		
现金流入小计		
购建固定资产、无形资产和其他长期资产支付的现金		
投资所支付的现金		
支付的其他与投资活动有关的现金		
现金流出小计		
投资活动产生的现金流量净额		

续表 11-7

项　目	行次	金　额
三、筹资活动产生的现金流量		
吸收投资所收到的现金		100 000
借款所收到的现金		500 000
收到与其他筹资活动有关的现金		
现金流入小计		600 000
偿还债务所支付的现金		
分配股利、利润或偿付利息所支付的现金		
支付的其他与筹资活动有关的现金		
现金流出小计		
筹资活动产生的现金流量净额		600 000
四、汇率变动对现金的影响额		
五、现金及现金等价物净增加额		567 270
不涉及现金收支的投资和筹资活动:		
现金及现金等价物净增加情况:		
现金的期末余额		727 870
减:现金的期初余额		160 600
加:现金等价物的期末余额		0
减:现金等价物的期初余额		0
现金及现金等价物净增加额		567 270

由于利润表上提供的净利润,是按照权责发生制要求而不是按照收付实现制要求确认收入和费用而得到的计算结果,所以利润不能直接提供经营活动取得现金流量的信息,而资产负债表也很难从期末和期初金额的比较中直接提供企业投资和筹资活动现金流量的信息,因而,现金流量表是一张反映企业经营全貌、揭示企业现金来源和运用、作为资产负债表之间的纽带和桥梁的报表。

第五节 资产负债表、利润表、现金流量表的相互关系

一、资产负债表、利润表、现金流量表的关系与比较

资产负债表、利润表、现金流量表存在密切的联系。实际上,从计算利润的角度看,只要将两期资产负债表进行对比,剔除投资和利润分配因素可得本期利润。这就说明资产负债表与利润表的关系。现金流量表揭示了企业的现金从哪里来,到何处去,进一步说明资产负债表的结果。图11-1简要列示了这三表的关系。

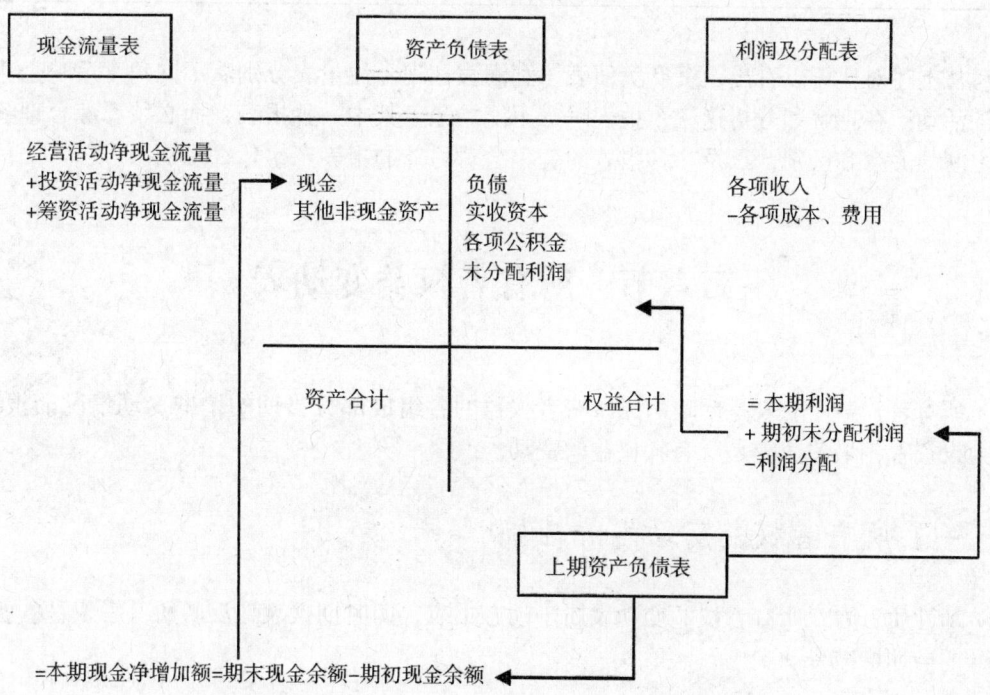

图11-1 资产负债表、利润表、现金流量表的关系

二、资产负债表、利润表、现金流量表的比较（见表11-8）

表11-8

项目	资产负债表	利润表	现金流量表
编制基础	权责发生制	权责发生制	收付实现制
数据性质	时点数	时期数	时期数
填例依据	所有账户期初、期末余额	损益类账户本期发生额	现金及现金等价物本期发生额
报表作用	反映某一时点企业所拥有、控制的经济资源及其来源	反映企业在某一时期的经营成果及其他分配	反映现金及现金等价物的来龙去脉
会计方程式	资产 = 负债 + 所有者权益	收入 - 费用 = 利润	现金流入 - 现金流出 = 净流量

从上述对比可以看出，资产负债表、利润表和现金流量表分别从不同角度反映企业的经济活动。在理解和分析这三个报表时，不能局限于其中一种报表，而必须要综合理解他们之间的关系和区别，以及一种报表的变化会对另外的报表产生什么影响。

第六节 所有者权益变动表

所有者权益变动表是反映构成所有者权益的各组成部分当期的增减变动情况的报表。作为投资者，最关注的是所有者权益的变动。

一、所有者权益变动表的性质

从性质上看，所有者权益变动表属于动态报表，即时期报表，反映所有者权益的各个部分的当期增减变动。

二、所有者权益变动表的内容

所有者权益变动表的内容包括：
（1）当期净利润。

（2）直接计入所有者权益的利得和损失。
（3）会计政策变更和差错更正的累积影响金额。
（4）所有者投入资本和向所有者分配利润等。
（5）按规定提取的盈余公积。
（6）实收资本，资本公积、盈余公积、未分配利润的期初和期末余额及其调节情况。

【例5】根据第六章例1至例52科宏轮胎公司资料编制所有者权益变动表，如表11-9所示。

表11-9 所有者权益（股东权益）变动表

编制单位：　　　　　　　　　　年　　　　　　　　　　　　　会合：04表
单位：元

项　目	本年金额						上年金额					
	实收资本(或股本)	资本公积	减:库存股	盈余公积	未分配利润	所有者权益合计	实收资本(或股本)	资本公积	减:库存股	盈余公积	未分配利润	所有者权益合计
一、上年年末余额							600 000			33 874	22 582	
加：会计政策变更												
前期差错更正												
二、本年年初余额							600 000			33 874	22 582	
三、本年增减变动金额（减少以"-"号填列）												
（一）净利润					112 352.97							
（二）直接计入所有者权益的利得和损失												
1.可供出售金融资产公允价值变动净额												
2.现金流量套期工具公允价值变动净额												
3.与计入所有者权益项目相关的所得税影响												
4.其他												
上述（一）和（二）小计					112 352.97							
（三）所有者投入资本												
1.所有者投入资本	120 000											

续表 11-9

项　目	本年金额						上年金额					
	实收资本(或股本)	资本公积	减:库存股	盈余公积	未分配利润	所有者权益合计	实收资本(或股本)	资本公积	减:库存股	盈余公积	未分配利润	所有者权益合计
2.股份支付计入所有者权益的金额												
3.其他												
(四)利润分配												
1.提取盈余公积					16 852.95							
2.对所有者(或股东)的分配					70 849.21							
3.其他												
(五)所有者权益内部结转												
1.资本公积转增资本(或股本)												
2.盈余公积转增资本(或股本)												
3.盈余公积弥补亏损												
4.其他												
四、本年年末余额	720 000			50 726.95	47 232.81							

习题十一

一、判断题（如不对，请说明理由。）

1．资产负债表是总括反映企业一定时期财务状况的会计报表。（　　）
2．利润表是反映企业某一特定日期经营成果的会计报表。（　　）
3．内部会计报表的编制时间、内容和格式都可以根据企业实际需要而定，不受国家统一规定的限制。（　　）
4．资产负债表中的所有项目，应根据所有账户的期末余额直接填列。（　　）
5．利润表中的项目，应根据有关经营过程账户的发生额填列。（　　）
6．现金流量表和资产负债表都属于静态会计报表。（　　）
7．现金流量表是根据收付实现制原则来编制的。（　　）
8．所有者权益变动表是反映企业在会计期末时所有者权益的数额。（　　）

二、选择题（单项或多项）

1．需要根据有关账户余额填列的会计报表有（　　）。

A. 利润表　　　B. 现金流量表　　　C. 资产负债表　　D. 所有者权益变动表
2. 资产负债表能够总括反映(　　)的财务状况。
　　A. 企业某一日期　　　　　　　B. 企业某一时期
　　C. 企业全年　　　　　　　　　D. 企业某一会计期间
3. 下列资产负债表的项目中,需要根据总账科目余额直接填列的是(　　)。
　　A. 一年内到期的长期债券投资　　B. 存货
　　C. 待处理流动资产净损失　　　　D. 应付职工薪酬
4. 资产负债表内各项目分类与排列的依据是(　　)。
　　A. 项目的经济性质　　　　　　B. 项目的流动性
　　C. 项目金额的大小　　　　　　D. A,B 均为正确选择
5. 下列选项中,反映了资产负债表内有关资产项目排列顺序的是(　　)。
　　A. 流动资产、长期投资、固定资产、无形资产、其他长期资产
　　B. 其他长期资产、无形资产、固定资产、长期投资、流动资产
　　C. 流动资产、长期投资、无形资产、其他长期资产、固定资产
　　D. 固定资产、流动资产、无形资产、长期投资、其他长期资产
6. 编制会计报表前,应做好(　　)准备工作。
　　A. 清查财产　　B. 核对账目　　C. 调整账项　　D. 结账
7. 借助利润表,可以提供的重要会计信息有(　　)。
　　A. 主营业务收入　　　　　　　B. 应交增值税
　　C. 主营业务利润　　　　　　　D. 营业外收支净额
　　E. 资产总额
8. 资产负债表中,"存货"项目应根据(　　)等项目中期末余额合计数填列。
　　A. 固定资产　　B. 原材料　　　C. 生产成本
　　D. 库存商品　　E. 银行存款
9. 下列选项下,反映资产负债表内有关所有者权益的排列顺序是(　　)。
　　A. 实收资本、资本公积、未分配利润、盈余公积
　　B. 实收资本、资本公积、盈余公积、未分配利润
　　C. 未分配利润、盈余公积、资本公积、实收资本
　　D. 实收资本、未分配利润、资本公积、盈余公积
10. 下列资产负债表项目中,需要根据几个总账账户汇总填列的项目是(　　)。
　　A. 持有至到期投资　　B. 货币资金　　C. 应付债券　　D. 累计折旧
11. 某企业应收账款明细账借方余额合计为 280 000 元,贷方余额合计为 73 000 元,坏账准备贷方余额为 680 元,则资产负债表的"应收账款净额"项目为(　　)元。
　　A. 280 000　　B. 206 320　　C. 279 320　　D. 207 000

12. 下列项目中，属现金流量表中投资活动现金流量的是（　　）。
    A. 购进原材料支付的现金　　　　B. 购进设备一台支付的现金
    C. 购进专利一项支付的现金　　　D. 购进股票支付的现金
    E. 支付车间工人工资的现金

三、简答题

1. 会计报表有哪些作用？
2. 会计报表有哪几种分类？
3. 会计报表编制的具体要求是什么？
4. 什么是资产负债表？如何编制？
5. 什么是利润表？利润表上的净利润与现金流量表上的现金流量增加净额经常有差异，为什么？
6. 各种会计报表之间存在怎样的对应关系？

四、实务题

题一

【目的】练习编制资产负债表。

【资料】华升公司200×年12月31日各账户期末余额如下：

账户	借方余额	账户	贷方余额
现金	500	短期借款	5 000
银行存款	7 900	应付账款	3 700
应收账款	14 460	预收账款	1 460
预付账款	600	其他应付款	100
其他应收款	300	应付职工薪酬	1 100
原材料	12 300	预提费用	1 600
库存商品	3 700	长期借款	9 000
待摊费用	800	应交税费	7 000
长期股权投资	10 000	实收资本	30 000
固定资产	21 800	资本公积	2 000
无形资产	1 400	本年利润	56 400
长期待摊费用	400	坏账准备	600
利润分配	33 188	累计折旧	8 000
所得税	18 612		

【要求】根据上述资料编制资产负债表。

题二
【目的】练习编制利润表。
【资料】华升企业200×年度损益类账户发生额如下：

主营业务收入	286 000（贷方）	财务费用	4 000（借方）
主营业务成本	102 000（借方）	投资收益	3 000（贷方）
营业税金及附加	9 000（借方）	营业外收入	7 000（贷方）
销售费用	4 000（借方）	营业外支出	3 600（借方）
管理费用	17 000（借方）	所得税	18 612（借方）
公允价值变动损益	5200（贷方）	资产减值损失	4980（借方）

【要求】根据上述资料编制利润表。

题三
【目的】练习编制利润表。
【资料】某企业某年度发生下列经济业务：
1. 销售A产品1 200件，每件售价90元，产品已发出，增值税18 360元，货款及增值税款已收到，并送存银行。
2. 销售B产品900件，每件售价100元，产品已发出，增值税15 300元，买方尚未支付货款和增值税税款。
3. 为销售A、B两种产品发生广告费用18 000元，用银行存款支付。按A、B产品销售收入比例进行分配。
4. 结转已售A、B产品的实际生产成本，其中A产品生产成本60 000元，B产品的生产成本7 000元。
5. 按主营业务收入的5%计算A、B两种产品的消费税。
6. 月末把"主营业务收入"、"主营业务成本"、"销售费用"、"营业税金及附加"账户发生额结转"本年利润"账户。
7. 本月发生管理费用共1 980元，月末结转"本年利润"账户。
8. 本月发生的财务费用400元，月末结转"本年利润"账户。
9. 没收逾期未退包装物押金1 300元。
10. 以现金支付因违反经济合同而承担的违约金100元。
11. 月末把本月发生的"营业外支出"结转"本年利润"账户。
12. 应付账款中有3 000元，因对方单位已撤销确实无法支付，转入"营业外收入"。
13. 月末把"营业外收入"结转"本年利润"账户。

14. 月末，计算本月的利润总额，然后按利润总额的33%计提应交所得税。
15. 月末按税后利润的10%计提盈余公积。
16. 按本月税后利润减去盈余公积余额的85%分配给本企业的投资者。（期初没有未分配利润）

【要求】
1. 根据上述经济业务编制会计分录。
2. 开设有关所有者权益类和损益类的账户（"T"字型），并根据会计分录登记入账和结账。
3. 根据有关账户资料编制本期利润表。

题四
【目的】综合练习资产负债表、利润表、现金流量表的编制。
【资料】第六章实务题题八资料。
【要求】
1. 编制资产负债表。
2. 编制利润表。
3. 编制现金流量表。

现金流量表

项　目	行次	金　额
一、经营活动产生的现金流量		
销售商品、提供劳务收到的现金		
收到的税费返还		
收到的其他与经营活动有关的现金		
现金流入小计		
购买商品、接受劳务支付的现金		
支付给职工以及为职工支付的现金		
支付的各项税费		
支付的其他与经营活动有关的现金		
现金流出小计		
经营活动产生的现金流量净额		
二、投资活动产生的现金流量净额		
收回投资所收到的现金		
取得投资收益所收到的现金		

续上表

项　　目	行次	金　额
处置固定资产、无形资产和其他长期资产而收到的现金净额		
收到的其他与投资活动有关的现金		
现金流入小计		
购建固定资产、无形资产和其他长期资产支付的现金		
投资所支付的现金		
支付的其他与投资活动有关的现金		
现金流出小计		
投资活动产生的现金流量净额		
三、筹资活动产生的现金流量		
吸收投资所收到的现金		
借款所收到的现金		
收到与其他筹资活动有关的现金		
现金流入小计		
偿还债务所支付的现金		
分配股利、利润或偿付利息所支付的现金		
支付的其他与筹资活动有关的现金		
现金流出小计		
筹资活动产生的现金流量净额		
四、汇率变动对现金的影响额		
五、现金及现金等价物净增加额		
补充资料		
现金及现金等价物净增加情况：		
现金的期末余额		
减：现金的期初余额		
加：现金等价物的期末余额		
减：现金等价物的期初余额		
现金及现金等价物净增加额		

第十二章　会计核算程序

第一节　会计核算程序的概念和要求

一、会计核算程序的概念

会计核算程序，是指在会计循环中，以账簿体系为核心，把凭证、账簿组织、记账程序和记账方法有机结合起来的方式。这里的"凭证、账簿组织"是指凭证、账簿的种类和格式，各种凭证之间、各种账簿之间以及各种凭证和各种账簿之间的相互关系；"记账程序和记账方法"是指从凭证的整理、传递到账簿的登记、汇总，以及根据账簿记录编制会计报表的顺序和方法。

会计凭证、账簿和会计报表是记录、储存和反映会计核算资料的三个主要环节。为了全面、连续、系统地反映和控制企业的经济业务，就有必要综合地运用各种会计核算方法，并把这些方法科学地、完整地结合在一起，合理设计会计凭证、设计账簿的种类和格式、设计会计报表等，建立一套科学的会计核算程序。

建立会计核算程序，对科学组织会计核算工作具有重要意义。第一，可以保证会计数据在整个处理过程的各个环节有条不紊地进行，保证会计资料记录正确、及时，并迅速到达最后一个环节——编制会计报表；第二，可以减少多余的核算手续环节，避免重复浪费，节约人力、物力、财力，提高工作效率；第三，可以保证财务信息准确、迅速形成，及时提供给企业的经营决策者，以指导和控制企业的生产经营活动，提高工作质量。

二、合理组织会计核算程序的要求

由于各个行业经营特点不同，业务性质和规模大小也不同，因而，管理要求也各不相同，会计核算程序和方法也会有所差异。因此，选择会计核算程序，一般应符合以下要求：

（1）必须满足经营管理的需要。整个会计核算程序的建立，从填制会计凭证开始，经过登记账簿，到编制会计报表止，均应按照经营管理的需要设计，提供必要的会计核算信息。

（2）必须符合本单位的实际情况。选择会计核算程序，要同本单位经济业务的特点、经营规模、业务繁简及会计部门技术力量相适应：经营业务单一、企业规模较小、会计部门技术力量比较薄弱的企业，可以采用比较简单的会计核算程序；反之，可采用较复杂的会计核算程序。这样，才便于科学的分工协作，落实岗位责任制。

（3）在保证会计核算工作质量的前提下，力求简化核算手续。

以上三点概括起来，就是要处理好满足需要和合理简化的矛盾。而要处理好这对矛盾，则必须考虑本单位的实际情况。

由于会计凭证、账簿组织和会计账务处理程序相互组合的方式不同，就形成了不同的会计核算程序。常用的会计核算程序主要有以下几种：

（1）记账凭证核算程序。
（2）多栏式日记账核算程序。
（3）科目汇总表核算程序。
（4）汇总记账凭证核算程序。
（5）日记总账核算程序。

上面五种会计核算程序在许多方面是相同的，但也各有特点。它们的主要区别在于登记总分类账的依据和方法不同，各种会计核算程序和名称也正是以这一区别命名。

第二节　记账凭证核算程序

记账凭证核算程序的主要特点是：直接根据记账凭证逐笔登记总分类账。这种核算程序是会计核算中最基本的核算形式，其他几种核算程序都是以它为基础发展而成的。

在记账凭证核算程序下，记账凭证可以采用单一通用格式，也可采用收款凭证、付款凭证和转账凭证三种格式。总分类账和日记的格式均可采用三栏式，明细分类账的格式可采用金额二栏式、数量金额三栏式和多栏式。总分类账按总账科目设置，明细分类账按管理需要设置。记账凭证核算程序的顺序是：

（1）根据原始凭证或原始凭证汇总表编制记账凭证；
（2）根据收款凭证和付款凭证登记现金日记账和银行存款日记账；
（3）根据所有记账凭证及其所附原始凭证或原始凭证汇总表登记各种明细账；
（4）根据所有记账凭证逐笔登记总分类账；

（5）期末将现金日记账、银行存款日记账、各种明细分类账的余额与总分类账余额相核对；

（6）期末根据总分类账和明细分类账的资料编制会计报表。

记账凭证核算流程如图12－1所示。

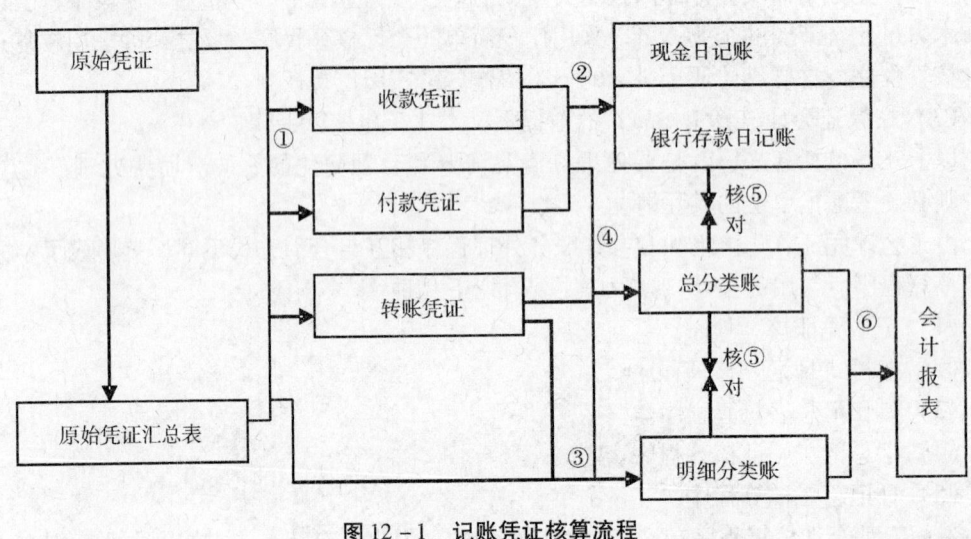

图12－1　记账凭证核算流程

记账凭证核算程序的优点是：账务处理程序简单明了，易于理解，而且直接根据记账凭证登记总账，操作环节少，也便于查账。不足之处是：根据记账凭证逐笔登记总分类账的工作量比较大。因此，这种核算形式一般只适用于规模小、经济业务简单、业务量少和凭证不多的单位使用。

第三节　多栏式日记账核算程序

由于记账凭证核算程序是根据记账凭证逐笔登记总分类，工作量太大。为了弥补这缺点，可采用设置多栏式日记账的办法，对于收、付款业务，可先根据收、付款凭证登记多栏式现金日记账和银行存款日记账，期末再根据这种日记账汇总登记总分类账。采用多栏式日记账形式，实际上改进了总账的登记程序后逐渐发展成一种独立的核算程序，即现在的多栏式日记账核算程序。

多栏式日记账核算程序的特点是：设置多栏式日记账，期末根据多栏日记账和其他转

账凭证登记总分类账。多栏式日记账核算程序的内容要点是:

(1) 根据原始凭证或原始凭证汇总表编制记账凭证;

(2) 根据收、付款凭证登记多栏式现金日记账和多栏式银行存款日记账;

(3) 根据转账凭证和所附的原始凭证或原始凭证汇总表登记各种明细账;

(4) 根据多栏式现金日记账、银行存款日记账和未能记入多栏式日记账的转账凭证登记总分类账;

(5) 期末将各种明细分类账的余额与总分类账有关账户余额相核对;

(6) 期末根据总分类账和有关明细分类账的资料编制会计报表。

多栏式日记账核算流程如图 12-2 所示。

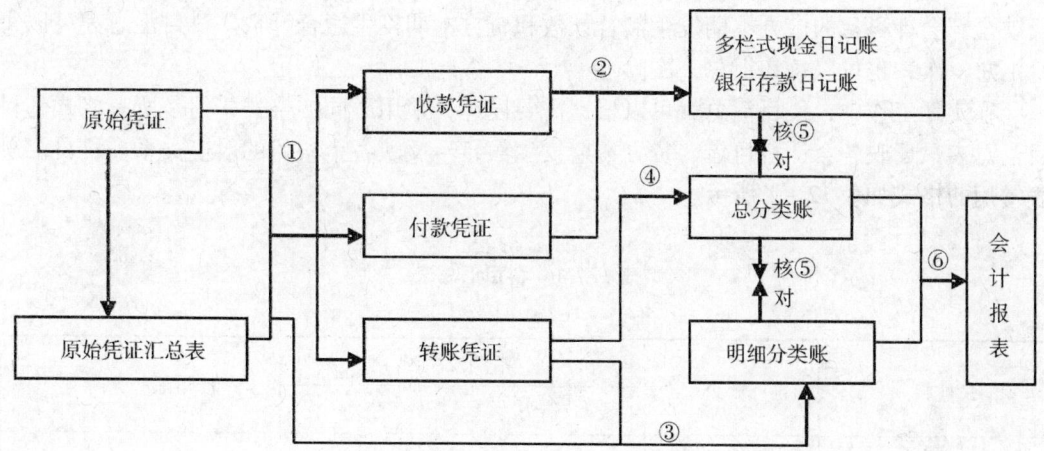

图 12-2　多栏式日记账核算流程

多栏式日记账核算程序的优点是简化了登记总分类账的工作,特别是对于收、付款业务较多的企业,这一优点更为明显。另外还可以反映各类经济业务的来龙去脉,便于核对账目。但是,多栏式日记账的设置和登记比三栏式日记账要复杂,在业务较多的企业,日记账的专栏栏次过多,账页过长,反而不便于记账。因此,这种核算程序只适用于收、付款业务较多的企业。

第四节 科目汇总表核算程序

科目汇总表核算程序的特点是：先根据记账凭证定期编制科目汇总表，然后再根据科目汇总表登记总分类账。由于科目汇总表是根据记账凭证汇总编制而成的，因此，这种核算程序亦称"记账凭证汇总表核算程序"。

科目汇总表的编制方法是：定期将这一期间内的全部记账凭证，按照相同会计科目归类，汇总每一会计科目的借方发生额和贷方发生额，填写在科目汇总表的相关栏内，用以反映全部会计科目的借方本期发生额合计数和贷方本期发生额合计数。科目汇总表可以每月汇总一次，也可以每旬汇总一次。

在实际工作中，科目汇总表可以根据需要设计，采用不同的格式，但是所有格式的科目汇总表只反映各会计科目借、贷方本期发生额，不反映各个科目的对应关系。科目汇总表常用的格式如表12-1所示。

表12-1 科目汇总表

年　　月　　日至　　日

会计科目	账页	本期发生额		账凭证起讫号数
		借方	贷方	
合　计				

会计主管：　　　　　　会计：　　　　　　复核：　　　　　　制表：

由于科目汇总表不反映各个科目的对应关系，因而总分类账的格式可采用普通三栏式，不必设置对方科目栏。科目汇总表核算程序的账务处理程序如下：

（1）根据原始凭证或原始凭证汇总表编制记账凭证。
（2）根据收款凭证和付款凭证登记现金、银行存款日记账。
（3）根据记账凭证及所附原始凭证或原始凭证汇总表登记各种明细账。
（4）根据所有记账凭证编制科目汇总表。
（5）根据科目汇总表登记总分类账。

(6) 期末，将现金、银行存款日记账和各种明细分类账的余额与总分类账的余额相核对。

(7) 期末，根据总分类账和有关明细分类账有资料编制会计报表。

科目汇总表核算流程如图 12 – 3 所示。

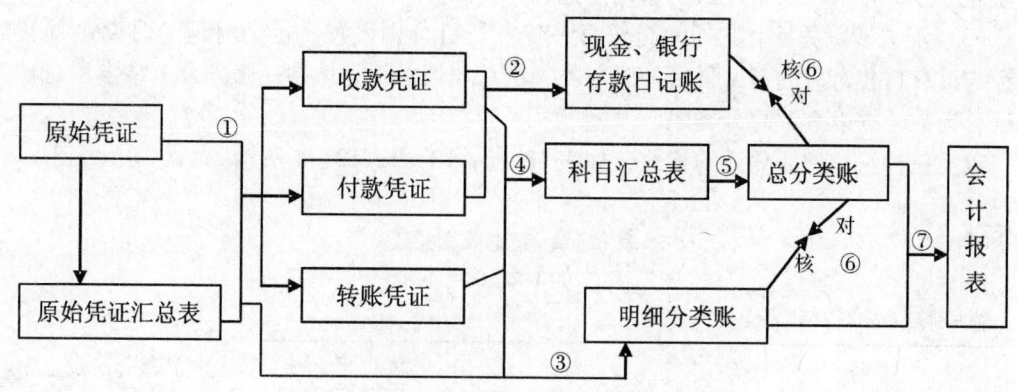

图 12 – 3　科目汇总表核算流程

科目汇总表核算程序的优点主要表现在两个方面：一是通过编制科目汇总表可以起到试算平衡的作用，可及时发现和纠正账簿记录的错误，以保证记账工作质量；二是根据科目汇总表登记总分类账，可以减轻登记总账的工作量。这种核算程序不足之处是：不能反映各账户之间的对应关系，也不便于查账和了解经济业务内容。这种核算程序适用于规模较大，业务量较多的大中型企业。

第五节　汇总记账凭证核算程序

汇总记账凭证核算程序的特点是：根据所有记账凭证定期编制汇总记账凭证，然后再根据这种汇总记账凭证登记总分类账。

汇总记账凭证核算程序是在科目汇总表核算程序的基础上对汇总记账凭证加以改进而形成的，其目的是为了克服科目汇总表核算程序的不足之处，明确账户之间的对应关系，提高总分类账的分析性。汇总记账凭证分为汇总收款凭证、汇总付款凭证和汇总转账凭证三种，分别根据收款凭证、付款凭证和转账凭证定期汇总编制而成。具体编制方法分述如下：

(1) 汇总收款凭证。它是按现金或银行存款科目的借方分别设置，定期将全部现金或银行存款的收款凭证,分别按与该科目相对应的贷方科目加以归类,汇总填列一次,每月填制一张,月末结出合计数,据以登记总分类账。

(2)汇总付款凭证。它是按现金或银行存款科目的贷方分别设置,定期将全部现金或银行存款的付款凭证,分别按与该科目相对应的借方科目加以归类,汇总填列一次,每月填制一张,月末结出合计数,据以登记总分类账。

(3)汇总转账凭证。它通常是按每一贷方科目分别设置,定期将这一时期全部转账凭证与该科目相对应的借方科目加以归类,汇总填列,每月填制一张,月末结出汇总转账凭证合计数,据以登记总分类账。

以上三种汇总记账凭证的格式,如表12-2,12-3,12-4所示。

表12-2 汇总收款凭证
200×年10月

借方科目:银行存款

贷方科目	金额				总账页数	
	1—10	11—20日	21—31日	合计	借方	贷方
应收账款	52 650			52 650	(略)	(略)
合计	52 650			52 650		

表12-3 汇总付款凭证
200×年10月

贷方科目:现金

借方科目	金额				总账页数	
	1—10	11—20日	21—31日	合计	借方	贷方
管理费用	100		100	200		
其他应收款	150	30 000	150	30 300	(略)	
应付工资			30 000	30 000		
合计	250	30 000	30 250	60 500		

表 12-4 汇总转账凭证

200×年 10 月

贷方科目：应付工资

借方科目	金　额				总账页数	
	1—10	11—20 日	21—31 日	合计	借方	贷方
生产成本	20 000			20 000		
制造费用	3 000			3 000	（略）	（略）
管理费用	7 000			7 000		
合　计	30 000			30 000		

汇总转账凭证上的科目对应关系，是一个贷方科目与一个或几个借方科目相对应的。因此，在这种核算程序下，为了便于填制汇总转账凭证，要求所有转账凭证也要按一个贷方科目与一个或几个借方科目相对应来编制，不应编制一个借方科目与几个贷方科目相对应的转账凭证。汇总记账凭证核算程序、账务处理程序如下：

（1）根据原始凭证或原始凭证汇总表编制记账凭证。

（2）根据收、付款凭证登记现金、银行存款日记账。

（3）根据记账凭证及所附原始凭证或原始凭证汇总表登记明细分类账。

（4）根据收款凭证、付款凭证和转账凭证编制各种汇总记账凭证。

（5）根据各种汇总记账凭证登记总分类账。

（6）期末将日记账、明细分类账的余额与总分类账的余额相核对。

（7）期末根据总分类账和各种明细分类账的资料编制会计报表。

汇总记账凭证核算流程如图 12-4 所示。

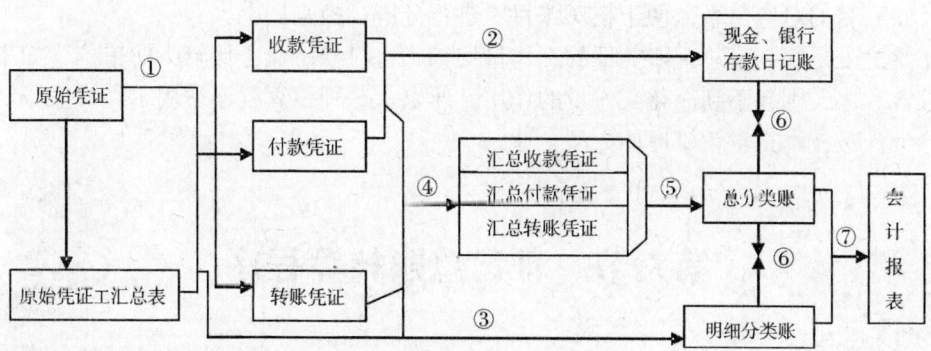

图 12-4　汇总记账凭证核算流程

在汇总记账凭证核算程序下，为使总分类账的内容与各种汇总记账凭证相一致，总分类账的格式应采用设有"对方科目"三栏式账簿，以便于清晰地反映科目的对应关系。现以图12－5为例，说明根据汇总记账凭证登记总分类账的方法。

借方科目：银行存款

贷方科目	金额		总账页数	
	（略）	合计		
应收账款		52 650		
合计		52 650		

会计科目：银行存款

凭证号数	摘要	对方科目	借方	贷方	借或贷	余额
汇收1号	（略）	应收账款	52 650		借	52 650
合计			52 650		借	52 650

会计科目：应收账款

凭证号数	摘要	对方科目	借方	贷方	借或贷	余额
汇收1号	（略）	银行存款		52 650	借	52 650
合计				52 650	借	52 650

图12－5　汇总记账凭证与总分类账

汇总记账凭证核算程序的优点是：

（1）由于月末根据汇总记账凭证一次登记总分类账，减少了登记总账的工作量；

（2）由于总分类账内设有"对方科目"，因此，根据汇总记账凭证登记总分类账时，同时反映科目的对应关系，便于核对账目，进行分析、检查。

不足之处是编制汇总记账凭证的工作量比较大，对经济业务比较少的单位，如果采用这种核算程序，则起不到简化工作量的作用。所以，这种核算程序适用于经济业务发生频繁、会计人员技术力量较雄厚的大型企业。

第六节　日记总账核算程序

所谓日记总账，是日记账和总分类账相互结合的联合账簿。日记总账核算程序的特点是：设置日记总账，所有经济业务都要根据记账凭证直接登记日记总账。日记总账核算程

序的账务处理程序如下:
(1) 根据原始凭证或原始凭证汇总表编制记账凭证。
(2) 根据收款凭证、付款凭证登记现金、银行存款日记账。
(3) 根据记账凭证和所附原始凭证或原始凭证汇总表登记各种明细账。
(4) 根据各种记账凭证登记日记账。
(5) 期末,将现金、银行存款日记账以及各明细分类账余额与日记总账相核对。
(6) 期末,根据日记总账和有关明细分类账的资料编制会计报表。
日记总账核算程序的账务处理如图 12 - 6 所示。

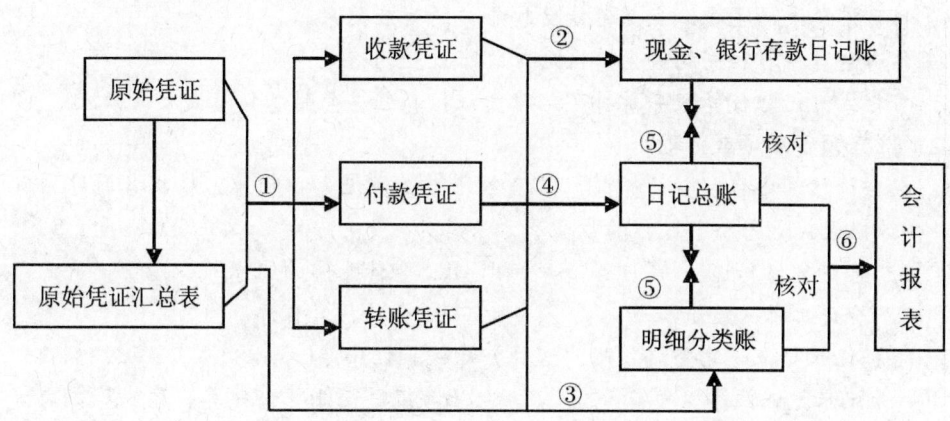

图 12 - 6　日记总账核算流程

日记总账核算程序所采用的账簿组织简单,所有账户都集中反映在一张账页上。所以这种核算程序的优点是:便于记账和查阅账目,便于了解企业在一定会计期间的全部经济活动,便于编制会计报表。但是这种核算程序所有账户集中在一张账页上,账页太长,既不方便记账,又不方便会计人员分工协作。规模较大的企业,如果采用这种核算程序,不但不会简化核算手续,而且会增加一些不必要工作量。所以它只适用于规模小、经济业务简单、使用账户不多的企业。

通过以上对五种会计核算程序的介绍可以了解到:所有的会计核算程序在许多环节都是相同的,惟一不同的就是登记总分类账的依据和方法不同。记账凭证核算程序登记总账的方法是:根据各种记账凭证逐笔登记总分类账;多栏式日记账核算程序登记总账的方法是:设置多栏式日记账,然后依据多栏式日记账登记总分类账;科目汇总表核算程序登记总账的方法是:先根据记账凭证定期编制科目汇总表,然后依据科目汇总表登记总分类账;汇总记账凭证核算程序登记总账的方法是:先根据各种记账凭证编制成汇总记账凭证,然后依据汇总记账凭证,登记总分类账;日记总账核算程序登记总账的方法是:设置日记总账，依据记账凭证逐笔登记日记账。只要注意掌握各种会计核算程序的这些区别，那么其他问题就可以迎刃而解。

习题十二

一、判断题（如不对，请说明理由。）

1. 记账凭证核算程序适用于各类企业的会计核算程序。　　　　　　（　　）
2. 在汇总记账凭证核算程序下，汇总转账凭证的编制可以是一个贷方科目同一个或几个借方科目相对应，也可以是一个借方科目同一个或几个贷方科目相对应。（　　）
3. 科目汇总表的主要缺点是不能反映账户的对应关系。　　　　　　（　　）
4. 各种会计核算程序的最主要区别是总账设置的格式不同。　　　　（　　）
5. 多栏式日记账核算程序弥补了记账凭证核算程序登账工作量太大的缺点。（　　）

二、选择题（单项或多项）

1. 在会计核算中填制会计凭证，根据会计凭证登记各种账簿，根据各种账簿记录编制各种会计报表，这一整个过程的步骤和方法称为(　　)。
   A. 会计凭证传递　　　　　　　　B. 会计账簿的组织
   C. 会计工作的组织　　　　　　　D. 会计核算程序
2. 根据记账凭证逐笔登记总账，这种会计核算程序是(　　)。
   A. 记账凭证核算程序　　　　　　B. 汇总记账凭证核算程序
   C. 科目汇总表核算程序　　　　　D. 日记总账核算程序
3. 规模小、经济业务较少的单位，一般采用的账务处理程序是(　　)。
   A. 记账凭证核算程序　　　　　　B. 科目汇总表核算程序
   C. 汇总记账凭证核算程序　　　　D. 日记总账核算程序
4. 记账凭证核算程序账务处理程序的基本特点是直接根据各种记账凭证逐笔登记(　　)。
   A. 银行存款日记账　　　　　　　B. 现金日记账
   C. 总分类账　　　　　　　　　　D. 明细账
5. 以记账凭证为依据，按每一贷方科目分别设置，并根据相对应的借方科目归类汇总的记账凭证是(　　)。
   A. 汇总收款凭证　　　　　　　　B. 汇总付款凭证
   C. 汇总转账凭证　　　　　　　　D. 科目汇总表
6. 科目汇总表核算程序是根据(　　)登记总账。
   A. 收款凭证、付款凭证、转账凭证
   B. 汇总收款凭证、汇总付款凭证、汇总转账凭证

C. 科目汇总表

D. 日记账

7. 科目汇总表核算程序和汇总记账凭证核算程序的主要相同点是(　　)。
   A. 登记总账的依据相同　　　　　　B. 记账凭证汇总的方法相同
   C. 记账凭证都需要汇总并且记账步骤相同　　D. 汇总凭证格式相同

8. 一般地,科目汇总表核算程序适用于(　　)。
   A. 业务量较多的单位　　　　　　B. 业务量较少的单位
   C. 业务涉及金额较大的单位　　　D. A、B均为正确

9. 在采用汇总记账凭证核算程序时,编制记账凭证的要求是(　　)。
   A. 收款凭证为一借多贷　　　　　B. 付款凭证为一贷多借
   C. 转账凭证为多借一贷　　　　　D. 转账凭证为一借多贷
   E. 收款凭证为多借一贷

10. 科目汇总表核算程序的优点是(　　)。
    A. 减少记账的工作量　　　　　　B. 可以起到试算平衡的作用
    C. 可以反映科目的对应关系　　　D. 便于查对账目
    E. 减少填制记账凭证的工作量

11. 科目汇总表核算程序的主要缺点是不能反映出(　　)。
    A. 借方发生额　　　　　　　　　B. 贷方发生额
    C. 借方或贷方发生额　　　　　　D. 账户对应关系

12. 各种会计核算程序的主要区别是(　　)。
    A. 总账的格式不同　　　　　　　B. 登记明细账的依据不同
    C. 登记总账的依据和方法不同　　D. 编制会计报表的依据不同

三、简答题

1. 合理组织会计核算程序应符合哪几点要求?
2. 试述记账凭证核算程序的特点、基本程序、优缺点及适用范围。
3. 试述科目汇总表核算程序的特点、基本程序、优缺点和适用范围。
4. 试述汇总记账凭证核算程序的特点、基本程序、优缺点和适用范围。

四、实务题

题一

【目的】练习记账凭证核算程序。

【资料】

(一) 胜利企业2000年12月31日资产负债表各账户期末余额如下:

资产负债表

单位：胜利企业　　　　　　　　　2000 年 12 月 31 日　　　　　　　　　计量单位：元

序号	资产项目	金额	序号	负债及所有者权益项目	金额
	现金	400		短期借款	150 000
	银行存款	90 000		应付账款	25 000
	应收账款	1 200		预提费用	1 000
	其他应收款	150		实收资本	150 000
	原材料	50 000		盈余公积	47 650
	库存商品	16 000			
	待摊费用	900			
	长期投资	12 000			
	固定资产原值	200 000			
	减：累计折旧	15 000			
	固定资产净值	185 000			
	生产成本	18 000			
	合计	373 650		合计	373 650

（二）2000 年 1 月份发生以下经济业务：

1. 1 月 2 日，从银行存款提取现金 250 元。

2. 1 月 3 日，以银行存款 10 000 元偿还银行短期借款。

3. 1 月 5 日，用银行存款购买设备一台，价值 6 000 元。

4. 1 月 5 日，购入甲材料 200 吨，单价 60 元，共计货款 12 000 元，甲材料运费 200 元，增值税 2 074 元，均以银行存款支付；材料已验收入库。

5. 1 月 6 日，购入乙材料 100 吨，单价 90 元，共计货款 9 000 元，增值税 1 530 元，货款及税款尚未支付；材料已验收入库。

6. 1 月 7 日，从银行提取现金 25 000 元，以备发放工资。

7. 1 月 7 日，以现金 25 000 元发放工资。

8. 1 月 7 日，本月应付工资 25 000 元，按下列用途分配：生产工人工资 20 000 元，企业管理部门人员工资 5 000 元。

9. 1 月 8 日，以现金 50 元支付职工李平市内交通费。

10. 1月9日，张江借支差旅费100元，以现金支付。
11. 1月9日，以银行存款偿还购买乙材料的货款及税款10 530元。
12. 1月11日，向大华公司销售A产品1 000件，售价为450 000元，增值税76 500元，均存入银行。
13. 1月12日，以现金50元支付销售费用。
14. 1月13日，以银行存款支付销售费用350元。
15. 1月14日，管理部门购买办公用品一批，计价600元，以银行存款支付。
16. 1月14日，以银行存款预付报刊费360元。
17. 1月16日，以银行存款预付房租1 650元。
18. 1月17日，预提银行借款利息210元。
19. 1月17日，张江报销差旅费120元，除冲转预期借款100元外，其余以现金支付。
20. 1月20日，购买华达公司股票10 000元，以银行行存款支付。
21. 1月21日，收到华能公司一台新设备投资，设备款为15 000元。
22. 1月21日，结转本月应摊书报费120元。
23. 1月22日，结转本月应摊房租费150元。
24. 1月31日，结转生产领用材料共计18 000元，其中甲种材料6 000元，乙种材料6 000元。
25. 1月31日，计提固定资产折旧3 000元，其中车间负担2 000元，厂部负担1 000元。
26. 1月31日，结转已完工入库产品的实际成本30 000元。
27. 1月31日，结转已销售产品和实际成本30 000元。
28. 1月31日，计算本月销售产品应负担的消费税25 000元。
29. 1月31日，结转本月主营业务成本30 000元。
30. 1月31日，结转本月产品销售费用400元。
31. 1月31日，结转本月管理费用7 040元。
32. 1月31日，结转本月财务费用210元。
33. 1月31日，结转本月主营业务收入450 000元。
34. 1月31日，结转本月产品消费税25 000元。
35. 1月31日，本月实现的利润总额387 350元，按33%计算应交所得税额127 826元。
36. 1月31日，企业按规定将税后利润的10%作为盈余公积，金额为25 925元。

【要求】
1. 根据以上经济业务填制记账凭证。

2. 根据收、付款凭证登记现金和银行存款日记账。
3. 根据各种记账凭证登记明细账。本题只要求登记原材料明细账。
4. 根据各种记账凭证逐笔登记总分类账。
5. 将各有关账簿再进行核对。
6. 根据总账和明细账的资料编制资产负债表。

题二

【目的】练习科目汇总表核算程序。
【资料】200×年5月份某企业发生下列部分经济业务：
1. 1日，销售产品10件，单价600元，货款6 000元，增值税1 020元，货款及税款都已收到，送存银行。
2. 2日，购买邮票500元，以现金支付。
3. 3日，购买材料，料款5 000元，增值税850元，尚未支付，材料已验收入库。
4. 4日，仓库发料，生产领用材料2 000元，企业管理部门领材料1 000元。
5. 5日，从银行提取现金8 000元，备发工资。
6. 5日，以现金发放工资。
7. 6日，分配工资8 000元。其中：生产工人工资5 000元，车间管理及技术人员工资1 000元，企业管理部门工资2 000元。
8. 7日，按工资总额14%计提职工福利费。
9. 7日，用银行存款偿还材料款5 850元。
10. 8日，从银行取得短期借款10 000元存入银行。
11. 9日，职工小李报销本月报刊费50元，以现金支付。
12. 9日，以银行存款1 000元支付本月厂部电话费。
13. 9日，预提本月银行借款利息100元。
14. 10日，购入新设备一台，价值50 000元，用银行存款支付。

【要求】
1. 根据以上经济业务，编制记账凭证（可用会计分录代替）。
2. 根据记账凭证编制1-10日科目汇总表。
3. 根据科目汇总表登记总分类账。

第十三章 会计工作的组织

第一节 组织会计工作的意义和原则

一、组织会计工作的意义

会计工作的组织就是根据会计工作的特点，制定会计法规制度，设置会计机构，配备会计工作人员，以保证合理、有效地进行会计工作。

会计是一项复杂、细致的综合性经济管理活动，科学地组织会计工作具有十分重要的意义。会计人员掌握了会计专业知识和技能，对于一个单位开展好会计工作，还只是一个基本条件。会计工作是一项系统工作，有系统就必然存在着系统的组织问题。只有在这个系统中各部分都组织得合理有序，互相协调，才能使整个会计工作得以顺利地进行。合理组织会计工作的意义可以归纳为以下几个方面：

1. 科学地组织会计工作，有利于保证会计工作的质量，提高会计工作的效率

会计反映的是再生产过程中各个阶段以货币表现的经济活动，具体表现为周而复始的企业和行政事业单位的资金运动和频繁发生的财务收支。会计工作要把这些财务收支和经济活动从凭证到账簿，从账簿到报表，连续地进行收集、记录、分类、汇总和分析，这都需要一连串的数字计算，需要一系列的程序和手续，各个程序之间，各种手续之间，各个数字之间一环扣一环，联系紧密。在任何一个环节上出现差错或者脱节，都会造成整个核算结果不正确或不能及时完成。如果没有专职的机构和办事人员，没有一套工作制度和办事程序，就不能把会计工作科学地组织起来，不能很好地完成会计的任务。

2. 科学地组织会计工作，可确保会计工作与其他经济管理工作协调一致

会计工作既独立于其他经济管理工作，又同它们存在着十分密切的联系。例如，会计工作既与宏观的国家财政、税收、金融工作有着密切的联系，又同企业内部的计划、统计等工作有着非常密切的关系。会计工作一方面能够促进其他经济管理工作，另一方面也需要其他经济管理工作的配合。会计工作必须服从国家财政税收工作的管理，加强与金融工

作的密切合作，还要与企业的计划、统计工作之间，保持口径一致，相互协调。只有这样，才能相互促进，充分发挥会计工作的作用。

3. 科学地组织会计工作，可加强各单位内部的经济责任制

经济责任制是经营单位实行内部经济管理的重要手段，会计是经济管理的重要组成部分，必然要在贯彻经济责任制方面发挥重要的作用。实行内部经济责任制离不开会计，比如科学的经济预测，正确的经济决策，以及业绩评价考核等，都离不开会计工作的支持。科学地组织会计工作，可以促使会计单位内部及有关部门管好用好资金，增收节支，提高管理水平，提高经济效益，可加强各单位内部的经济责任制。

此外，会计工作是一项政策性很强的工作，发挥会计监督的作用，认真贯彻执行国家有关方针、政策和法令、制度，揭露和制止一切违法行为，也是会计工作的一项重要任务。因此，正确组织会计工作，对于贯彻执行国家的方针、政策和法令、制度，维护财经纪律，建立良好的社会经济秩序具有重要意义。

二、组织会计工作的原则

组织会计工作的原则是指组织会计工作须遵循的一般规则，只有遵循这些规则，才能使会计工作有效进行，充分发挥会计工作的作用。

1. 统一性原则

统一性原则是指组织会计工作应遵守国家对会计工作的统一要求和企业会计准则和企业会计制度的要求。会计工作所提供的信息，既要反映企业单位等遵守国家方针、政策、计划的情况和结果，同时又是国家确定相关方针、政策，编制计划和预算的主要依据之一。因此，只有按照统一的要求组织会计工作，才能发挥会计工作在维护社会主义市场经济秩序，加强经营管理，提高经济效益中的作用。

2. 适应性原则

适应性原则是指组织会计工作必须适应本单位经营管理的特点。各企业在符合国家统一会计制度的前提下，可以根据本企业经营特点和规模大小等具体情况，制定实施国家统一规定的有关方针、政策、准则等的具体办法和补充规定，灵活采用适应企业单位特点的账簿组织、记账方法和记账程序，以及不同的成本核算方法。

3. 效益性原则

效益性原则是指在组织会计工作时，在保证质量的前提下，应讲求工作效益。

会计工作十分复杂，如果组织不好，势必造成重复劳动，浪费人力、财力和物力。因此，对会计管理程序的规定，会计机构的设置，会计凭证、账簿、报告的设计，以及会计人员的配备与分工等，必须本着力求精简合理的原则，尽量节约会计工作的时间和费用，以较少的人力、财力和物力消耗，取得尽可能大的工作效果。

4. 内部控制原则

内部控制原则是指组织会计工作应建立内部控制规范。建立内部控制规范，是会计工作组织的重要内容，主要包括现金出纳控制、财产物资进出控制，以及各项费用支出控制等。通过彼此相互牵制，可以防止舞弊的发生，达到彼此监督的目的。

5. 责任制原则

责任制原则是指组织会计工作应在保证贯彻整个企业单位责任制的同时，建立和完善会计工作本身的责任制度。包括合理进行分工，建立会计各岗位、手续和程序，每个岗位上的会计人员都应当认真履行本岗位职责，同时各岗位之间应相互配合，共同做好本单位的会计工作。

第二节 会计机构

会计工作是一项复杂细致而又要求严密的工作。为了有组织、有领导地进行会计工作，建立起正常的会计工作秩序，充分发挥财会人员的主动性、积极性，各个企业和行政事业单位都要设置会计工作的专职机构。财政部在 1996 年颁布了《会计基础工作规范》，就会计机构、会计人员、会计人员职业道德、交接等内容进行规范。

一、设置会计机构的必要性

会计机构是直接从事和组织领导会计的职能部门。《会计基础工作规范》第六条规定："各单位应当根据会计业务的需要设置会计机构；不具备单独设置会计机构条件的，应当在有关机构中配备专职会计人员。""设置会计机构，应当配备会计机构负责人；在有关机构中配备专职会计人员，应当在专职会计人员中指定会计主管人员。"

会计机构的设置是否合理，职责分工是否明确，对于能否顺利地开展会计工作有着重要的影响。一个企业和行政单位如果没有一个强有力高效率的会计机构，就不可能有条不紊地完成会计工作的各项任务，企业和事业单位的领导也就在管理工作方面失去了一个有力的助手和参谋。由此可见，建立健全会计机构，是加强会计工作、保证会计工作顺利进行的重要条件。因此，在《中华人民共和国会计法》第三十六条中作了明确的规定："各单位应当根据会计业务的需要，设置会计机构，或者在有关机构中设置会计人员并指定会计主管人员。"

二、设置会计机构的原则

在我国，由于会计工作和财务工作都是综合性的经济管理工作，它们之间的关系非常密切，所以，通常把两者合并一起，设置一个财务会计机构统一办理财务会计工作。设置会计机构应遵守以下原则：

1. 符合精简、发挥效能的要求

会计机构必须能够充分发挥其效能，才能有利于完成会计工作的任务。机构的设置过于庞大、重叠，会造成人浮于事，滋生官僚主义作风，脱离群众、脱离实际；机构的设置过于粗简，不能满足经济核算的需要，不利于完成工作任务和加强管理，不利于贯彻经济核算制。

2. 实行"统一领导，分级管理"

在我国，国家对会计工作实行"统一领导，分级管理"。会计作为经济管理的主要部分，它的管理体制和会计机构的设置必须同经济管理的体制相适应。社会主义条件下，国民经济是一个统一的有机整体，为了适应这一特点，我国的会计机构在全国范围内组成统一的组织体系。在中央和地方各级国家机构和行政事业单位，一般都设置财务会计司、处、科的专门机构，负责组织、领导和监督所属单位的会计工作。在企业单位的会计机构，一般都设置财务会计处、科、股，在厂长、经理或总会计师的领导下，负责办理全企业的财务会计工作。上述机构的设置，可根据本企业单位的规模大小、会计工作的繁简等来确定。在实际工作中，在一些规模不大的企业和行政单位里，一般来说，全部会计工作都是集中进行的，只需集中设置财务机构，配备专职的会计人员。而在一些规模较大的企业里，会计业务比较复杂，会计工作是不集中进行的，这样，不仅公司、厂部要设置会计机构，而且在各个车间中也要设置会计机构，同时，要贯彻财会工作经营管理体制和内部经济责任制相适应的原则。

三、会计机构的内部分工

一个单位的会计工作内容必须明确具体地落实到每一个会计人员的工作岗位，以便加强岗位责任制，分工协作、定期轮换，使每个会计人员逐渐掌握和熟悉比较全面的工作。这样，有利于发挥会计人员的主动性，有利于建立起正常的工作秩序，同时便于检查、考核，促使其更好地完成所承担的任务。

四、会计机构的内部组织

在企业财务会计机构的内部，应根据不同会计业务内容，建立起一定的内部组织，进行合理的分工，使每一项会计工作都有专人负责，每一个会计人员都明确自己的职责。规模较大的企业，在财务会计科内分设若干职能组（股），如固定资产、材料、工资、成本、销售、往来结算、稽核及综合等不同的会计职能组（股）。会计机构内部组织，应根据会计业务工作量的多少和相互之间联系情况作出合理的组合，形成会计机构的内部组织体系。会计部门在确定了内部分工以后，还应根据分工建立岗位责任制，明确各个专业小组、每个会计人员的工作任务和工作内容，使会计部门的全体成员都能按照一定的工作程序，不断提高业务能力和改进工作方法，提高工作效率，做好本职工作。同时，可以在会计人员之间加强协作与监督、考核和评价他们的工作，以保证按质、按量、按期完成会计工作。

会计机构的内部分工，必须体现内部牵制制度的要求。内部牵制制度的内容主要包括：内部牵制制度的原则；组织分工；出纳岗位的职责和限制条件；有关岗位的职责和权限，以利于防止或发现工作中的差错或失误。《会计法》第三十七条规定：出纳人员不得兼任稽核、会计档案保管和收入、支出费用、债权债务账目的登记工作。也就是说，出纳人员除了办理现金、银行存款收付业务和登记现金、银行存款日记账以外，一般不能兼任其他账簿的记账工作；会计凭证的填制和复核工作，不能由出纳人员担任等等。目的是防止伪造账目、贪污舞弊等不法行为的发生。

第三节 会计人员

为了使每个单位会计工作得以正常开展，必须配备适当的会计人员。而配备的会计人员，一是应当持有会计证的；二是有必要的专业和专业技能，熟悉国家有关法律、法规和财务会计制度，遵守职业道德的。每一个会计人员应当正确地认识会计工作的重要作用，热爱本职工作，遵守职业道德，树立良好的职业品质、严谨的工作作风，严守工作纪律，努力提高工作效率和工作质量。

一、会计人员的职责

为了充分发挥会计人员的积极性，更好地完成会计工作任务，应当明确会计人员的职责和权限，使会计人员的工作有明确的方向和办事准则，从而有利于正确组织会计工作和做好会计工作。会计人员的主要职责有五个方面：

(1) 进行会计核算。会计人员必须按照会计制度的规定，切实做好记账、算账和报账工作。通过记账、算账、报账，如实反映经济活动情况，提供准确的数据资料。

(2) 实行会计监督。主要是通过会计核算对本单位各项经济业务的合法性、合理性进行监督，维护国家财经方针、政策、制度的纪律。

(3) 根据国家颁布的会计法规、制度的统一规定，结合本单位的实际情况，建立、拟订、健全本单位办理会计事务的制度和具体办法，如内部牵制制度、内部稽核制度、分级管理分级核算办法、费用开支报销手续制度等。

(4) 参与拟订经济计划、业务计划。各单位编制的经济计划或业务计划是指经济业务活动的重要依据，也是财务人员编制财务计划的重要依据。财会人员参与经济计划、业务计划的制定，不仅有利于编制切实可行的财务计划，而且可以充分利用会计信息对经济计划的拟订，及提高经济效益方面发挥参谋作用。

(5) 办理其他会计事项。

二、会计人员的权限

为了使会计人员能够切实履行自己的职责，国家对他们赋予必要的工作权限。会计人员的权限主要有以下三个方面：

(1) 会计人员有权要求本单位有关部门、人员认真执行国家批准的计划、预算，遵守国家财经纪律和财务会计制度。

(2) 会计人员有权参与本单位编制计划、制定定额、签订经济合同，参加有关的生产经营管理会议，提出有关财务开支和经济效益方面的问题的意见。

(3) 会计人员有权监督、检查本单位有关部门的财务收支、资金使用和财产保管、收发、计量、检验等情况。

三、会计人员应具备的素质

会计人员必须履行职责和行使权限，做好会计工作。为了正确履行职责和行使权限，完成会计任务，会计人员要提高自身素质，不断地提高业务水平和工作能力。

1. 会计人员的政治素质

会计人员应不断提高政治思想水平，坚持四项基本原则，树立全局观点，遵纪守法，忠于职守，廉洁奉公，实事求是，全心全意地为社会主义现代化建设服务。

2. 会计人员的专业素质

专业素质，主要是指履行专业职责的能力，以及智力、成绩、学历和资历等。它是完成专业工作任务的保证。

会计人员的能力结构包括：决策能力，口头表达能力，文字表达能力，开拓能力，实施能力和组织能力。

智力结构包括：会计专业知识、基础知识、相关学科知识、外语或汉语水平。

成绩结构包括：工作效率，工作质量，工作成绩。

学历是会计人员受教育的程序，反映获得系统专业基础理论知识、业务知识相应技能的经历，是在专业上发展和提高的基础。

资历是会计人员的实践经验水平和成熟程序。

3. 会计人员的知识素质

提高业务水平，是做好会计工作的关键。会计人员首先要掌握会计专业知识，练好记账、算账和报账等基本功，使自己的知识和技能适应所从事工作的要求；其次，还要认真学习财经方针政策，熟悉财政、信贷、结算及其他有关会计工作方面的法律、规章和国家会计法规、制度；此外，还必须了解本单位生产经营活动情况、业务管理情况及其有关的经济管理知识，以便正确核算，做到既全面又深入，既综合又具体地对企业和事业单位的经济活动进行反映、监督、分析、考核，从而进一步挖掘潜力，取得更大的经济效益。

4. 会计人员职业道德

会计人员职业道德，是会计人员从会计工作应当遵循的道德标准。《会计基础工作规范》对会计人员的职业道德做出了规定，主要包括以下六个方面：①敬业爱岗；②熟悉法规；③依法办事；④客观公正；⑤搞好服务；⑥保守秘密。

第四节 我国会计法规体系

会计法规是管理会计工作的各种法律、法令条例、规则、章程、准则、制度等规范性文件的总称。会计法是我国经济法法规的一个组成部分。我国的会计法规体系由会计法律、行政法规和部门规章组成。

一、会计法律

会计法律是指由国家最高立法机构——全国人民代表大会及其常务委员会制定实施的法律。现行的会计法律主要包括：①《中华人民共和国会计法》，1985年1月21日人大通过，1985年5月1日实施；1993年第二次修订；1999年10月31日第三次修订，2000年7月1日实施；该法共7章52条。②《注册会计师法》，1993年10月31日人大常委会通过，于1994年1月1日实施；该法共7章46条。

二、行政法规

行政法规是指由国家最高行政机关——国务院制定的有关条例。现行的行政法规主要包括：①《总会计师条例》，国务院于1990年12月31日分布，发布日起实施；该法共5章23条。②《企业财务会计报告条例》，国务院于2000年6月21日发布，2001年1月1日实施；该法共6章46条。

三、部门规章

部门规章是指国家主管财政工作的行政部门——财政部及其他部委制定的会计方面的规范。现行的部门规章主要包括以下四个方面：

（一）会计核算制度

（1）会计准则。会计准则包括企业会计准则和非企业会计准则两个方面。

1）企业会计准则。企业会计准则包括基本准则和具体准则两个层次：基本准则是进行会计核算工作必须共同遵守的基本规范和要求，《企业会计准则》（即基本准则）是1992年由财政部发布并于1993年7月1日实施的；具体准则是根据基本准则的要求，对共性的经济业务和特殊行业、特殊经济业务的会计处理所做出的具体规定。1997－2005年发布并实施的具体准则有16项：分别是《关联方交易及其披露》、《资产负债表日后事项》、《收入》、《建造合同》、《或有事项》、《现金流量表》、《债务重组》、《投资》、《会计政策、会计估计变更和会计差错更正》、《非货币性交易》、《无形资产》、《借款费用》、《租赁》、《固定资产》、《存货》、《中期财务报告》。财政部2006年2月，对原基本准则和16项具体准则进行了修订，并再颁布了22项具体会计准则，因此，包括1项基本准则和38项具体准则的我国会计准则体系全面形成。

2）非企业会计准则。非企业会计准则是指企业之外的其他单位适用的会计准则，目前主要包括《事业单位会计准则（试行）》，该准则于1997年5月28日发布，并于1998年1月1日实施。

（2）会计制度。会计制度包括企业会计制度和非企业会计制度两个方面。

1）企业会计制度。企业会计制度是关于企业会计核算的制度规范，目前现行的会计制度主要有以下几项：

《企业会计制度》是2000年12月29日发布，并于2001年1月1日实施，共分两部分：第一部分是"一般规定"，有14章106条；第二部分是关于会计科目和会计报表的说明。

《小企业会计制度》是2004年4月27日发布，并于2005年1月1日实施，适用于对外不筹集资金、经营规模较小的企业。"不对外筹集资金、经营规模较小的企业"是指不公开发行股票或债券，符合原国家经济贸易委员会、原国家发展计划委员会、财政部、国家统计局2003年制定的《中小企业标准暂行规定》（国经贸中小企【2003】143号）中界定的小企业，不包括以个人独资及合伙形式设立的小企业。

《金融企业会计制度》和《电信企业会计核算办法》于2003年1月1日实施，《新闻出版业会计核算办法》和《施工企业会计核算办法》于2004年1月1日实施，《农业企业会计核算办法》和《电影企业会计核算办法》于2005年1月1日实施，这些会计核算办法实际上是在执行《企业会计制度》基础上对本行业以外的其他单位适用的会计制度。

2）非企业会计制度。非企业会计制度是指除企业以外的其他单位适用的会计制度。主要包括：《事业单位会计制度》，1997年7月17日公布，并于1998年1月1日实施；《行政单位会计制度》，1998年2月26日公布，并于1998年1月1日实施；《财政总预算会计制度》，1997年6月25日公布，并于1998年1月1日实施；《民间非营利组织会计制度》，2005年1月1日实施。

（二）会计监督制度

财政部根据《会计法》的规定，制定了《会计基础工作规范》，主要对会计实施内部监督的依据、内容进行了具体的规定。财政部于2001年2月20日还发布了《财政部门实施会计监督办法》，主要对会计监督检查的内容、形式和程序，违规违法行为的处理、行政处罚等的种类和适用范围，行政处罚的程序等做了具体的规定。

（三）对会计机构和会计人员的管理制度

对会计机构和会计人员的管理制度主要包括：《会计从业资格管理办法》，2000年5月8日发布，并于2000年7月1日实施，共6章27条。《会计人员继续教育暂行规定》，1998年1月23日发布，并于1998年7月1日实施，共5章27条。

（四）对会计工作的管理制度

现行的管理制度主要包括：《会计档案管理办法》，1998年8月21日由财政部和国家档案局联合发布，于1999年1月1日实施；《会计电算化管理办法》，1994年6月30日发布，于1994年7月1日实施，该办法对会计电算化的管理部门、会计电算化任务、会计软件的标准、采用电子计算机替代手工记账的基本条件等做了明确的规定；《会计电算化工作规范》，1996年6月10日发布，并于发布之日起实施。

第五节 会计电算化

会计电算化是电子计算机在会计工作中应用的简称,通常是指在会计工作中利用电子计算来代替手工操作,实现数据处理的自动化,使传统的手工会计信息系统发展为电算化会计信息系统。因此,会计电算化是会计发展史上的一次重大革命。

一、会计电算化的产生

会计工作,随着生产的发展、科学的进步及其对经济管理的要求越来越高,会计不仅反映企业单位的经济活动,而且要对经济活动由事后核算,转向事前预测、事中控制和参与经营决策。这就要求会计人员必须摆脱大量的日常事务性工作,把主要的精力集中到从事管理活动上来。

会计操作技术,是随着社会经济的发展和科学技术的进步而不断发展变化的,概括说来经历了手工操作、机械作业和电算化三个发展阶段。

(1) 手工操作阶段。主要是运用算盘作为运算工具,并通过手工用笔墨在凭证、账簿上记录各项经济业务,通过账簿的记录和编制会计报表,储存和提供系统的数据资料。这个阶段经历了漫长的岁月。19 世纪末 20 世纪初,一些企业的生产规模逐渐扩大,会计业务日益增多,管理上要求会计部门更加及时准确地提供各种会计资料,会计工作也就逐步进入机械作业的阶段。

(2) 机械作业阶段。会计核算工作的各道工序,如计算、整理、核对、归类、登记、编表等主要利用机械操作来完成。会计机械化有利于加速核算进程,减少差错,提供较详细的核算数据,提高核算质量,比手工操作既快捷又准确。这是会计操作技术的重大发展。

(3) 电算化阶段。在 20 世纪 60 年代,电子计算机问世,世界各国相继地把电子计算机引进了会计领域。初期,计算机在会计领域的应用局限于核算业务的事务处理,如材料收发管理、工资计算等一些重复次数多、数据量大的工作。随着计算机性能增强,计算机应用软件编制水平的提高,在发展中期的会计处理中,已从单机处理逐步过渡到应用面向终端的计算机网络处理,带有一定的管理、分析功能,形成一个统一的、综合处理的系统。进入近期,由于计算机技术发展迅猛,计算机大量涌现并得到迅速广泛的应用,特别是通过计算机网络系统的开发和运用,提高了计算和处理数据能力,得以建立计算机网络中的各种管理信息系统,如 MRP Ⅱ 系统(Manufacturing Resource Planning)及 ERP 系统

(Enterprise Resource Planning)，会计电算化已进入较高级水平，并日益与企业管理活动相渗透，逐渐成为管理信息系统的一个重要组成部分。使用电子计算机不仅具有运算速度快、准确性高、自动化程度强等优点，而且远比使用机械操作更为优越。

二、我国会计电算化的发展概况

我国会计电算化也经历了一个从产生到逐渐成熟的过程，主要有以下三个阶段：

（1）起步阶段（1983年以前）。由于还处于试验探索阶段，企业向管理要效益的观念还相当淡薄，而且计算机设备缺乏，价格昂贵，专业人才缺乏，因此，会计电算化发展较缓慢。

（2）自发发展阶段（1983—1988）。微型计算机在国内市场大量出现并开始进入各领域，越来越多的企业关注到实现会计电算化，有利于管理现代化，并认识到可以从提高管理水平中取得较高的经济效益；但由于开展会计电算化的工作缺乏统一的规范和指导，企业单位又没有建立相应的管理制度和控制措施，各自为政，自行开发，会计电算化工作及开发的会计软件通用性、适应性差，浪费很大。不过，这一阶段却为我国的会计电算化工作的推广和会计软件的开发积累了大量经验，并意识到要必须做好会计电算化实践经验的总结和开展会计电算化有关理论的研究工作，以及专业人才的培训等。

（3）普及提高阶段（1988年至今）。这一阶段由于大力推广和加强会计电算化的管理工作，会计电算化开始有计划、有组织地稳步发展，会计软件市场进一步成熟，会计软件的质量不断提高，并向专业化、商品化、通用化、规范化方向健康发展，不断拓展会计电算化软件功能，开始研制推广 MRP II 型和 ERP 型软件。如 ERP 型软件集成了财务、分销、生产管理、人力资源管理、质量管理、决策支持等多种功能，它们的数据采集、业务处理互相支持、互相融合，形成一个信息共享有机结合的管理模式和工具。在这个阶段也初步形成了一支力量雄厚的会计电算化队伍，大批企业单位实现了会计核算业务的电算化处理。可以预言，在不久的将来，电子计算机的应用必将越来越普及于各个企业、单位的会计工作。电子计算机的操作，将成为会计人员的基本技能之一。

三、会计电算化的意义

实行会计电算化，将会大大地提高会计工作的质量。由于电子计算机有极快的运算速度，会计数据的任何处理都可以由电子计算机完成，而且还能够存储运算结果及运用数学公式，因此其核算工作效率是手工操作无法比拟的。在手工操作情况下，对各种会计数据的计算，每运算一次都要重复操作一次。例如，对于材料采购费用、制造费用等各种共同费用的分配，每计算一次都要重复操作一次，工作量大、速度慢；而在会计电算化的情况下，可以将计算程序和计算公式存入计算机，只要输入原始数据，即可得到要求的数据。这就提高了核算工作的效率，减少了核算工作量。

实行会计电算化，还有利于从各方面提高工作的质量。在手工操作情况下，会计核算所提供数据的数量和时间，总是有相当的限制，例如产品成本的计算，只能提供较粗的资料，而且在下一个月的若干时间以后才能提供。在实行电算化以后，所有会计资料都可以按使用者的要求，通过不同分类、归并、筛选，满足不同的要求，做到"有求必应"。同时，电子计算机对于各种会计资料的提供，可以在极短的时间内满足各种不同的要求，做到"一索即得"。在手工操作下，结转与编制会计报表只能在月终进行。而在电算化条件下，只要原始数据齐全，可以每日结账，每天编制会计报表。在电算化的条件下，还可以减少核算工作中的技术性差错，只要输入的原始数据是正确的，以后的各个核算环节都不会发生技术性差错。

实行会计电算化，会计档案的保管、查阅也大大方便于手工操作。在电算化条件下，除了必要的原始凭证以外，各种记账凭证、账簿和会计报表都可以有磁带、磁盘等作为信息载体，一般企业一年的会计信息，只需1张光盘即可全部存储起来，其体积只占一张纸质账页的空间。在查阅会计档案时，盘片中外存的信息，可以迅速调入内存，立即能从计算机中查阅任何数据。

四、应用电子计算机的条件

计算机这个先进的计算工具在企业管理上要真正发挥作用，还必须具备一定的条件，提出一定的要求。对应用计算机加强管理是一项很重要的工作，因此，必须具备下列的基本条件：

（1）有一定的科学管理基础。计算机管理是在科学管理的基础上发展起来的，只有在合理的管理体制、完善的规章制度、稳定的工作秩序，一套科学的管理方法和完整、准确的原始数据的基础上，才能考虑应用计算机管理的问题。为此，会计管理工作必须实现以下几点要求：

1）会计工作的程序化。根据生产工艺的特点和现代化生产对会计工作的要求，编制各项会计工作的流程图，使会计工作有秩序地进行。通过流程图使管理职责范围规范化、条理化、具体化和形象化。它是建立企业管理机构和划分管理职责的依据。

2）会计业务的标准化。会计业务标准化，就是把会计工作中重复出现的会计业务，按照现代化管理的客观要求和会计人员长期积累的实践经验，规定标准的工作程序和工作方法，用制度把它固定下来，成为行动的准则。

3）报表文件的统一化。设计一套统一的报表格式和全面核算内容，这是企业科学管理基础工作的重要内容之一。

4）数据资料的完整化和代码化。有一套完整、准确的数据资料是企业管理工作的重要基础。数据的代码化是为了更方便地运用和管理这些数据，也是计算机数据处理的特定要求。

(2) 进行全面的系统设计。当电子计算机全面地应用于会计工作时，会计工作的总体系统与子系统之间，以及各个子系统相互之间就存在着分解和协调的问题。系统设计的任务就是要设计一组能保证实现总体系统目标的子系统，确定它们的具体目标、任务和相互衔接关系，明确各子系统通用数据资源，选择和配备用于企业管理的计算机硬件系统和软件系统。

1）设想要求与实际可能性之间的协调问题。要规定切合实际的目标、任务和人员配备，充分地估计当时的管理状况，计划在哪些方面可以实行计算机管理，应配什么样的机器，计算机专业人员的来源如何等等，必须作全面的分析。

2）各子系统与总体系统的协调问题。会计部门各个子系统的设立，一方面应具有自己的明确的分工目标，同时又要服从整个会计部门的总目标，而且，子系统在统一的数据资源、信息编码、各种输入输出信息的格式等方面，都必须与总体系统之间协调一致。

3）新旧系统的协调问题。企业计算机管理系统一般都在现行的手工管理系统的基础上建立起来的，必然会出现新旧系统平行运转和交替衔接的步骤问题。因此，有了总体规划之后，还要进一步考虑分阶段实现的步骤和要求，应当有步骤、分期分批地实现，避免造成人力、物力、财力方面的损失。

第六节 内部会计控制制度

为了规范各单位的内部控制，加强内部管理，维护社会主义市场经济秩序，根据《中华人民共和国会计法》等法律法规，财政部制定了《内部会计控制基本规范》和《加强货币资金会计控制的若干规定》等文件。主要内容如下：

一、内部控制的目标和原则

1. 内部控制应当达到的基本目标

（1）建立和完善符合现代管理要求的内部组织结构，形成科学的决策机制、执行机制和监督机制，确保单位经营管理目标的实现；

（2）建立行之有效的风险控制系统，强化风险管理，确保单位各项业务活动的健康运行；

(3) 堵塞漏洞、消除隐患，防止并及时发现和纠正各种欺诈、舞弊行为，保护单位财产的安全完整；

(4) 规范单位会计行为，保证会计资料真实、完整，提高会计信息质量；

(5) 确保国家有关法律法规和单位内部规章制度的贯彻执行。

2. 内部控制应当遵循的基本原则

(1) 内部控制应当涵盖单位内部的各项经济业务、各个部门和各个岗位，并针对业务处理过程中的关键控制点，将内部控制落实到决策、执行、监督、反馈等各个环节；

(2) 内部控制应当符合国家有关法律法规和本单位的实际情况，全体员工必须遵照执行，任何部门和个人都不得拥有超越内部控制的权力；

(3) 内部控制应当保证单位内部机构、岗位及其职责权限的合理设置和分工，坚持不相容职务相互分离，确保不同机构和岗位之间权责分明、相互制约、相互监督；

(4) 内部控制应当正确处理成本与效益的关系，保证以合理的控制成本达到最佳的控制效果。

二、内部控制的方法

内部控制的方法主要包括：组织结构控制、授权批准控制、会计系统控制、预算控制、财产保全控制、人员素质控制、风险控制、内部报告控制、电子信息系统控制等。

(1) 组织结构控制要求贯彻不相容职务相分离的原则，合理设置内部机构，科学划分职责权限，形成相互制衡机制。

不相容职务主要包括：授权批准与业务经办、业务经办与会计记录、会计记录与财产保管、业务经办与业务稽核、授权批准与监督检查等职务。

(2) 授权批准控制要求单位明确规定授权批准的范围、权限、程序、责任等相关内容，单位内部的各级管理层必须在授权范围内行使相应职权，经办人员也必须在授权范围内办理经济业务。

(3) 会计系统控制要求单位必须依据会计法和国家统一的会计制度等法律法规，制定适合本单位的会计制度，明确会计凭证、会计账簿和财务会计报告的处理程序，实行会计人员岗位责任制，建立严密的会计控制系统。

(4) 预算控制要求单位加强预算编制、预算执行、预算分析、预算考核等环节的管理，明确预算项目，建立预算标准，规范预算的编制、审定、下达和执行程序，及时分析和控制预算差异，采取改进措施，确保预算的执行。

预算内资金实行责任人限额审批，限额以上资金实行集体审批。严格控制无预算的资金支出。

(5) 财产保全控制要求单位严格控制未经授权的人员对财产的直接接触，采取定期盘点、财产记录、账实核对、财产保险等措施，确保各种财产的安全完整。

（6）职工素质控制要求单位建立和实施科学的聘用、培训、轮岗、考核、奖惩、晋升、淘汰等人事管理制度，保证职工具备相应的工作胜任能力。

（7）风险控制要求单位树立风险意识，针对各个风险控制点，建立有效的风险管理系统，通过风险预警、风险识别、风险评估、风险报告等措施，对财务风险和经营风险进行全面防范和控制。

（8）内部报告控制要求单位建立和完善内部管理报告制度，全面反映经济活动情况，及时提供业务活动中的重要信息，增强内部管理的时效性和针对性。

（9）电子信息系统控制要求运用电子信息技术手段建立控制系统，减少和消除内部人为控制的影响，确保内部控制的有效实施，同时要加强对电子信息系统开发与维护、数据输入与输出、文刊储存与保管、网络安全等方面的控制。

三、内部控制的种类

内部控制按其控制的目的不同，可以分为会计控制和管理控制。会计控制是与保护财产物资的安全性、会计信息的真实性和完整性以及财务活动的合法性有关的控制；管理控制是指与保证经营方针、决策的贯彻执行，促进经营活动的经济性、效率性、效果性以及经营目标的实现有关的控制。会计控制与管理控制并不是相互排斥、互不相容的，有些控制措施既可以用于会计控制，也可用于管理控制。

为了促进我国各单位加强内部控制建设，加强内部会计监督，维护社会主义市场经济秩序，根据《会计法》等法律法规的规定，财政部制定了一系列内部会计控制规范，主要包括《基本规范》、《货币资金》、《销售与收款》、《采购与付款》、《实物资产》、《工程项目》等。以下主要就货币内部会计控制制度等方面的内容进行介绍。

（一）货币资金内部会计控制制度的内容

货币资金内部会计控制制度的主要内容是建立货币资金的职务分离制度、授权批准制度、严格的控制程序、稽核制度和相关的岗位责任制度。最基本的要求是负责货币资金收付业务的人员应与记账人员和负责审批的人员相分离。

具体地说，货币资金内部会计控制制度包括以下几个方面：

1. 货币资金业务的岗位责任制度

单位应当建立货币资金业务的岗位责任制，明确相关部门和岗位的职责权限，确保办理货币资金业务的不相容岗位相互分离、制约和监督。主要包括：

（1）货币资金的收付及保管应由被授权批准的专职出纳人员负责，其他人员不得接触；

（2）出纳人员不能同时负责总分类账的登记和保管工作；

(3) 出纳人员不得兼任稽核、会计档案保管工作；
(4) 出纳人员不得兼任收入、支出、费用、债权债务账目的登记工作；
(5) 单位不得由一人办理货币资金业务的全过程。

单位办理货币资金业务，应当配备合格的人员，并根据单位具体情况进行岗位轮换。办理货币资金业务的人员应当具备良好的职业道德，忠于职守，廉洁奉公，遵纪守法，客观公正，不断提高会计业务素质和职业道德水平。

2. 货币资金业务的授权批准制度

单位应当建立严格的授权批准制度，出纳人员应与货币资金审批人员相分离，明确审批人对货币资金业务的授权批准方式、权限、程序、责任和相关控制措施，规定经办人办理货币资金业务的职责范围和工作要求。审批人应当根据货币资金授权批准制度的规定，在授权范围内进行审批，不得超越审批权限。经办人应当在职责范围内，按照审批人的批准意见办理货币资金业务。对于审批人超越授权范围审批的货币资金业务，经办人员有权拒绝办理，并及时向审批人的上级授权部门报告。

3. 货币资金业务的控制程序

货币资金的内部控制可以分为收款内部控制、付款内部控制和备用金内部控制三种。对于任何一种货币资金内部控制都应当建立严格的控制程序。

(1) 货币资金收款的控制程序。企业的货币资金主要来源于营业收入，对这些营业收入，必须根据企业自身组织形式和经营业务的特点制定相应的货币资金收款控制程序，以便于各职能部门相互协调，共同遵守。一般企业货币资金收款的控制程序如图13-1所示。

对于货币资金的收款，除了建立严格的控制程序以外，还应当严格控制收款日期和收款金额，保证收入及时收取并送存银行，而且所有开出的收款收据和发票都必须连续编号，并建立详细的领用和回收制度。

(2) 货币资金付款的控制程序。企业的货币资金主要有现金支出和银行转账支出两种方式，主要业务有支付购货款、支付有关费用和支付工资等。无论是现金支出还是银行转账支出，都必须根据企业支付业务的特点制定相应的货币资金付款控制程序。一般企业的货币资金付款控制程序应经过如下几个程序：

1) 支付申请。单位有关部门或个人用款时，应当提前向审批人提交货币资金支付申请，注明款项的用途、金额、预算、支付方式等内容，并附有效经济合同或相关证明。

2) 支付审批。审批人根据其职责、权限和相应程序对支付申请进行审批。对不符合规定的货币资金支付申请，审批人应当拒绝批准。

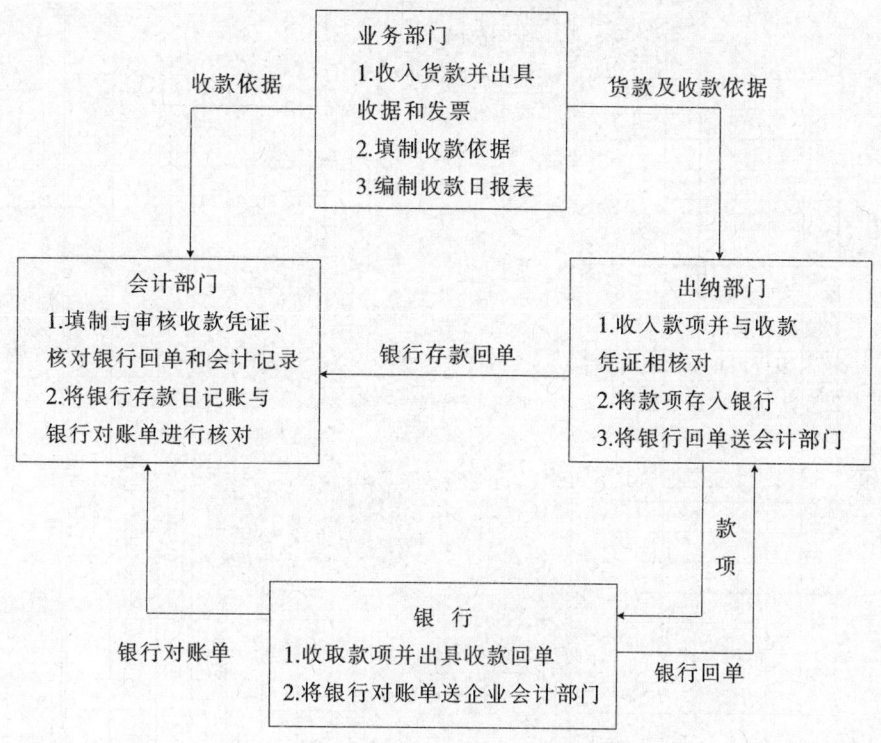

图 13-1 货币资金收款的控制程序图

3）支付复核。复核人应当对批准后的货币资金支付申请进行复核，复核货币资金支付申请的批准范围、权限、程序是否正确，手续及相关单证是否齐备，金额计算是否准确，支付方式、支付单位是否妥当等。复核无误后，交由出纳人员办理支付手续。

4）办理支付。出纳人员应当根据复核无误的支付申请，按规定办理货币资金支付手续，及时登记现金和银行存款日记账。

上述货币资金付款控制程序如图 13-2 所示。

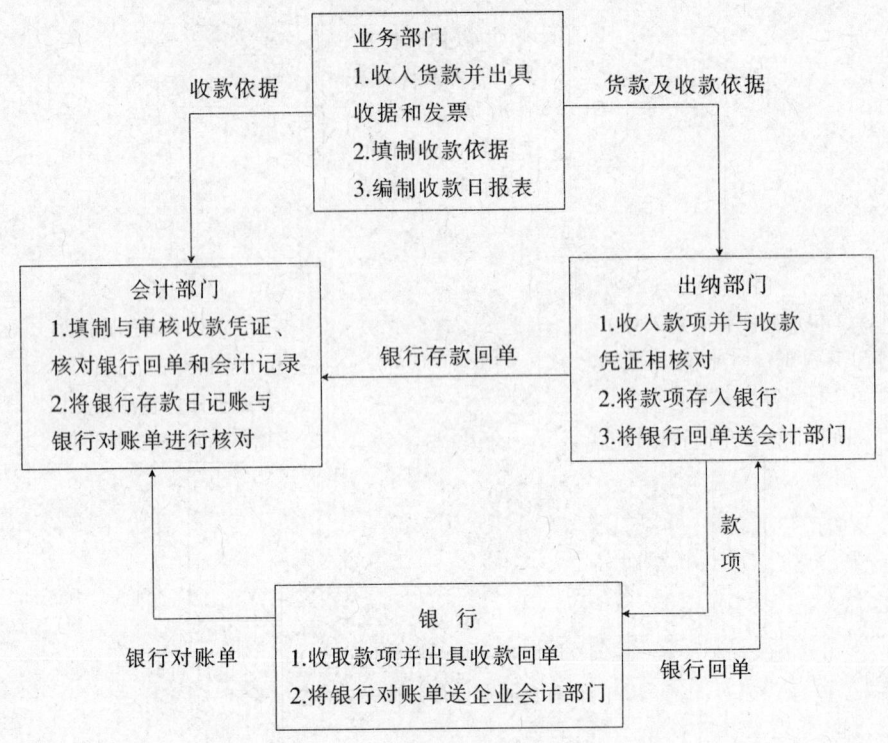

图13-2 货币资金付款的控制程序图

在对货币资金付款进行控制时，还需要注意以下方面的问题：

1）单位对于重要货币资金支付业务，应当实行集体决策和审批，并建立责任追究制度，防范贪污、侵占、挪用货币资金等行为。

2）严格按照《现金管理暂行条例》规定的范围使用现金，尽可能多地使用银行转账方式支付款项。单位应当加强现金库存限额的管理，超过库存限额的现金应及时存入银行。现金收入应当及时存入银行，不得用于直接支付单位自身的支出。因特殊情况需要坐支现金的，应事先报经开户银行审查批准。

3）单位应当严格按照《支付结算办法》等国家有关规定，加强银行账户的管理，严格按照规定开立账户，办理存款、取款和结算；应当定期检查、清理银行账户的开立及使用情况，发现问题，及时处理；应当加强对银行结算凭证的填制、传递及保管等环节的管理与控制。

4）单位应当严格遵守银行结算纪律，不准签发没有资金保证的票据或远期支票，套取银行信用；不准签发、取得和转让没有真实交易和债权债务的票据，套取银行和他人资金；不准无理拒绝付款，任意占用他人资金；不准违反规定开立和使用银行账户。

（3）备用金管理制度。备用金是指财会部门按企业有关制度规定，拨付给所属单位和企业内部有关业务与职能部门，用于日常业务零星开支的现金。为保证企业各有关职能部门业务管理职能的有效实施，使业务职能管理和财务报销制度有机地结合起来，企业可以实施定额备用金管理制度。在设置备用金时，应着重关注以下几个问题：

1）备用金设置的范围与定额。即哪些部门需要设置备用金管理；根据需要事先核定一个科学合理的定额。由使用部门填制借款单一次从财会部门领取现金。

2）备用金的日常管理。备用金实际上也是现金，必须对备用金指定专人管理，并明确管理人员应执行的现金管理制度、按规定的使用范围和开支权限使用、接受财会部门的管理及定期报账等责任制度。

3）备用金的审核入账。使用部门实际使用备用金后凭审核后的原始凭证向财会部门报销，再由财会部门补足其定额。对备用金报销的所有票据，财会部门要同样进行严格审核方能付款记账。

4）备用金的清查盘点。财会部门必须对备用金建立定期与不定期相结合的清查盘点制度，防止挪用或滥用，保证备用金的安全、完整。

（二）票据及有关印章的保管

（1）单位应当加强货币资金票据的管理，明确各种票据的购买、保管、领用、注销等环节的职责权限和程序，并专设登记簿进行记录，防止空白票据的遗失和盗用。

（2）单位应当加强银行预留印鉴的管理。财务专用章应由专人保管，个人名章必须由本人或其授权人员保管。严禁一人保管支付款项的有关印章。

（3）单位应当确保各种有价证券的完整无缺。如有短缺，必须查明原因，追究保管人的责任。鼓励单位租用银行保险箱保管有价证券。

（三）监督检查

单位应当建立对货币资金业务的监督检查制度，明确监督检查机构或人员的职责权限，定期和不定期地对货币资金的安全进行检查。监督检查的内容主要包括：

（1）货币资金业务相关岗位及人员的设置情况。重点检查是否存在货币资金业务不相容岗位混岗的现象。

（2）货币资金授权批准制度的执行情况。重点检查重大货币资金支出的授权批准手续是否健全，是否存在越权审批的行为。

（3）支付款项印章的保管情况。重点检查是否存在办理付款业务的印章交由一人保管的现象。

（4）有价证券和票据的保管情况。重点检查票据的购买、领用、保管手续是否健全，保管是否存在漏洞。

对监督检查过程中发现的货币资金内部控制制度中的薄弱环节，应当采取措施，及时加以纠正和完善。

习题十三

一、判断题（如不对，请说明理由。）

1. 建立和健全会计机构，是加强会计工作、保证会计工作顺利进行的重要条件。（　）
2. 会计作为经济管理的重要部分，它的管理体制和会计机构的设置必须同经济管理的体制相适应。（　）
3. 出纳人员除了办理现金、银行存款收付业务和登记现金、银行存款日记以外，还可兼任其他账簿的记账工作。（　）
4. 银行存款余额调节表的核对工作，由出纳人员担任。（　）
5. 会计机构的内部分工，必须体现内部规章制度的要求。（　）
6. 会计人员的专业素质是完成专业工作任务的保证。（　）

二、选择题

1. 规模不大的企业、事业行政单位，会计机构的设置(　　)。
    A. 集中厂部设置财务机构，配备专职的会计人员
    B. 厂部和各个车间都要设置会计机构
    C. 配备兼职会计人员　　　　D. 委托中介机构代理记录
2. 出纳人员的职责是(　　)。
    A. 保管会计档案　　　　　　B. 登记收入、费用、债权和债务账目
    C. 办理现金、银行存款收付业务　　D. 登记现金、银行存款日记账

三、简答题

1. 设置会计机构应遵循哪些原则？
2. 会计人员的主要职责是什么？
3. 会计人员的权限是什么？
4. 实行会计电算化的意义是什么？

附录1　企业会计准则——基本准则（2006年）

第一章　总　则

第一条　为了规范企业会计确认、计量和报告行为，保证会计信息质量，根据《中华人民共和国会计法》和其他有关法律、行政法规，制定本准则。

第二条　本准则适用于在中华人民共和国境内设立的企业（包括公司，下同）。

第三条　企业会计准则包括基本准则和具体准则，具体准则的判定应当遵循本准则。

第四条　企业应当编制财务会计报告（又称财务报告，下同）。财务会计报告的目标是向财务会计报告使用者提供与企业财务状况、经营成果和现金流量等有关的会计信息，反映企业管理层受托责任履行情况，有助于财务会计报告使用者作出经济决策。财务会计报告使用者包括投资者、债权人、政府及其有关部门和社会公众等。

第五条　企业应当对其本身发生的交易或者事项进行会计确认、计量和报告。

第六条　企业会计确认、计量和报告应当以持续经营为前提。

第七条　企业应当划分会计期间，分期结算账目和编制财务会计报告。会计期间分为年度和中期。中期是指短于一个完整的会计年度的报告期间。

第八条　企业会计应当以货币计量。

第九条　企业应当以权责发生制为基础进行会计确认、计量和报告。

第十条　企业应当按照交易或者事项的经济特征确定会计要素。会计要素包括资产、负债、所有者权益、收入、费用和利润。

第十一条　企业应当采用借贷记账法记账。

第二章　会计信息质量要求

第十二条　企业应当以实际发生的交易或者事项为依据进行会计确认、计量和报告，如实反映符合确认和计量要求的各项会计要素及其他相关信息，保证会计信息真实可靠、内容完整。

第十三条　企业提供的会计信息应当与财务会计报告使用者的经济决策需要相关，有助于财务会计报告使用者对企业过去、现在或者未来的情况作出评价或者预测。

第十四条　企业提供的会计信息应当清晰明了，便于财务会计报告使用者理解和使用。

第十五条 企业提供的会计信息应当具有可比性。

同一企业不同时期发生的相同或者相似的交易或者事项,应当采用一致的会计政策,不得随意变更。确需变更的,应当在附注中说明。

不同企业发生的相同或相似的交易或者事项,应当采用规定的会计政策,确保会计信息口径一致、相互可比。

第十六条 企业应当按照交易或者事项的经济实质进行会计确认、计量和报告,不应仅以交易或者事项的法律形式为依据。

第十七条 企业提供的会计信息应当反映与企业财务状况、经营成果和现金流量等有关的所有重要交易或者事项。

第十八条 企业对交易或者事项进行会计确认、计量和报告应当保持应有的谨慎,不应高估资产或者收益、低估负债或者费用。

第十九条 企业对于已经发生的交易或者事项,应当及时进行会计确认、计量和报告,不得提前或者延后。

第三章 资 产

第二十条 资产是指企业过去的交易或者事项形成的、由企业拥有或者控制的,预期会给企业带来经济利益的资源。

前款所指的企业过去的交易或者事项包括购买、生产、建造行为或其他交易或者事项。预期在未来发生的交易或者事项不形成资产。

由企业拥有或者控制,是指企业享有某项资源的所有权或者虽然不享有某项资源的所有权,但该资源能被企业所控制。

预期会给企业带来经济利益,是指直接或者间接导致现金和现金等价物流入企业的潜力。

第二十一条 符合本准则第二十条规定的资产定义的资源,在同时满足以下条件时,确认为资产:

(一)与该资源有关的经济利益很可能流入企业;

(二)该资源的成本或者价值能够可靠地计量。

第二十二条 符合资产定义和资产确认条件的项目,应当列入资产负债表;符合资产定义,但不符合资产确认条件的项目,不应当列入资产负债表。

第四章 负 债

第二十三条 负债是指企业过去的交易或者事项形成的、预期会导致经济利益流出企业的现时义务。

现时义务是指企业在现行条件下已承担的义务。未来发生的交易或者事项形成的义务，不属于现时义务，不应当确认为负债。

第二十四条 符合本准则第二十三条规定的负债定义的义务，在同时满足以下条件时，确认为负债：

（一）与该义务有关的经济利益很可能流出企业；

（二）未来流出的经济利益的金额能够可靠地计量。

第二十五条 符合负债定义和负债确认条件的项目，应当列入资产负债表；符合负债定义，但不符合负债确认条件的项目，不应当列入资产负债表。

第五章　所有者权益

第二十六条 所有者权益是指企业资产扣除负债后由所有者享有的剩余权益。公司的所有者权益又称为股东权益。

第二十七条 所有者权益的来源包括所有者投入的资本、直接计入所有者权益的利得和损失、留存收益等。

直接计入所有者权益的利得和损失，是指不应计入当期损益、会导致所有者权益发生增减变动的、与所有者投入资本或者向所有者分配利润无关的利得或者损失。

利得是指由企业非日常活动所形成的、会导致所有者权益增加的、与所有者投入资本无关的经济利益的流入。

损失是指由企业非日常活动所发生的、会导致所有者权益减少的、与向所有者分配利润无关的经济利益的流出。

第二十八条 所有者权益金额取决于资产和负债的计量。

第二十九条 所有者权益项目应当列入资产负债表。

第六章　收　入

第三十条 收入是指企业在日常活动中形成的、会导致所有者权益增加的、与所有者投入资本无关的经济利益的总流入。

第三十一条 收入只有在经济利益很可能流入从而导致企业资产增加或者负债减少且经济利益的流入额能够可靠计量时才能予以确认。

第三十二条 符合收入定义和收入确认条件的项目，应当列入利润表。

第七章 费 用

第三十三条 费用是指企业在日常活动中发生的、会导致所有者权益减少的、与向所有者分配利润无关的经济利益的总流出。

第三十四条 费用只有在经济利益很可能流出从而导致企业资产减少或者负债增加且经济利益的流出额能够可靠计量时才能予以确认。

第三十五条 企业为生产产品，提供劳务等发生的可归属于产品成本、劳务成本等的费用，应当在确认产品销售收入、劳务收入等时，将已销售产品、已提供劳务的成本等计入当期损益。

企业发生的支出不产生经济利益的，或者即使能够产生经济利益但不符合或者不再符合资产确认条件的，应当在发生时确认为费用，计入当期损益。

企业发生的交易或者事项导致其承担了一项负债而又不确认为一项资产的，应当在发生时确认为费用，计入当期损益。

第三十六条 符合费用定义和费用确认条件的项目，应当列入利润表。

第八章 利 润

第三十七条 利润是指企业在一定会计期间的经营成果。利润包括收入减去费用后的净额、直接计入当期利润的利得和损失等。

第三十八条 直接计入当期利润的利得和损失，是指应当计入当期损益、会导致所有者权益发生增减变动的、与所有者投入资本或者向所有者分配利润无关的利得或者损失。

第三十九条 利润金额取决于收入和费用、直接计入当期利润的利得和损失金额的计量。

第四十条 利润项目应当列入利润表。

第九章 会计计量

第四十一条 企业在将符合确认条件的会计要素登记入账并列报于会计报表及其附注（又称财务报表，下同）时，应当按照规定的会计计量属性进行计量，确定其金额。

第四十二条 会计计量属性主要包括：

（一）历史成本。在历史成本计量下，资产按照购置时支付的现金或者现金等价物的金额，或者按照购置资产时所付出的公允价值计量。负债按照因承担现时义务而实际收到的款项或者资产的金额，或者承担现时义务的合同金额，或者按照日常活动中为偿还负债预期需要支付的现金或者现金等价物的金额计量。

（二）重置成本。在重置成本计量下，资产按照现在购买相同或者相似资产所需支付的现金或者现金等价物的金额计量。负债按照现在偿付该项债务所需支付的现金或者现金等价物的金额计量。

（三）可变现净值。在可变现净值计量下，资产按照其正常对外销售所能收到现金或者现金等价物的金额扣减该资产至完工时估计将要发生的成本、估计的销售费用以及相关税费后的金额计量。

（四）现值。在现值计量下，资产按照预计从其持续使用和最终处置中所产生的未来净现金流入量的折现金额计量。负债按照预计期限内需要偿还的未来净现金流出量的折现金额计量。

（五）公允价值。在公允价值计量下，资产和负债按照在公平交易中，熟悉情况的交易双方自愿进行资产交换或者债务清偿的金额计量。

第四十三条 企业在对会计要素进行计量时，一般应当采用历史成本，采用重置成本、可变现净值、现值、公允价值计量的，应当保证所确定的会计要素金额能够取得并可靠计量。

第十章　财务会计报告

第四十四条 财务会计报告是指企业对外提供的反映企业某一特定日期的财务状况和某一会计期间的经营成果、现金流量等会计信息的文件。

财务会计报告包括会计报表及其附注和其他应当在财务会计报告中披露的相关信息和资料。会计报表至少应当包括资产负债表、利润表、现金流量表等报表。

小企业编制的会计报表可以不包括现金流量表。

第四十五条 资产负债表是指反映企业在某一特定日期的财务状况的会计报表。

第四十六条 利润表是指反映企业在一定会计期间的经营成果的会计报表。

第四十七条 现金流量表是指反映企业在一定会计期间的现金和现金等价物流入和流出的会计报表。

第四十八条 附注是指对在会计报表中列示项目所作的进一步说明，以及对未能在这些报表中列示项目的说明等。

第十一章　附　则

第四十九条 本准则由财政部负责解释。

第五十条 本准则自 2007 年 1 月 1 日起施行。

附录2　会计名词索引[1]

	页码		页码
会计	1	流动资产	35
对外会计	6	非流动资产	35
对内会计	7	负债	36
企业会计	7	流动负债	36
预算会计	7	非流动负债	36
会计法	13	所有者权益	37
会计循环	17	实收资本	37
会计主体	17	资本公积	38
持续经营	18	盈余公积	38
会计分期	19	未分配利润	38
货币计量	19	收入	38
权责发生制	20	营业收入	38
复式记账	22	主营业务收入	38
成本计算	23	其他业务收入	38
财产清查	23	利得收入	38
客观性原则	25	费用	38
相关性原则	25	营业总费用	39
可比性原则	26	期间费用	39
及时性原则	27	损失	39
明晰性原则	27	利润	39
谨慎原则	28	营业利润	125
重要性原则	28	利润总额	125，128
实质重于形式原则	29	净利润	125
配比要求	30	初次确认	41
区分收益性支出与资本性支出要求	31	期末确认	41
会计要素	34	可收回金额	42
资产	34	历史成本	44

[1] 本索引仅标第一次出现时的页码。

	页码		页码
重置成本	44	累计凭证	167
可变现净值	44	汇总凭证	168
现值	44	外来原始凭证	168
公允价值	44	记账凭证	171
会计科目	58	专用记账凭证	171
账户	63	收款凭证	171
单式记账法	66	付款凭证	171
复式记账法	67	转账凭证	171
借贷记账法	68	通用记账凭证	171
借贷记账法的记账规则	74	复式记账凭证	172
简单分录	75	单式记账凭证	172
复合分录	75	账簿	186
复杂分录	75	序时账簿	186
试算平衡	79	分类账簿	186
平行登记	81	备查账簿	186
固定资产账户	107	订本式账簿	186
累计折旧账户	108	活页式账簿	187
所得税账户	126	卡片式账簿	187
账户	150	三栏式账簿	187
盘存账户	154	数量金额式账簿	187
资本账户	155	多栏式账簿	187
结算账户	155	现金日记账	191
跨期摊配账户	156	银行存款的记账	192
成本计算账户	157	总分类账	192
集合分配账户	158	明细分类账	193
收入及利得账户	158	划线更正法	196
费用及损失账户	158	红字更正法	196
财务成果账户	159	补充登记法	198
调整账户	159	结账	199
会计凭证	165	财产清查	229
原始凭证	166	全面清查	230
自制原始凭证	166	局部清查	230
一次凭证	167	永续盘存制	231

	页码		页码
实地盘存制	232	投资活动现金流量	263
未达账项	233	筹资活动现金流量	263
财务会计报告	243	收付实现制	263
会计报表	243	会计核算程序	278
资产负债表	245	记账凭证核算程序	279
利润表	245	多栏式日记账核算程序	280
现金流量表	245	科目汇总表核算程序	282
所有者权益变动表	245	汇总记账凭证核算程序	283
静态报表	245	日记总账核算程序	286
动态报表	245	会计工作的组织	293
个别会计报表	246	会计法律	209
合并会计报表	246	会计电算化	302
现金流量	262	会计控制	307
经营活动现金流量	263		

参 考 文 献

1. 苏淑欢主编. 会计学原理. 广州：中山大学出版社，2001
2. 王俊生主编. 基础会计学. 北京：中国财政经济出版社，2004
3. 金中泉主编. 基础会计. 北京：中央广播电视大学出版社，2002
4. 李炳先编著. 基础会计. 广州：中山大学出版社，2005
5. 财政部. 企业会计准则. 北京：中国财政经济出版社，2006
6. 陈国辉主编. 基础会计. 大连：东北财经大学出版社，2003